广 播 电 视 专 业 实 用 教 材
广播电视专业“十五五”规划教材

# FILM AND TELEVISION ADVERTISING

# 影视广告教程

（第三版）

孙 会 编著



中国传媒大学出版社
·北京·

2023年河北省社科基金项目，项目名称:近十年央视公益广告叙事中的审美文化研究(2013—2022)，项目代码：HB23XW013

本教材为河北师范大学精品教材建设项目

**参编作者**

孙　会（河北师范大学新闻传播学院广告系）：绪论、第一章、第二章

郭大卫（河北师范大学新闻传播学院影视艺术系）：第三章

田贺君（海口经济学院南海电影学院电影艺术系）：第四章

李云璐（河北科技学院艺术学院编导系）：第五章

尹丽斌（河北师范大学新闻传播学院广告系）：第六章

韩晓燕（河北美术学院设计学院艺术与科技系）：第七章

安会欣（河北美术学院影视艺术学院电视编导系）：第八章

陈娜辉（河北师范大学新闻传播学院广告系）：第九章

王晓旭（河北师范大学新闻传播学院影视艺术系）：第十章

# 前 言

时光荏苒，中国现代广告业走过了四十多年的历程，在此期间，中国广告教育事业也留下了自己从无到有、创新发展的足迹。在这段不算长的时间里，广告业界和教育界相互支持，为中国的经济和教育事业增光添彩。影视广告以其视听综合的强大优势，成为其中发展最快、表现最丰富的一个类型。不论在业界还是在教育界，不论传统媒体时代还是新媒体时代，都是如此。笔者从事广告教育近三十年，有幸见证了这一历程，也特别希望能为广告事业有所贡献，故不揣浅陋，编著了这本《影视广告教程》。

“影视广告”是广告学和广播电视编导及相关专业课程的内容，近年来相关的教材资料已有一些，它们通过借鉴国外的一些参考资料，从不同的角度对这一专业课程进行详尽的阐述，以满足相关专业师生的需要。本教材的基本框架和主要内容是沿用分别于2015年和2018年在中国传媒大学出版社出版的《电视广告》教材（第一版和第二版）。基于多种因素，本次教材改名为《影视广告教程》，编著的老师们依据多年的一线教学实践，并较全面地研读了相关教学资料和参考资料，结合不断变化发展的影视广告实践，针对广告学等相关专业学生的需求和认知水平，完成了这本教材的写作，其特点主要有以下几个方面。

## 一、以案例教学为特色，深入浅出地解读影视广告创作的原理

“影视广告”作为一门课程，它本身的创作基础主要是影视学和广告学理论，这两者属于专业课程中的基础理论。因此，要把这些理论阐述清楚，就必须引用大量的案例材料进行解读，以形象的形式和内容来帮助学生理解影视广告作品的创作依据。为了更好地发挥这种案例教学的作用，本书所选的案例资料主要是历年来的经典作品和最新作品，除个别经典案例外，一般时限不超过5年。同时也应用了近年的一些国际大奖的作品，如全国公益广告大赛、戛纳广告奖、莫比广告奖、黄河奖等作品，并在出版社的数字资源平台有相关的教案与视频资料链接，以方便师生使用。

特别值得一提的是，本教材贯彻了优秀教案“三进”原则：进教材、进课堂、进头

脑，以此实施课程思政教学导向，使教学更有意义和价值。如央视播出的系列公益广告作品:《时代楷模》《精准扶贫》《新时代爱国主义教育纲领实施纲要》及庆祝建党、建国等红色广告案例，以中华文化精神和社会主义核心价值观作为育人的核心内容，结合专业，培养德才兼备的广告人才。

## 二、融入新的理论，突出教学与时俱进的特色

广告学本身就是一个综合性的学科，与它相关的理论也不少，如心理学、市场学、经济学、美学等。随着时代的发展，新的理论不断出现，对广告学有一定的借鉴意义。在这本教材的编著中，注重了对新理论的吸收和利用，增添了影视广告的人文创意、审美等内容，为读者提供了一个思考的新视角和新思路，以此来体现教学与时代同步的现实意义。

习近平总书记曾提出:“广告也要讲导向”“要加快构建中国话语和中国叙事体系，用中国理论阐释中国实践，用中国实践升华中国理论，打造融通中外的新概念、新范畴、新表述，更加充分、更加鲜明地展现中国故事及其背后的思想力量和精神力量。”“深入挖掘中华优秀传统文化蕴含的思想观念、人文精神、道德规范，结合时代要求继承创新，让中华文化展现出永久魅力和时代风采。”这次新编著的教材增加了课程思政内容，强调了思政教学的导向，把专业的内容与思政内容融合在一起，训练学生通过广告“讲好中国故事”，助力中华优秀传统文化和时代精神的传播，设置了单独的启发与思考环节，为培育德才兼备的人才做出有意义的探索，也供同仁相互交流，争取最佳的育人效果。

## 三、强调以影视理论为基础，突出影视媒体本身的特色

目前，与“影视广告”课程相关的教材主要有几个不同的重点内容：一是侧重于制作的内容，作者一般是从事过影视广告实际创作工作的人员，他们多是借鉴美国霍珀·怀特著的《如何制作有效的广告影片》进行编写；二是侧重于广告创意的内容，作者一般是从事广告教学工作的，主要是借鉴一些关于广告创意的参考资料；三是侧重于影视理论内容，作者一般是从事过影视创作和影视理论教学的，他们更多是借鉴一些影视理论的相关资料。这三个侧重点都有一定的价值，对影视广告的教学都有不同的意义。

众所周知，影视广告是借助于影视理论来创作的，这一理论正是广告学专业缺少的。广播电视编导专业的学生则对于广告是什么，它与其他影视作品的本质区别是什么，这样的问题就不是很清楚了，也可以理解为学生已经掌握一定的影视知识和拍摄技术，而不懂得广告创意与表现的本质意义。原因是他们没有系统地学习过广告学的专业课中关于广告创意、文案写作、广告设计等课程，这些内容中包含有影视广告创作的基础知识。因此，《影视广告教程》侧重于从广告创意的角度去写，以适合学生的

实际需要，同时紧密结合影视专业学习的内容，与学生原有的知识基础形成链接。故这本教材侧重于用影视理论的内容来解读影视广告案例，分析其制作逻辑和创意思路、表现技巧等，但同时也注重突出广告专业的特色，强化专业课程之间的连接，以满足影视编导及制作专业的师生、广告从业者和爱好者的需求。

相比于传统学科，广告学是一个新兴的学科，具有发展快、影响大的特点。教学要保证能对市场发展有所贡献，就必须紧跟市场，时刻保持与时俱进的积极态势，努力培养服务于社会的广告人才，笔者愿为此贡献微薄之力。

愿中国的广告事业明天更美好!

孙会

2023 年 6 月

# 目 录 Contents

# 绪 论

《影视广告教程》是广播电视编导专业和广告学专业必修课的教材，是这些专业知识构架中的重要书目。

## 一、本教材的主要内容

本教材主要内容包括影视广告的基础知识、构成元素、创意与表现、拍摄与编辑技巧及文案写作等，主要介绍影视广告拍摄制作的过程、方法及对影视广告的整体分析和理解。本教材的重点在于教授学生用镜头传递广告信息的方法，这也是教学的难点。

## 二、本课程的特色

“影视广告”作为广告学的专业课程，除了具有广告学专业特色外，还有一些不同于其他学科的自身特色。

（一）视像性

本课程在教学过程中有大量的视频案例资料供学生学习。视频案例资料能够帮助学生积累感性材料，使学生形象地理解影视语言的特色、影视广告的优势和影视广告各方面元素的表现特色，从而更好地结合企业、产品和品牌来认识影视广告的本质及价值。

（二）综合性

本课程是以学生有一定的广告专业基础知识为前提而开设的。本课程的学习需要学生综合运用所学过的各学科知识，包括广告学、营销学、文化学、心理学等，进行分析和阐述，这也是对学生专业知识掌握情况的考量。

（三）实践性

本课程具有极强的实践性，处于与时俱进的动态发展中。因此，不断探讨和推进这一学科的表现状态及发展趋势也是有实践意义的，同时，也会使学生积累实践经验，提高其分析、综合及解决问题的能力。

教师只有充分认识到这一课程的特点，才能更好地完成对这些知识的讲解，达到预期的教学效果。

## 三、教学方法探讨

本课程是实践性较强的课程，在教学方法上也要强化实践性的意义。案例教学法是最好的结合实践、突出实践特色的教学方法。同时，为了引导学生积极参与课堂学习，启发其思考和训练其能力，还需要结合运用问题教学法，即通过问题设置来贯穿教学内容，强化教学效果。因此，创新出“问题＋案例”教学法，充分利用各种教学资源优势，将教学内容与教学对象相结合，将教学热情与学生学习的乐趣相结合，从而收获更好的教学效果和更多的教学乐趣。

### （一）“问题＋案例”教学法

“问题＋案例”教学法是问题解决教学模式与案例教学模式结合的一种新的教学方法。

1. 问题教学法

问题教学法指将提出的问题转化为问题解决者内部的思考和策划，确定问题解决过程进行的操作（或运算），是在一定指导下完成步骤、解决问题、实现目标的一整套较为稳固的教学程序。问题教学模式强调把学习内容放到复杂的、有意义的问题情境中，通过让学习者合作真正解决问题，学习隐含于问题背后的科学知识，形成解决问题的策略，并提高自主学习的能力（如图 0–1）。

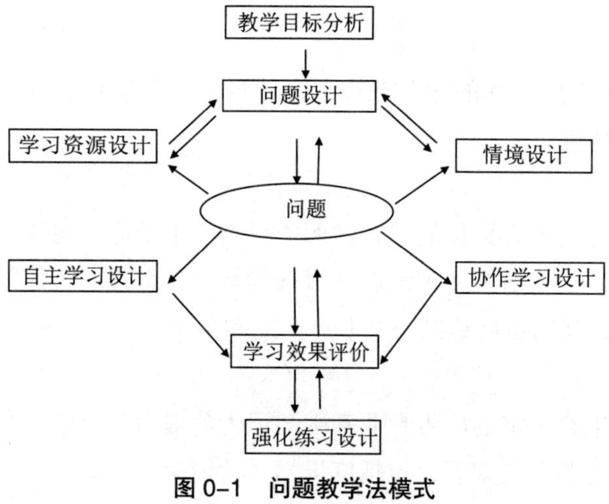


**图 0–1　问题教学法模式**

2. 案例教学法

案例教学法是一种以案例为基础的教学法（case based teaching）。教师于教学中扮演着设计者和激励者的角色，鼓励学生积极参与讨论，不同于传统教学方法中教师扮演着传授知识者的角色（如图 0–2）。

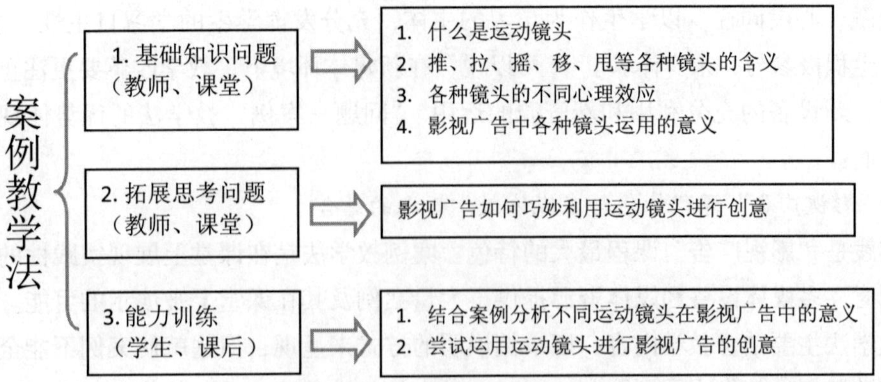


图 0–2 案例教学法模式

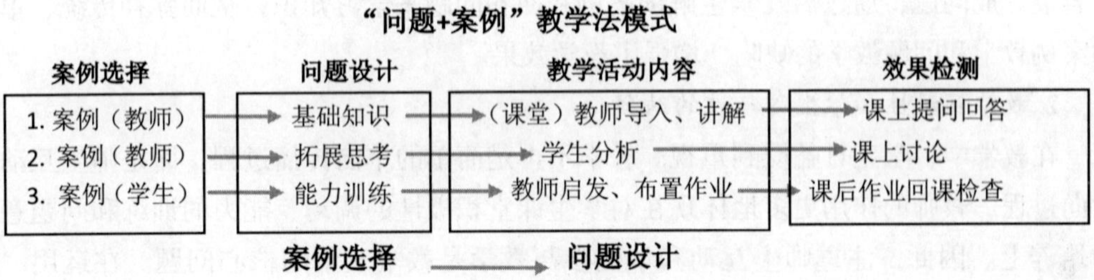


图 0–3 “问题 + 案例”教学法模式

两种教学法各有优势和不足。如在问题教学法中，问题的设置如果脱离了案例就是纸上谈兵，往往意义不大。同样，案例如果不与问题结合，可能也只是停留在举例说明的传统教学法上。而“问题 + 案例”教学法，将两种方法结合，克服各自的不足，充分发挥两者的优势。

概括地说，影视广告中“问题 + 案例”教学法就是根据教学目标的需要，以典型的影视广告案例作为教学资料，结合教学内容设计各种问题，通过案例解读来讲解知识、解答问题、启发学生独立思考，引导学生从个别到一般、从具体到抽象，进一步学习理解广告原理的一种理论联系实际的教学方法。“问题 + 案例”教学法是以学生为主体展开的自主型学习、趣味型学习、研究型学习和训练型学习的综合式教学方法。在案例分析中解决问题，在问题分析中结合案例，让问题与案例结合在一起来激发学生学习的兴趣和主动性，有目的地引导学生探讨案例所表明的问题。同时，又能更好地结合案例分析问题，达到形象与抽象、感性与理性的完美结合，使课堂教学达到最佳效果。

（二）“问题 + 案例”教学法的优势

“教学是一门艺术，优化教学的过程蕴含着无穷的魅力，教师通过精心的设计和准备，通过联系学生实际生活，创设师生共同体验、共同探索、共同讨论的教学情景，激发学生学习的兴趣和活力，让教学过程之美吸引学生，陶冶学生。在这种教学模式下，师生充分交往合作，或质疑辩论，或分析思考，一同探究学问，分享成功的喜悦，师生情感交融，心灵同往。以学生作为学习的主体，充分发挥学生的学习自主性、能动性，倡导学生积极参与，亲身体验。”① 可以说，在新媒体环境下，教学改革要更注重学生的参与度、新设备的充分利用和新资源的运用，“问题 + 案例”教学法的优势体现在以下几个方面：

1. “影视广告”课程特色与多媒体教学资源的结合

实践是“影视广告”课程最大的特色。案例教学法是在课堂上展现实践性的最好方法。同时，多媒体设备和媒体资源提供了大量案例及其在课堂上被演示的可能。传统的案例教学法主要结合教学内容，以举例说明的方式来呈现，但这就使案例不能全面展开并被细致分析，其作用受到限制。同时，学生处于被动地“看”的状态，没有参与案例分析，教学效果不佳。而“问题 + 案例”教学法，是在注重案例分析的前提下，将教学内容设计成问题，通过启发学生解读案例和回答问题来学习知识，从而弥补传统、单一的案例教学和问题教学的缺陷，增强了教学效果。

2. 教学互动性和学生参与性的结合

在教学中，学生日益受到重视。教学不再是简单的单向传播过程，而是师生互动的双向过程。教师的作用更多地体现在对学生课堂积极性的调动、能力的训练和问题意识的培养上。因此，注重师生互动和学生参与教学是教学改革的核心问题。在运用“问题 + 案例”教学法的过程中，教师既可以通过案例来提升学生兴趣，也可以通过问题来使学生的兴趣变成探究问题的原动力。既可以挖掘教师对教学内容的深入理解，也可以训练学生分析、研究问题的能力。同时，“问题 + 案例”教学法既有利于建立良好的师生关系，也“有利于培养社会所需要的具有自己的理想、思想和情感方式的独立人格的公民，有利于培养学生的独立性、主动性、积极性、创造性和创新性”。

3. 知识解读与能力培养的结合

知识学习是教学过程中的一个方面，而问题的设置为了通过把知识内容变成有探究性的问题以提高学生的学习兴趣、探究意识和分析能力。如果只有知识的讲解，一方面会使学生变成被动的接受者，另一方面会让学生感到自己远离实际，教学效果不好。运用“问题 + 案例”教学法，可以在课堂作业的设计中让学生结合学习的知识来寻找案例进行分析和讲解，使他们更深入地参与教学，增强学习的自觉性和能力。因此，把案例教学法引入其中，通过鲜活的影视广告案例，能够让知识变得丰富而有趣，问题变得生动而形象。教师引导学生对案例进行分析和讲解，不仅能培养学生沟通、总结、表达的能力，还能使学生在更多方面得到训练，令课堂效果最优化。

4. 拓展思考与深入探讨的结合

教师运用“问题 + 案例”教学，将案例与问题结合起来，既使学生能够从案例中找到一般性的规律，又使学生能从对问题的诠释中理解案例的个性特征，从而深化和拓展

① 宋秋前，陈宏祖．教育学［M］．杭州：浙江大学出版社，2010：537.

知识内容。同时，大量的案例收集又能让学生做到举一反三，充分而全面地考虑问题，提高其学习的效果。

总之，“问题＋案例”教学法就是整合问题，发挥两种方法的优势，规避其不足，充分体现“影视广告”课程特色，调动学生参与学习的积极性，以求达到最佳的教学效果。

（三）“问题＋案例”教学法的个案说明

为了更好地解析“问题＋案例”教学法的模式，下面以“运动镜头”课程的内容为例进行详细解析。

➔**示例：**

**“运动镜头”教学设计**

教学目标：

理解和掌握运动镜头的基本概念；理解影视广告中的运动镜头的意义及运用不同运动镜头技巧等基础知识；分析不同运动镜头在影视广告中产生的心理效应；运用不同运动镜头进行影视广告创意，培养学生对运用运动镜头进行影视广告创意和表现的兴趣与能力。

教学内容：

运动镜头的概念、种类；各种运动镜头所产生的不同心理效应；影视广告中不同运动镜头的运用及表现等。

重点、难点：

运动镜头所产生的不同心理效应。

教学方法：

“问题＋案例”教学法。

基本模式：

在这个教学模式中，教师首先要根据课程内容精心设计问题和选择典型案例。问题涉及三个部分的内容：基础知识、拓展思考和能力训练。针对这三个部分的内容，选择适当的案例进行分析和讲解。如针对基础知识方面，需找一些影视资料和常见的广告案例；针对拓展思考方面，就要找一些有深度和技巧的案例，特别是运用运动镜头进行创意的影视广告；而对于能力训练方面的案例，可以把它作为课后作业分配给学生去做，一部分作业是学生负责收集相关案例，另一部分则是让学生根据所学知识和对案例的理解自己进行广告镜头设计，等下次上课时进行检查。这样既可以关注到学生对知识的学习、理解和运用情况，也可以对教学的效果进行评价，并同时查漏补缺，强化重点、难点内容。概括地说，这个教学方法做到了案例、知识、问题相结合；教、学、思相结合；教师讲授、引导、启发与学生学习、思考、回答相结合；课上、课中、课下相结合，让学习成为学生的一种习惯性生活方式，不仅发挥了教师积极备课、认真教学的主动性，也激发了学生学习、思考、训练的主动性，让学生始终参与其中，变被动为主动、变消极为积极；不仅对专业知识的学习有意义，对分析、总结等能力的提升也有帮助。

### （四）“问题 + 案例”教学法的原则

任何教学方法的探讨和实践都是以学生的最佳学习效果为目的的，因此，必须掌握一定的教学原则，否则很难达到预期效果。

1. 主体性与互动性原则

教师要始终关注学生的学习兴趣和需求，在教学设计中充分考虑学生的主体地位，将学生的积极性和主动性激发出来，切忌认为所有教学设计与学生无关，只是教师自说自话的单向活动。

2. 引导性与参与性原则

在这个教学模式中，教师的引导作用很重要。一方面，教师在备课时需要设计问题，引导学生来思考问题；另一方面，教师在分析案例时也需要引导学生认真领会新的知识。同时，学生能够在教师引导下，积极主动地参与案例的解读和问题的解答，通过运用原有的知识和能力，更好地理解新知识，强化学习效果。

3. 针对性与趣味性原则

教师要有目的、有针对性地选择案例，设计问题要突出重点、难点，对于能力培养要密切联系课堂所学的知识。同时，案例教学方法的运用能够更好地引发学生对知识和问题产生兴趣，更形象地学习、理解和运用课程的内容，提升教学效果。教师要坚持这一原则，根据教学内容有针对性地设计问题、布置作业，切忌无方向性的作业要求，从而更好地保证教学效果。

4. 选择性与设计性原则

第一，案例要有选择，时间和程序上要有控制，这些都需要提前设计。切忌无设计、随意性地举例和提问，时间上要控制好，案例不能太多，讨论时间不宜过长，以免影响课堂效果。第二，问题环节设计要紧密合理，密切联系每次课的知识内容，并结合案例，切忌问题与知识、案例无关。

5. 效果性与检验性原则

教师要有检验意识，把控教学过程中的每个效果。一方面，考察教学的设计是否合理有效；另一方面，为以后教学的改进提供经验。

总之，对“影视广告”课程的教学改革探讨，是为了使其更适合新形势的需要。今天，“知识不是通过教师传授获得的，而是学习者在一定的镜头组中，利用他人的帮助和必要的学习，通过意义建构的方式获得的。基于此，要求学生由知识的灌输对象转变为知识意义的主动建构者，教师由知识的传授者转变为学生主动建构意义的促进者。在此意义上，教师通过构建教学与学习环境，激发学生学会学习和自主学习”。“问题 + 案例”教学法正是适应新媒体时代的需要，充分利用多媒体的优势，发挥教与学的最大潜能，为实践型专业课程的建设提供有益的方式，为新时代人才的培养作出贡献。

# 第一章　影视媒介与影视广告概说

**本章重点**

- 国内外影视广告发展的历程
- 国内外影视广告的不同特色

作为传播媒介，影视技术的出现既是影视广告产生的前提，也是人类社会发展中的一项重大进步。

## 第一节　影视的诞生与发展

影视是以画面和声音作为表现方式，在屏幕时间和空间里创造形象，再现和反映生活的一种媒体艺术。它的出现是人类科技进步的结果。

### 一、影视的诞生与发展

（一）电影的诞生

电影诞生于19世纪，其发展大致经历了三个阶段。

第一阶段：形成期（1895年—1927年）。自爱迪生、卢米埃尔兄弟分别在美国和法国发明电影之日起，电影经历了从短片到长片，从单镜头到多镜头的剪接，电影的视觉语言经历了三十多年的发展。

第二阶段：发展期（1927年—1945年）。在不到二十年的时间里，电影中加入了声音和色彩，具备了电影艺术的一切必要的表现元素。人们从反对无声电影的经验中开始总结，并在运用音响和色彩，以及探索电影形象表现潜力方面，展开了认真的研究和实验。

第三阶段：成熟时期（1945年至今）。在第二次世界大战结束后，电影已在技术方面进一步完善，此后的技术发展不再对艺术表现有重大的影响。电影从此进入了在艺术上精益求精的阶段，不再是单纯的娱乐品，而是具有极大的社会影响的艺术门类。①

（二）电视的诞生

电视的诞生与19世纪中期及20世纪初的几项重要科技成果密切相关：

1865年，英国工程师约瑟夫·梅发现硒有光电效应，1873年，他正式发表了有关硒的光电效应的报告，为电视的诞生奠定了科学基础。

1884年，德国科学家保罗·尼普柯夫发明电视扫描盘，这是电视机荧光屏的雏形。

1923年，美籍俄裔工程师左瑞金发明了光电管，为电视摄像机的设计作出了贡献。

1926年1月6日，英国科学家约翰·L.贝尔德在伦敦演示了电视画面的完整组合及播送。1927年、1928年，他将电视画面由伦敦发射到格拉斯加和纽约，以此证明电视画面的长途传递成功。

1930年，英国广播公司与贝尔德合作试验，成功进行了有声的电视图像广播。1936年，英国广播公司在伦敦亚历山大宫建立了全世界第一个公众电视发射台，于同年11月2日，开始了电视节目的定期播出。1930年，美国全国广播公司开始了电视试播。1941年6月17日，美国第一家商业电视台成立。1953年后，电视台在美国全面普及开来。

应该说，经过无数科学研究者的不懈努力，20世纪三四十年代电视进入成型时代，成为一种大众传播媒介。在二战结束后，各国都相继开始实现了电视内容的播出。20世纪五六十年代是电视蓬勃发展的时期。

1940年，美国无线电公司首先试制成功彩色电视。此后，彩色电视、有线电视、卫星电视相继发展起来。

## 二、我国影视事业的发展

首先，我国电影事业发端于20世纪初。1905年，北京丰泰照相馆创办人任景丰拍摄了由谭鑫培主演的《定军山》片段，这是中国人自己摄制的第一部影片。1913年，美国人经营的亚细亚影戏公司拍摄了由郑正秋编剧、张石川导演的中国第一部有故事情节的短片《难夫难妻》。1917年，上海商务印书馆拍摄时事短片，次年，成立活动影戏部，此后拍摄了两部中国最早的长故事片《阎瑞生》和《红粉骷髅》。

其次，我国电视事业于20世纪50年代得到了初步发展。1958年5月1日，我国第一座电视台——北京电视台开始试验播出。10月1日，上海电视台建成并试播。12月20日，哈尔滨电视台建成试播。之后，很多省会电视台陆续开播。由于当时国家经济处于困难时期，电视数量稀少，我国电视事业受到限制，没能很快发展起来。

改革开放后，我国的电视事业才真正迎来发展的春天。1983年，在第十一次全国广

---

① 电影的发展历程［EB/OL］.（2015-07-10）［2023-09-03］. https://wenku.baidu.com/view/c3ef6ea9bcd126fff7050bee.html.

播电视工作会议上，为促进我国广播电视事业的发展，我国确定实行分级建设、“四级办广播、四级办影视、四级混合覆盖”的方针，极大地推进了电视事业的发展。1992 年邓小平南方讲话后，电视事业进入飞速发展时期。到 21 世纪，“村村通广播、村村通电视”已经实现，在全国各大城市有线数字电视已经普及。

## 第二节 影视广告的兴起与发展

影视广告是由特定的出资者（广告主）以付费的方式委托广告代理公司制作，并通过电视台或电影院播出，对商品、劳务或观念进行非人员的推销。实际上就是影视 + 广告。它是广告客户选择以影视作为传播媒体，向公众传递商业或劳务等广告信息。

国外将影视广告称为 COMMERCIAL FILM（简称“CF”），原意是“商业影片”，是指使用电影胶片拍摄的广告，可在电影、电视中播放，国际上通称影视广告。

影视广告的兴起和发展在国外与国内有着不同的历程。

### 一、国外影视广告的兴起与发展

影视广告的兴起和发展是与经济和科技的兴盛密切相关的，具体地说，影视广告的发展与市场的发展、营销观念的改变及影像设备等新技术的出现不可分割。二战后，西方社会的迅猛发展，以及在市场经济和影像技术上突出的成就，为影视广告事业提供了基础和保证。

#### （一）电影广告

电影广告主要有以下两种形式：

1. 植入广告

植入广告的起源可以追溯至 1933 年，这一年上映的动画片《大力水手》中出现了最早的植入广告，在这部电影中出现的菠菜罐头的原型来自一家生产菠菜罐头的厂商。菠菜罐头因这部电影而风靡一时。时至今日，人们提起菠菜仍会与健康、强壮等词联系在一起。虽然植入广告起源于 20 世纪 30 年代，但其初成规模是从五六十年代开始，于 70 年代至 90 年代逐渐发展壮大，自千禧年之后形成较为成熟的商业运作模式。

2. 映前广告

映前广告的起源可以追溯到电影产业的早期。当时电影行业刚刚兴起，广告商们开始尝试在电影中加入广告片段。早期的映前广告以简单的形式呈现，内容单一，多以产品展示为主，例如肥皂、牙膏、汽车等产品。这些广告片段在电影放映之前播出，通常时长较短，仅数十秒到一分钟不等。20 世纪 30 年代，映前广告开始走向成熟，随着电影技术的不断发展和完善，映前广告的内容和形式也开始多样化。映前广告的拍摄不再局限于简单的产品展示，而是开始探索以情节为主的故事叙述方式，更好地表现了产品特色和品牌形象。在这个时期，一些经典的映前广告问世，例如可口可乐公司的“可口可乐熊”广告、海飞丝的“自信美丽”广告等，这些映前广告不仅传递了产品信息，更为消费者留下了深刻的印象和记忆。随着电影技术和营销手段的不断创新及改进，映前广告在后来的发展过程中呈现出了多元化的趋势。在21世纪初期，随着网络技术和社交媒体的迅速发展，映前广告开始向网络和移动设备等多个平台拓展，映前广告的制作和传播也进一步实现了数字化、多样化和全球化。

（二）电视广告发展史

1. 1953年前：电视广告处于初创时期

二战后，各国相继发展了电视事业，1953年以美国为代表的西方电视事业进入鼎盛时期。这一时期营销观念主要经历了从推销理念走向市场营销理念的过程，电视广告从无到有。其间主要是现场直播式广告或广播加图片的图解式广告，电视广告的发展处于萌芽期。

概括地说，这一时期西方的电视广告经历了以下几个阶段：

（1）现场演出广告：最初的广告（20世纪40至50年代）只是画面的广播化，播音员通常手拿稿子在麦克风前念广告词，或是由歌手边弹吉他边诉说商品的好处。

（2）影片广告：初期的卡通影片，不过是广播广告的视觉化呈现，由迪士尼之类的好莱坞制片公司制作，配音是广播广告录音带的内容。

（3）录像带广告：1958年1月，录像带广告出现在美国，内容不经过剪辑，后来被摄影机摄制和经过后期编辑的广告代替。

**案例 1–1**

1952年，一家生产STOPETTE除臭剂的客户要求在现场广告结尾一定要有一个以手挤压喷雾头的特写镜头，而且喷雾头喷出的雾一定要清晰。李奥·贝纳（LEO BURNETT）广告公司为了保证效果，用35mm黑白胶片拍了一条5秒的无声影片，这是世界上第一条实景广告影片。播出时，它紧接现场表演广告，播音员恰到好处地说：“啊！ STOPETTE，汗臭全消。”这个广告的拍摄取得了令人满意的效果。

有一种说法认为第一则电视广告出现在1941年7月1日凌晨2点29分，纽约市的全国广播公司（NBC）旗下的“WNBC”影视台在棒球赛播出前的10秒钟播出了宝路华钟表公司（Bulova Watch Company）的广告。当时的电视广告内容十分简单，仅是一块宝路华手表出现在一幅美国地图前面，并搭配了公司的口号（旁白）：“美国以宝路华的时间运行！”这则广告，宝路华钟表公司仅仅花费9美元。

2. 20世纪70年代：电视广告开始进入成熟时期

在这一时期，利用电影胶片或录像带，使用摄影（像）机拍摄的广告影片制作技术已经成熟。除了在技术上的更新外，广告在创意上变得更注重消费者的心理和消费观念变化，同时将广告与各种影视节目结合播出，提升了广告注目率。此时，电视广告已经成为一门具有自身独特语言、创意思想和表现技巧的视听综合艺术，成为真正的广告四大媒体。

3. 20 世纪 90 年代：电视广告进入繁盛时期

由于这一时期许多新技术和设备不断涌现，电视广告在制作技术上更先进，表现手法也更精良和巧妙，艺术感染力和效果越来越理想。同时，远程传播技术也为电视广告的普及传达提供了物质基础，使其传播的空间更为广阔。在营销理念和广告意识方面，这一时期社会营销观念盛行，电视广告表现内容由以商品信息、生活信息为中心转变为以社会信息为中心，以传达企业的社会观念和人文意识为价值目标。企业形象广告、公益广告不断增多。可以说，这一时期无论在创意上还是表现上，电视广告都呈现出繁盛发展的态势。

4. 20 世纪 90 年代：电视广告进入不断创新发展时期

这一时期网络及新媒体出现并迅速发展，改变了传统四大媒体对广告业的垄断局面。同时，新的技术和理念也在推动电视广告向前发展。在营销理念上，整合营销观念形成，为电视广告的未来发展提出了新的要求和挑战。电视广告在创意和表现上更注重与其他媒体的配合、与整体的广告策略相一致、与长期的营销战略相符合。电视广告从此进入一个创新发展的新时期。

## 二、中国影视广告的兴起与发展

### （一）电影广告的兴起与发展

1. 映前广告

映前广告作为在影院所有影片放映前播放的视频广告，是非常有效的广告传播方式。纵观国内映前广告的发展历程，有两大影响深远的案例不得不提，它们分别开创了中国电影商业广告之先和正式开启了中国电影映前广告的商业之路。第一个案例是，1930 年上海的“华商广告公司”开始代理电影广告，且多以幻灯片广告的形式在电影放映前播放。1994 年 11 月，国内首条映前广告以贴片形式在引进的第一部大片《亡命天涯》前播放，广告主是大家如今熟知的肯德基公司。虽然该片首轮放映仅在 6 个城市进行，但开创了电影商业广告之先。第二个案例是，1998 年《泰坦尼克号》上映，影片搭配的贴片广告长达 20 多分钟。中影公司就此组建了蒙太奇广告公司，各省市电影公司也大多组建广告公司进行电影贴片广告招商，自此开启了中国电影映前广告的商业之路。

2. 植入广告

早在 1932 年，中国粤剧演员薛觉先与导演汤晓丹合作开拍了中国内地第一部粤语电影《白金龙》。这部电影得到了广东南海人简氏开设的南洋兄弟烟草公司的“白金龙”香烟的赞助，大概算得上早期的植入式广告。1999 年，冯小刚的《甲方乙方》开启了植入广告的新时代。

（二）电视广告的兴起与发展

多种历史原因使我国电视广告事业的发展呈现出自身的特点，并具体表现为以下几个时期：

1. 初创期

虽然我国在 1958 年就出现了电视台，但开始在电视上投放广告是在 1979 年，这一年是电视广告的春天，也是中国电视广告的新纪元。具体表现是：

1979 年 1 月 28 日（农历正月初一）17 时 05 分，上海电视台以幻灯片形式首播中国电视第一条广告“参桂补酒”，片长 1 分 30 秒。

1979 年 3 月 15 日晚，上海电视台播出第一条外商广告“瑞士雷达表”（见案例 1–2）。

案例 1–2

**中国第一条外商广告“瑞士雷达表”（15 秒）**

镜头 1：一个外国人正在穿西服、系领带。

镜头 2：这个人手腕上戴着一块手表。

镜头 3：一个外国女士展示她手腕上戴的一块手表。

镜头 4：那个男人正从那个女人身后窥视她手腕上戴的什么。

镜头 5：一块雷达手表。

镜头 6：一个精美的盒子里装着一块雷达手表。

1979 年 12 月，中央电视台在两套节目中开办电视广告业务，各地电视台纷纷效仿，电视广告如雨后春笋般发展起来。

这一时期，电视广告基本是广播广告的视觉化呈现，其内容主要是介绍企业和产品的基本情况。因为经历了长期的计划经济时代，企业、市场和消费者处于一种不发育的被动状态之中，“统购统销”的经营管理模式让这三者之间没有直接的联系。而改革开放后企业要生存就必须走向市场，主动与消费者沟通。广告成了重要的沟通渠道，这时，电视广告肩负着这一重任。告知式、叫卖式、新闻式广告是这一时期的主要形式。

2. 20 世纪 80 年代至 90 年代中期，以叫卖式为主的、各种形式的电视广告迅速发展

电视广告发展速度惊人，开始是告知式加“获奖式”，即金奖、银奖满天飞的时期，之后，电视广告开始注重创意，但更多的还是强调理性诉求，因为中国人习惯于接受以理服人的说服模式，所以这类广告更有市场。

3. 20 世纪 90 年代后期电视广告进入创意阶段

这一时期的电视广告更注重创意，特别是情感诉求开始为人们所青睐。1994 年，随着电视剧《北京人在纽约》的播出，孔府家酒聘请明星做了“孔府家酒，让人想家”的电视广告，给人以深刻印象。之后，多样的创意和丰富的影视表现让广告更加绚丽多彩。

4. 21 世纪后，电视广告也进入整合营销时代

21 世纪到来，环保、健康、人权等社会问题不断涌现，市场竞争不断加剧。企业与社会如何协调发展和互利共赢成为广告关注的话题。市场营销和广告创意更侧重于整合营销，加强企业、广告与社会间的关系，从更广阔的视角和更长远的发展趋势来构建电视广告的未来。

## 三、国内外影视广告的特色

国内外影视广告在表现上有很多的不同，特别是中国和西方的影视广告因历史发展、生存背景和创意理念等的不同，分别表现出自己的特色。

### （一）国外影视广告的特色

第一，注重受众心理分析，以市场调查数据为支撑。国外对市场调查非常重视，尤其是其中的心理调查。影视广告创意建构在市场调查的基础之上，秉承科学的态度和尊重客观事实的精神。

第二，擅长充分发挥视听综合的媒体特点，强化收视效果。国外影视广告的创作在创意和表现上最大限度地提升受众视听感官体验，以形象化、具象化、生动化的特点突出作品的可视性。国外影视广告甚至不需要文字和语言表达，其声音、画面成为主要的表现形式，使作品的冲击力增强。

第三，以情感诉求为主，多运用细节化、生活化的表现形式。国外影视广告注重情感诉求，特别是幽默、惊悚、快乐等情感。在表现模式上，国外影视广告多运用生活的、现实的形式，把握对细节的表现，营造受众仿佛置身其中的逼真效果。

第四，有一贯性、长期的广告策略和核心价值体系。广告策略和核心价值体系是企业广告整体运营的主题方向和操作方法。如可口可乐的“快乐”、耐克的“Just Do It”、阿迪达斯的“Impossible is Nothing”等主题，在不同时期、不同地区的广告中，这些品牌主题不会改变，而具体表现方式千变万化，这就更明晰了品牌的理念，同时增强了品牌的信誉度。

### （二）国内影视广告的特色及存在的问题

影视广告的发展水平和特色与市场的发育、企业的成长、消费者的成熟都有密切的关系。出于种种原因，我国影视广告起步晚，发展中存在着许多问题。

首先，无创意的简单叫卖多，明星广告遍天下。市场的效果与广告的质量常常不相符合，简单无创意的叫卖式广告往往也会有品牌效应和市场收益，这限制了广告的发展和创新。同时，为了提高广告的关注度，大量使用明星做广告，使广告同质化问题明显，品牌的区分度和特色不清晰。

其次，过于注重销售，广告整体品质不高。由于过分强调广告的市场效果，追求短期目标，广告整体停留在卖货的层面，缺少对审美和人性的关注，创意与表现过于功利性，品质不高。

再次，没有一贯的广告策略和创意主题。企业多是一时即兴的创意，缺乏广告战略的规划和长远的考虑，使广告不能呈现出自己的特色。

最后，缺少对民族特色和传统文化的深度挖掘。创作有中国特色的广告，必须有传统文化和民族特色的滋养、培育，以及对中国受众心理的分析和理解。目前很多广告模仿国外的形式，无法体现自己的特色和风格，广告整体水平有待提升。

可见，在我国影视广告的发展过程中，还存在着一些不尽如人意的问题和缺陷，这正是广告人今后努力的方向。

**➔启发与思考**

**如何学习和借鉴国外影视广告作品的优势？**

首先，坚守一个原则，即一分为二的原则。任何事物都不是绝对完美的，都有不尽如人意的地方。故对国外广告作品的分析也要坚守这个原则。好的创意、表现要首先分析好在哪里？为什么？可以为我们所学习和接受的地方有哪些？如国外广告作品中幽默的手法可以学习，但不是所有的内容都是可赞同的。特别是不符合我国国情和法律法规的内容就必须清除，不能完全照搬。

其次，把握一个方向，即意识形态大方向。习近平总书记说："广告宣传也要讲导向。"任何广告中都多少带有意识形态的痕迹，都是一定意识形态影响下的产物，特别是对于有民族歧视、政治反动、辱华等内容的国外广告，要有清醒的认识，不能一好百好，人云亦云。

最后，服务一个目标，即为建设中国特色广告事业的目标服务。盲目地学习一定是无效的，目标就是方向和动力。明确了这个问题，在学习中就明晰了什么是该学习、可学习的问题。对于国外影视广告中不适合我国国情，不符合我国法律法规的内容都不是可以借鉴的。如西方国家常有惊悚和恐惧性强的广告，以此来提高注目率，这与他们的国情相关，但违反了我国人民注重和谐、含蓄、平静的人生态度，不宜学习和引入。

**思考题**

1. 观看10个国内外家用汽车的影视广告，并谈谈对这一类产品广告的创意、表现及不同特色的认识。

2. 阅读近5年的《中国广告年鉴》，谈谈对中国广告业发展的认识。

# 第二章　影视广告的特色和分类

**本章重点**

- 影视广告的媒体特色及广告特色
- 影视广告不同的表现形式及各自的特色
- 影视广告中的拟态环境

## 第一节　影视广告的特色、优势及劣势

影视广告凭借其特色和强大的优势成为最有效的广告形式，剖析和研究这些特点、优势、劣势，是科学地进行广告创意构思的前提和基础。

### 一、影视广告的特色

影视广告的特色主要可以从以下三方面来分析：

**（一）从影视媒体的角度来看，影视广告具有视听综合媒体的特色**

影视媒体依靠其技术支持，集视听效果于一体，表现出独具特色的优势。

1. 影视广告视觉冲击力强

影视广告通过画面生动逼真地展示商品的外观、质地、使用方法等，并可通过高科技手法展示商品的构造、原理和效能等内容，它的传播效果不受观众的文化程度、生活地域和年龄经历的限制。它能调动受众的所有感官和情绪，以声音和画面来吸引广大受众的关注。

2. 影视广告的现场感强

影视广告可通过形状、色彩、文字、语言、音效、动作等丰富形式对人的视觉、听觉和运动觉同时进行刺激，容易使人产生身临其境的感受，具有很强的现场感，能大大缩短与受众的心理距离。

3. 影视广告的传感性强

传感性指受众在收视现场的交流。与电影相比，电视接受环境的现场感与传感性更强。而电影具有分离感，不能及时互相讨论和传播信息。这样对比之下，电视广告的收视环境更利于受众的理解和接受（见案例 2-1）。

案例 2-1

案例 2-1 视频

**盼盼手撕面包广告**

镜头 1：冰雪大地，穿着滑雪运动服的运动员用手撕开盼盼面包的包装袋。

镜头 2：阳光照在大地上，小麦、奶粉、撕开的面包等。

解说：（字幕）阳光小麦，新西兰奶粉，层层酥软，层层香，面包还是盼盼好。

镜头 3：许多年轻人在一起很开心，一边吃面包，一边看电视上的滑雪场景。

镜头 4：冰雪背景下，三袋盼盼面包。

解说：盼盼食品，北京 2022 年冬奥会官方赞助商。

镜头 5：盼盼标识及冬奥会标识。

这则广告中，淡黄色、手撕开的面包无不展现出面包酥软、香甜的特点。在白色的背景下，红色的品牌标识增强了视觉冲击力，整体的视听效果对受众产生极大的诱惑。

（二）从艺术审美的角度来看，影视广告是艺术审美和功利实用完美的结合

影视广告是创作主体按照审美的规律对客观世界予以艺术的把握，即通过充满动感、充满活力的美学形态对物质世界和感情世界的审美观照。影视媒体将声音和画面融为一体，构成交相扶持、互为补充的符号系统。影视广告正是充分利用了影视的这一优势，将广告信息融入其中，从而创造出艺术审美与功利实用相结合的传播方式（见案例 2-2）。

案例 2-2

**百雀羚广告**

案例 2-2 视频

镜头组 1：一曲婉转动听的音乐响起，一位穿古装服饰的女子弹着琵琶出现在粉红色的背景下。

镜头组 2：另一位穿中式服装的女士出现，特写展示了她服装上有刺绣的领口。

镜头组 3：淡黄色的背景下出现皮影戏。

镜头组 4：随着灯光的照射，一只狮子的侧脸亮相在红色的背景中。

镜头组 5：一位穿戏服的男士踩着滑板出场，伴随音乐舞动、跳跃。

画外音：谁说四方步就要不了酷。

镜头组 6：一些年轻人在看皮影戏。

画外音：谁说皮影戏装不下新剧集。

镜头组 7：穿中式服装的女士在走秀。

画外音：谁说刺绣不能有时尚主张？

……

**图 2–1　百雀羚广告截图**

这则广告中，琵琶、走秀、舞狮子、皮影戏、摇滚等都是艺术的表现，再加上很有律动的背景音乐及整个艺术表现环境的展现，都为受众呈现了一个充满审美情趣的广告作品。

**（三）从传播学的角度来看，影视广告是通过再现真实与建构拟态环境的统一来传播信息的**

“拟态环境”是传播学的概念，由美国著名专栏作家、新闻工作者李普曼在《舆论学》一书中首次提出。他把由大众传播媒介所塑造的符号式虚拟环境称为“拟态环境”。此说源于柏拉图的“洞穴理论”——“那些缺乏哲学的人可以比作关在洞穴里的囚犯，他们只能朝着一个方向看，因为他们是被锁着的；他们的背后燃烧着一堆火，他们的面前是一堵墙。在他们与墙之间什么东西都没有，他们所看见的只有他们自己和他们背后的东西的影子，这些都是由火光投射到墙上来的。他们不可避免地把这些影子看成实在的，而对于造成这些影子的东西却毫无观念。最后有一个人逃出了洞穴来到光天化日之下，他第一次看到了实在的事物，才察觉到他此前一直是被影像欺骗的”[①]。这个影像在传播学的语境中就是拟态环境，囚犯就好比受众，火光好比大众媒介。在消费现实中，消费者不可避免地生存在两个世界中：即上帝创造的第一个世界（现实世界）和大众传媒创造的第二个世界（拟态环境，或说媒介环境）。

视像是对现实的再现，但它是通过建构拟态环境来再现这种现实的，实质上是一种“媒介环境”。屏幕上的视像只是用一种类似于我们感知世界、解释世界的方式来再现现

① 柏拉图．理想国［M］．郭斌和，张竹明，译．北京：商务印书馆，1986：203.

实世界，它只是“真实”世界里部分事物的一种“主观”映像，是一种被影视节目的制作者以一定的方式程式化、符号化了的人、物和事件。

也就是说，影像所呈现的是一种被加工过的真实，即拟态环境。影像在真实现实与拟态环境之间搭建了一座桥梁，这也是影像传递信息的方式。而影视广告借助不同的物质手段，通过逼真的画面、诱人的语言、多变的色彩，形象地展示不同创意所建构的各种消费拟态环境，概括地说，主要有以下几种情况：

1. 问题——需求环境

影视广告通过设置生活中的问题，针对消费者的需求推出自己的产品或服务，常见于宣传功效明显的消费品，如医药、化妆品、洗涤用品等（见案例 2-3）。比如，在一则洗衣粉广告中，再现生活中常见的困境——一个家庭主妇正在为很多难以洗干净的污渍发愁，这时产品出现，画外音介绍产品的成分及功效，最后是主妇使用这种产品后十分满意的样子。在这种模板化的广告中，拟态环境是一种生活的再现，针对的是消费者对去污的实际需要，让消费者感受到产品功效的强大，从而促成消费者的认可和选购。

案例 2-3

案例 2-3 视频

**太极急支糖浆广告**

镜头组 1：许多人在公园里锻炼，一位老年人一边看报一边咳嗽。

镜头组 2：字幕——咳嗽、咳痰。

解说：咳嗽、咳痰，不用紧张。快用太极急支糖浆。

镜头组 3：绿林背景下，一个身穿太极服的人在打太极，出现阴阳太极图和产品。

镜头组 4：药的成分和产品。

解说：清热化痰，宣肺止咳。

镜头组 5：身穿太极服的人在打太极。

镜头组 6：雪山背景前的产品及广告语——化痰止咳真功夫。

这则广告主要是把现实生活中咳嗽这样的常见病给人们带来的各种困境和问题展现出来，而产品就是解决的方案，这让受众豁然开朗，较容易接受广告信息。凡直接表现产品功效的广告均属此类。

2. 感知——情感环境

影视广告通过设置一种特定的环境或意境来表达一种情感，以此吸引消费者的注意力，常见于情感诉求类广告中。如统一牦牛肉面的影视广告，镜头中有喜气洋洋的藏族孩子、古朴而有特色的藏族民居、环境优美的藏族风情等，每个镜头都体现了西藏风情，从而让消费者感受到产品特有的西藏味道。这种广告所设置的拟态环境是通过多个自然景观及人文景观的叠加，为受众营造出浓浓的西藏风情，这种方式直接针对受众的情感心理，不需要更多的理性诉求（见案例 2-4）。

案例 2-4

案例 2-4 视频

**京东广告 · 2022 年篇**

淡黄色的背景下，有红底横幅字幕：看央视春晚　分 15 亿红包和好物。下面是红绸和祥云，中间则是一部手机的界面出现京东 APP，字幕：打开京东，摇一摇。

随着手机的摇动，出现“2022 虎年大吉”的拜年画面和许多的商品，旁边出现一部手机，界面上飞出很多的金币。

最后出现京东标识和 2022 年央视春晚标识。字幕：2022 年春晚独家互动合作伙伴。春晚有欢喜，京东等着你。

广告歌：看春晚打开京东，摇一摇。

解说：不止红包，还能摇出手机、电视、汽车等实物好礼。提前下载京东 APP 哦。

这则广告中，画面设计为富有情感气息的春晚场景，主色调是大红色，充满春节的喜庆气氛，加上淡黄色的柔和、贵气，整个画面迎合了春晚的特色，强化了受众的心理情感。以此来突出产品的互动特色，在一年一度举国欢庆、全家团圆的日子里，带给大家惊喜和快乐的情感体验，给受众留下深刻印象。

3. 信念——态度环境

影视广告通过构建一种拟态环境，让受众感受到产品或服务给自己带来的信念，从而形成积极的态度，常用于表现企业品质形象和企业文化等内容（见案例 2-5）。如在奶制品的广告中，把产品原料、生产线、检验等环节，用多个镜头表现出来，塑造出一种原料绿色、生产先进、检验严格的信念，帮助消费者建立起对这种产品的信任态度，影响其消费决策。

案例 2-5

案例 2-5 视频

**南京同仁堂六味地黄丸广告**

镜头组 1：药店里的桌子上摆满各种中药。清朝装束的人们在忙碌着。

解说：炮制好，药会更好。

镜头组 2：清朝官员来药店品鉴。药品正在蒸制中。

解说：南京同仁堂六味地黄丸，百年品质，九蒸九制，蒸的不一样。

……

这则广告用清朝的人和药品的制作特色来说明产品品质，以此来强化受众对产品的信心。

4. 想象——超我环境

弗洛伊德认为，人格结构由“本我”“自我”“超我”三部分组成。“本我”即原我，指原始的自己，是一切心理能量之源。“自我”，是自己可意识到的思考、感觉、判断或记忆的部分。“超我”则是代表人格结构中理想的部分，是个体在成长过程中，通过内化道德规范、内化社会及文化环境的价值观念而形成的，其机能主要体现在监督、批判及管束自己的行为上，“超我”的特点是追求完美。在现实的消费活动中，人们会通过对消费对象的理解来实现或表现自己的理想，展露“超我”的一面。影视广告通过模特的消费感受，展示消费后所呈现的自我梦想的实现，常用于传递某种消费观念和精神感受（见案例 2-6）。如在福特·蒙迪欧“世界就看我的”广告中，将产品定位于“时尚、优雅、沉稳，一个成功人士的工作和生活伙伴”，在创意表现方面，更是侧重于感性诉求，以“世界就看我的”为主题，分别推出“世界，看我怎么走”“世界，看我耀世之美”“世界，随我自在”的系列广告，从而达到激起消费欲求的目的。

案例 2-6

案例 2-6 视频

**统一茄皇广告**

镜头组 1：在欢乐颂的乐曲声中，一个番茄娃娃坐在方便面桶上，拿着叉子唱歌：“新疆番茄是个宝，来碗茄皇错不了。”

镜头组 2：蓝天白云下，番茄宝宝腾空跳起，落在一片绿叶茂盛、红艳艳的番茄地里。番茄宝宝一起唱：“新疆番茄是个宝，晒足阳光营养好。”

镜头组 3：在众番茄的簇拥下，番茄宝宝在番茄藤枝上跳舞唱歌：“酸甜浓郁好味道，来碗茄皇错不了。”

镜头组 4：新疆姑娘摘番茄，一男一女吃着茄皇方便面。

字幕：新疆番茄是个宝，来碗茄皇错不了。

镜头组 5：番茄、牛肉跳起并落入泡面中，众多番茄宝宝举起一桶茄皇方便面，一个番茄宝宝在上面跳舞。

字幕：新疆番茄是个宝，来碗茄皇错不了。

镜头组 6：茄皇标识旁，番茄宝宝说道：“茄皇。”

这则广告运用了丰富的想象力，把番茄以拟人的形象呈现，可爱、活泼，主题红色，既是番茄本色的表现，也充分展现了旺盛的生命力和视觉冲击力，欢快、动感的音乐也让人难忘。

当然，以上只是常见的几种情况，影视广告中所构建的拟态环境类型会随着时代的发展不断创新并日益丰富。影视广告中建构拟态环境的手法就是利用蒙太奇技巧和镜头语言，打破时间和空间的自然连续性，创造出有别于生活原貌的时间与空间，运用各种摄影技巧，纵横驰骋，使创造的屏幕形象与生活原貌之间产生差异，甚至变形，从而更好地达成广告目标。

## 二、影视广告的优势及劣势

影视广告既有优势也有劣势。广告主在选择广告形式的时候要根据具体情况，结合自身的现状和产品的特色进行选择。

### （一）影视广告的优势

从影视广告的特色中，可以看出它的主要优势有：

1. 视听合一，形象生动，感染力强

影视广告能够通过光波和声波，将信息生动逼真、声画俱现、形象动态地进行传播，给受众以全方位、多感官的刺激，具有极强的冲击力和感染力。这也是印刷广告、静态广告等无法比拟的。

2. 通俗易懂，覆盖范围和受众面广

影视广告声画并茂，对受众的接受程度和理解程度没有太多的要求，受众的文化水平、经历体验不受限制。同时，随着电视技术的普及，电视接收区域更广，因而，受众面更为广泛。

3. 播出方式灵活多样，随意性强，广告播出效率高

影视广告的播出形式灵活多样，既可以单独播放，也可以借助其他节目来传播，如插播广告、随片广告、植入式广告等。新媒体增多后，还可以在不同媒体平台上播放，如电脑、手机、LED 等。这就提高了广告播出的频次和效率。

影视广告的收视环境多数是在社会的细胞——家庭中，内容多是推介一些日常消费品，就像是连接家庭消费与外界市场的一座桥梁，不断提供消费信息，满足家庭生活成员的需要。同时，这样的收视环境非常有利于受众感受广告所设定的消费情景，有利于受众就广告及产品进行及时的交流、沟通，使广告影响广泛而深远。

影视广告的随意性强是指它在传播时所处的随意性背景和受众环境，包含了方便、亲切、轻松的感觉。影视广告的家庭化和日常化特征正是它能拥有全球观众的根本原因所在。心理学表明，人们在这种轻松、亲切的环境中更容易接受外来信息的刺激，因此，更有利于广告效果的产生。

4. 连续播放，强化效果

影视广告可以在不同的时间、不同的频道或节目中重复连续地播出，甚至在一个高收视率的节目中重复播出。虽然有可能让人对此产生不适，甚至产生抵触心理，但它在强化广告记忆、认同与接受效果上有积极意义。

综上所述，影视广告因其强大的技术支持表现出极大的优势，这是企业在进行产品广告策划和选择媒体时必须考虑的重要因素。

## 启发与思考

### 充分利用影视广告优势，助力乡村振兴大业

近年来，在党中央的政策号召下，影视广告充分发挥自身优势，致力于为乡村振兴助力。以央视扶贫类系列公益广告为例，其表现出以下特色：

（一）纪实性与地域性

此类公益广告以客观、自然、真实的手法表现主题。在此类公益广告中，生活化的叙事环境、真实的叙事主体以及自然的叙事背景无一不表现出纪实性的特点。地域性是指以不同的地方背景来表现主题，如广西的百色、湖南的十八洞村、陕西的延川、河北的阜平、山东的沂蒙山区等，区域情况各不相同，扶贫工作也有区别，客观的纪实手法和不同的地域表达，使作品本身的感召力和影响力更深化。

（二）细节性和感人性

细节性的表现即在特色之处表现细腻，是感动人心的重要原因。如广告中贫困山区孩子渴望的眼神、扶贫干部辛劳的汗水、脱贫百姓开心的笑容等，都是通过细节的表现来引发受众共情，使公益广告的感人性更突出。源于生活的现实图景和细致刻画的手法，使扶贫故事更具感染力，更易引发和凝聚脱贫攻坚的激情和意志。

（三）效用性和灵活性

效用性是指广告时效性强，迎合时代的需要，发挥实际的作用。脱贫攻坚是近几年主要的国家战略，也是我国正在进行的伟大事业。此类公益广告的出现无疑是广大受众了解贫困山区的情况、感知脱贫攻坚的艰辛、激发爱国热情最有力的渠道，从这一意义上讲，此类公益广告是具有效用性的。灵活性则是指广告的主题选择、创意构思及叙述表现都呈现出丰富和变化的样态。灵活性的特点使其所传播的文化和审美意义更生动、有趣，感染力强，传播效果好。

（四）创新性与融合性

创新是广告的生命。扶贫类公益广告在创意上注重实践性和效用性，特别是将二维码放到广告最后，构建了公益广告带货的新形式，非常易于帮扶行为产生效果，为扶贫做实事。在表现上，融入了新的时尚元素，如VR、补光灯、直播等，使广告紧跟现实，给人以新鲜感。融合性是指多个媒体同时播出的特点。此类视频广告不仅是在各大电视台播出，而且在多个媒体平台播放，如爱奇艺、优酷、哔哩哔哩等。这种跨平台、融媒体、立体式的播放自然扩大了传播的广度，有利于提升影响力和感染力。

综上，扶贫类影视公益广告运用丰富灵活的技巧，建构和传播了中华优秀传统文化和社会主义核心价值观的精神力量及审美追求，强化了文化自信和民族自信，为脱贫攻坚作出了贡献。

（二）影视广告的劣势

任何事物都有正反两个方面，影视广告虽然有极大的优势，但同样有不可忽视的劣势。

1. 时间短，传播速度快，不易记忆

影视广告的时间一般为5秒、10秒、15秒，最多不超过30秒，一闪即逝，是一种瞬时信息。同时，因为受众接收影视广告是被动的，所以在开始并不知道广告要宣传什么内容时，广告就播完了，致使记忆效果差。

2. 被动、强制接收，受众卷入度低，容易产生厌烦感

影视广告播出频繁，随意性强，特别是电视剧正在播出中的插播广告将受众置于被动接收状态。受众多是不愿意收看广告的，但又不得不在收看节目时被强制收看。因此，受众常在广告时间换台，影响了影视广告的收视效果，导致受众对广告的卷入程度低，容易产生厌烦感。

3. 影视广告的制作及播出费用高，中小企业难以承受

影视广告从拍摄到播出有一个过程，需要的场地、演员、技术人员、设备、后期制作及播出时间等，都要用资金购买。要是用胶片拍摄或在黄金收视时间内播出，费用高昂，因此，与其他的媒体相比较，影视广告的费用要高很多，不是一般中小企业所能承担的。

4. 影视广告中的信息含量有限，不太适合理性说服

影视广告的时间有限，信息含量也只限于重要内容，对一些需要详细介绍原理、结构、功能等的产品就不适用了。影视作为视听媒体，更擅长表现有感性诉求的内容，不像杂志、报纸更适合理性说服。

总之，在进行广告媒体的选择和策划时，既要考虑到影视广告的优势，也不能忽视它的不足，只有对它进行全面的认识和了解，才能确保达到理想的广告效果。

## 第二节　影视广告的分类

分类是对一个事物进行深入细致了解的关键。影视广告的分类标准有很多，一般常见的主要有以下几种分类情况：

### 一、依据诉求方式分类

依据诉求方式的分类可以分为理性诉求影视广告、感性诉求影视广告及感性与理性相结合的影视广告。

### （一）理性诉求影视广告

1. 理性诉求影视广告的含义

理性诉求影视广告是指在影视广告中采用理性说服的方式来传播所要宣传的信息，如企业的理念、产品的特色、使用产品的方式、服务的特色等，是一种以理服人的创意思路。

2. 理性诉求影视广告的策略

理性诉求影视广告要有理论、有证据地全面论证企业或产品信息，既要能给予受众一定的商品知识，提高受众判断商品优劣的能力，促进购买；又要能激发受众对广告本身的兴趣，提高广告的宣传效果。从心理学的角度分析，理性诉求影视广告的策略可以从以下几方面内容着手：

（1）提出产品的利益点

广告必须能说出产品的利益点，即产品能够为消费者带来的好处。

（2）说出消费者的需求点

从消费者的角度出发，要在广告诉求中找到他们的需求点进行说服。

（3）提供充足的论据

广告要让消费者信服，不仅要提出重要的购买理由，还要有充分的说服材料，以此达到以理服人的效果。

（4）运用双向信息交流，增加可信度

广告会有“王婆卖瓜”的嫌疑，在创作时要尽量避免带有太多的商业气息，多增加一些让消费者可信服的信息内容，即在广告中不要只从产品一方的立场去表达，而要从消费者的角度去考量，双向的信息宣传才更有可信度。

（5）将理性广告情感化

即使是理性广告，其用词和语气也不能过于生硬、生涩、生僻，让受众感到广告在教育人，给人以压力，那样容易让人产生逆反心理。因此，要注重在广告中融入情感，增加人性化的信息，以达到理想的效果（见案例 2-7）。

案例 2-7

案例 2-7 视频

**羚羊感冒口服液广告**

镜头组 1：南京同仁堂标识和门面背景下，出现产品和字幕——时疫流感，发烧咽痛。

解说：时疫流感，发烧咽痛。

镜头组 2：产品及各种药材。字幕——名方银翘散 + 珍贵羚羊角。

解说：名方银翘散，珍贵羚羊角，关键时刻顶得住。

镜头组 3：品牌中的羚羊标识飞奔向黑色字体“时疫流感，发烧咽痛”，并将其击碎。

解说：羚羊感冒口服液，南京同仁堂。

这则广告以理性的方式传达了产品的功效信息，明确了所针对的病症，体现出产品的意义和价值，方便消费者进行选择。

3. 理性诉求的方法

理性诉求的方法有很多，主要介绍以下几种：

（1）主张观念

主张观念即通过诉说一个观念——或企业经营理念，或品牌的价值意义，以此来促使受众理解并购买广告中的产品或服务（见案例 2-8）。

案例 2-8

案例 2-8 视频

**蕉内广告**

画面中，周冬雨在服装模特中穿梭，选择更换各种产品，自由活动和开心享受的样子。

画外音：什么才算基本款？在蕉内，能穿出门的家居服才算基本款；能防蚊的裤子才算基本款；在蕉内，无标签的内裤、不乱跑的内衣、不掉跟的袜子，才算基本款……

这则广告通过周冬雨自信、活泼、青春的形象，诠释一个理念："什么是基本款"，以此来表达品牌的优秀品质和独特个性。

（2）说服劝导

说服劝导即在诉求中突出商品的功能和优点，以各种理由来说服受众，满足受众的需求，达到促销的目的（见案例 2-9）。

案例 2-9

案例 2-9 视频

**金领冠广告**

镜头组 1：谢娜和孩子一起嬉戏，孩子去桌子边拿奶粉。

解说：宝宝，是母爱的传承。

镜头组 2：谢娜给孩子冲奶粉。

解说：金领冠，持续 18 年，中国宝宝配方研究，6 维易吸收。

镜头组 3：奶粉罐里飞出各种成分的文字说明——OPO 结构脂、益生菌、GOS 等。孩子在喝奶。

镜头组 4：谢娜摆出心形手势。

解说：中国专利配方传承爱的营养，金领冠。

……

图 2-2　金领冠广告截图

这则广告中，谢娜作为形象代言人传递了产品的相关信息，对用户进行解说和宣传，以达到促销的目的。

（3）直接告白

直接告白即直接向消费者诉说广告产品与服务的情况、特色，刺激消费者购买（见案例 2-10）。

案例 2-10

案例 2-10 视频

**敖东牌脑心舒口服液**

画面中出现产品、品牌标识等。

解说：体虚乏力，失眠多梦，头痛眩晕，用敖东牌脑心舒口服液！滋补强身！镇静安神！国家药品标准！吉林敖东！全国各大药房均有销售！

这则广告用最直白的产品信息，介绍了产品的功效，简明清晰，让受众很容易理解这些信息，方便选择。

（4）巧妙对比

巧妙对比即在广告的诉求中将多种产品进行比较，但为了不违背广告法规，大都是用自己的新旧产品进行比较（见案例 2-11）。

案例 2-11

案例 2-11 视频

**公益广告·“看见，看不见”篇**

背景音乐下，镜头以一位留守小男孩的视角展现幼儿园里游玩、学习和画画的同龄人。画面中有“我看见”三个字。小男孩孤独地站在人群中。字幕变为：“你看见我了吗？”

……

图 2-3　公益广告 · “看见 · 看不见” 篇截图

这则广告中，孩子们的欢乐声与画面中小男孩的孤独形成了鲜明的对比，从而强化了广告主题：关注和关爱留守儿童。

（5）借助类比

借助类比即先找到与产品或服务相关的事物间存在的共通之处，再通过“以此喻彼”的方式来传递信息。如冰红茶为了体现它的冰爽，常用冰山、冰块等元素进行形象、直观的类比（见案例 2-12）。

案例 2-12

案例 2-12 视频

**雪天盐广告 · 于和伟篇**

镜头组 1：于和伟与妻子在厨房做饭。他把产品放进锅里。

画外独白：爱，是从海绵里挤出一点时间。

镜头组 2：妻子和他一起竖起大拇指。

画外独白：成就一份团圆。

镜头组 3：孩子指着窗外的大雪。全家一起在窗前看夜色下的大雪飞舞和万家灯火……

画外独白：……雪天盐，千家万户的健康好盐。

镜头组 4：标识及广告语——雪天盐，为中国菜提味，健康好盐，选雪天。

这则广告中，“雪天”的茫茫飞雪与产品“盐”的特征相似，形成类比关系，以“雪天”形象来比喻产品，真实、生动，有意境之美，激发美好联想。

（6）示范证明

示范证明即在影视广告中通过实验、示范的方法来证明其效果，从而达到让受众信服的目的（见案例 2-13）。

案例 2-13

案例 2-13 视频

### 敦煌乐器广告

镜头组 1：一位女士走在超大的古筝里，之后，弹奏乐器。

镜头组 2：一架古筝及其细节处的展现。

镜头组 3：夜色下的城市上空出现产品、厂家和标识。

画外音：敦煌乐器在世界舞台，奏响中华国乐。传承经典，引领时尚，敦煌牌乐器。

这则广告从中华国乐的视角展开，激起受众对国乐文化的热爱之情，避免对产品本身的质量进行直白解读的不足，通过引导受众对其产生美好感受，表达产品的品质特色，以情动人。

综上所述，理性诉求的影视广告主要使用理性的论证和说明，此外，也有许多灵活运用的形式。随着广告的发展，它的形式会更多样。

（二）感性诉求影视广告

感性诉求影视广告，即以情感说服的方法，运用视听综合媒体的优势，依托感人的故事情节来传递信息的影视广告，是一种以情感人的创意思路（见案例 2-14）。

案例 2-14

案例 2-14 视频

### 舒肤佳广告

镜头组 1：许多人拉手组成一个安全标识。

解说及字幕：舒肤佳健康传中国。

镜头组 2：一辆有舒肤佳标识的汽车行驶在路上。

镜头组 3：一位穿白大褂的老师在给孩子们上课。孩子们一起洗手。

解说及字幕：致力于帮助一亿人养成正确洗手习惯。

镜头组 4：两双手握在一起，一只手握着它们。

解说及字幕：因为我们相信当每双手都被守护，中国的健康才能被守护。

这则广告中，舒肤佳将主题设定在守护中国人健康的情感诉求上，以“帮助养成正确洗手习惯”为主题，传递情感。

人类的情感是多方面的。影视广告要充分调动受众积极、美好的情感，抑制消极、压抑的情感，因为积极、美好的情感能使人敞开心扉，更快地接受更多信息。相反，当人们情感压抑、消极时，思想容易封闭和禁锢，从而拒绝或反对所感知的信息。

（三）感性与理性相结合的影视广告

感性与理性相结合的影视广告是指在广告中既有以理说服的内容，也有以情感人的情节，常常借助情感打动人，再以理性的内容说服人去完成购买行动。这种广告形式现在用得最多。

以上三种形式是影视广告中最常见的，是影视广告创作时主要的表现形式。

## 二、依据制作类型分类

影视广告依据制作类型可以分为现场直播广告、电影胶片广告、电视录播广告、幻灯片广告、字幕广告、电脑合成广告。

### （一）现场直播广告

现场直播广告，即电视摄像机和转播设备把现场情景直接传送到观众的电视机屏幕上，使观众可以同步看到现场的情况。这类广告省钱、省工、省时，时效性强，但往往难以实现预期目标，最终效果不好把控。这是影视广告早期播出的方式，但由于设备和技术条件的限制，使用率逐渐降低。

### （二）电影胶片广告

电影胶片广告（简称 CF），用摄影机将拍摄内容记录在 35mm 或 16mm 的电影胶片上，经过洗片、转磁（把图像转到录像带上），便可在电视台播出。电影胶片广告的画面层次丰富，色彩还原性好，光效理想，宽容度高，但价格昂贵。

### （三）电视录播广告

电视录播广告，即用专业电视摄像机将广告内容拍摄在录像磁带上，再转到电视台的播出带上播出的广告。这种广告可以直接编辑，即时在电视台播放，制作过程简单，还可以做一些特效处理，或重新补录一些内容。

### （四）幻灯片广告

幻灯片广告，即用专业照相机将信息内容拍在底片上，制成幻灯片，或将信息内容绘在纸上，再拍成幻灯片，在电视台播出的广告。这类广告画面上的照片或图画静止不动，可以加上字幕、音乐、画外音。它的优势是制作时间短、简便灵活、投资少、播放及时。幻灯片广告单独使用不如其他的广告形式效果好，若和其他方式一起使用，效果更好。

### （五）字幕广告

字幕广告，即将广告内容以字幕方式叠印在正播映的节目画面下方、边侧或其他不影响画面的（角落）广告。这类广告伴随节目的进程随时播映，灵活方便，常在不经意间影响受众，不太容易引发受众的抵触心理。在字幕的设计上，要注意出字方式和字数的多少，否则会影响广告效果。

### （六）电脑合成广告

电脑合成广告，即采用电脑技术制作成广告后，在电视台播映的广告。这类广告主要是创意和技术的结合，充分发挥想象力，打破时空限制，创造出许多神奇的效果，从而提高了影视广告的审美性和艺术性。

## 三、依据发布方式分类

影视广告依据发布方式可以分为贴片广告、插播广告、角标广告和植入式广告。

（一）贴片广告

贴片广告，即随着节目连带播出的广告，但要先取得随片播出的资格。它的形式还可以分为冠名广告、赞助或特约播出广告、节目广告。冠名广告是指取得了电视台播放某个节目的冠名播出权的广告，这个节目可以是一个固定栏目，如“今日说法”由某某企业或品牌冠名播出；也可以是一个大型演出或连续剧的冠名广告，如元宵晚会由某某企业或品牌冠名播出等。赞助或特约播出广告是指广告主提前购买或赞助了这个节目的编播费用，也是一种企业或品牌的名称与节目名称一起出现的广告。有时，这种广告中的企业或品牌名称统一放在节目最后，或是在节目中间插播，以多种方式减少观众收看时产生的厌烦情绪，如“今麦郎面提醒您收看天气预报”，这种形式的使用较为普遍。

（二）插播广告

插播广告，即穿插在一个节目或电视剧播出中的影视广告，这种广告常常在一个节目或电视剧播出一段时间后播放。广告主看重它的收视率高、受众面广，才会购买插播时间。这种广告方式对广告主来说有更多的选择余地，很受企业的欢迎。

（三）角标广告

角标广告，即在一定的时间内挂在电视屏幕右下角的广告形式。

（四）植入式广告

植入式广告，即在一个节目播出时标明的广告形式，如有的新闻节目播出时，主持人用的电脑上注明“联想”，或出现字幕“主持人服装由李宁服饰提供”等。此外，电视剧中也会植入各种产品或服务的广告。

总之，现在的影视广告形式越来越新颖多样，这也是影视广告长期发展的结果。

## 四、依据画面来源性质分类

依据画面来源性质分类的影视广告有实景式广告、动画式广告、实景与动画结合式广告和借用影视作品式广告。

（一）实景式广告

实景式广告，指广告中拍摄的画面都是现实中的真实场景，其特点是现场感和真实性强，特别是一些宏大的场面很有震撼力，会给受众留下深刻的印象（见案例 2–15）。

案例 2–15

案例 2–15 视频

**公益广告 · 2022 北京冬奥会徐梦桃篇**

镜头组 1：2018 年徐梦桃参加平昌冬奥会比赛的场景。

解说：……太可惜了。这是一个彻底失败的动作。

字幕：世界排名第一的徐梦桃意外摔倒，第三次无缘奥运金牌。

镜头组 2：徐梦桃日常进行各种艰苦训练的场景。

画外独白：有人问我，竞技体育如此残酷，如果重新选择，徐梦桃，你还会走上这条路吗？没有人能懂我的心情，我就是一个小人物，再普通不过的人。

镜头组 3：黑白画面中，徐梦桃说："我想哭，我难受，我不想成长。"她在不停地训练。

画外独白：徐梦桃，这么拼，你还会觉得值得吗？一个四年接着一个四年，如果再坚持四年，徐梦桃，你还会拿梦想当作目标吗？

镜头组 4：黑白画面中，徐梦桃说："要忍耐，要自信，要开心，要坚强。只要给我机会，我还会。2022 北京冬奥会。"

字幕：为梦想，再出发。

这则广告的主要镜头都是实景拍摄的，真实感强，拉近了明星与受众的距离，增强了广告的感染力。

（二）动画式广告

动画式广告，指运用电脑特技制作动画效果来传递广告信息，其特点是更灵活，更有吸引力和趣味性，比较适用于少儿类的产品广告（见案例 2-16）。

案例 2-16

案例 2-16 视频

**朗迪钙广告**

动画片中，大红色的背景下，几个古装卡通人边打鼓边说："朗迪朗迪朗迪钙，适合中国人体质的钙。500 钙：200D，科学配比吸收好……"

这则广告运用动画片的形式传达了产品的信息，拟人化的卡通形象、简明的动作和明确的主题，使广告更精准地对应了受众需求。

（三）实景与动画结合式广告

实景与动画结合式广告，指广告画面既有实景拍摄，也有动画制作，或是在实景中出现动画的形象。其特点是趣味性强，个性特色突出，易引起人们的好奇心，增强记忆效果（见案例 2-17）。

案例 2-17

案例 2-17 视频

**益力多广告**

镜头中不同的人和一罐产品一起跳舞。

广告歌：咕噜咕噜美味多多，微笑多多多。咕噜咕噜，快乐多多，好心情多多。咕噜咕噜，开心多多，愉快多多。活菌益力多，健肠欢乐多。

……

这则广告中，产品以卡通的形象出现，人物则是真人出镜。卡通形象的可爱、明星的耀眼和实景的真实，让人更容易接受和确信广告信息。

（四）借用影视作品式广告

借用影视作品式广告，指广告片的画面全部借用已有的影视作品，并将产品信息放置其中或其后，特点是吸引力强、关注度高。此类广告一般借用一些刚热播过的大片，这样更容易引人注目，增强广告的感染力（见案例 2-18）。

案例 2-18

案例 2-18 视频

**999 小儿感冒药广告 · 熊出没篇**

镜头 1：熊大推门进来，急迫地说："孩子感冒怎么办？"

镜头 2：一只手用勺子在玻璃杯里搅拌，旁边放着产品——999 小儿感冒颗粒。

画外音：这么办。

镜头 3：熊二从窗户外探进头来，叫道："孩子感冒怎么办？"

镜头 4：一只手用勺子在玻璃杯里搅拌，旁边放着产品——999 小儿感冒颗粒。

画外音：这么办。

镜头 5：熊大和熊二在一起着急地说："孩子感冒到底怎么办？"

镜头 6：光头强从窗户外跳进来说："就这么办！"

镜头 7：桌子上出现一个装满药的玻璃杯和产品。一只大熊爪子在拿勺子搅拌。

解说：999 小儿感冒药，缓解儿童感冒多种症状，就这么办，999 小儿感冒药。

字幕：发热、头痛、咽痛。

镜头 8：产品、品牌标识。

图 2-4　999 小儿感冒药广告 · 熊出没篇截图

这则广告直接运用了动画片《熊出没》的场景和角色，可以很好地引起孩子和家长的关注，保障了收视的效果。

（五）虚拟情景式广告

虚拟情景式广告，指通过制造虚幻的情景来传播产品信息的广告（见案例 2-19）。

案例 2-19

案例 2-19 视频

**海尔空调广告**

画面中是产品及部件分解动态图，中间有风和绿叶的动态图，之后是全家人在一起嬉戏，旁边有一台立式空调。

尾镜是产品标识及字幕——海尔智家，定制美好生活。

解说词：海尔空调新氧吧，五重过滤双动力换新风，环抱式动态送风，把新鲜空气搬回家。

这则广告中，除了人物外，所有的元素都是虚拟动态的，以此来分解说明产品的特色。

## 五、依据广告目的分类

影视广告依据广告目的，可以分为公益影视广告、商业影视广告及商业与公益相结合的影视广告。

（一）公益影视广告

公益影视广告，指以服务公益事业为目的，区别于商业性目的，传递公益思想和理念，受众面更广泛，社会意义更突出，主题涉及各种公益活动或理念，如环保、健康、文明等多个方面的广告（见案例 2-20）。

案例 2-20

案例 2-20 视频

**公益广告 · 戒烟篇**

镜头组 1：一辆吉普车前半身卡在悬崖的边上，很危险。一名男子坐在车的后排，紧张、恐慌地喊前排的一只狗："牛牛，过来！过来呀！"狗在走动，车身不停地晃动，他用玩具召唤狗过来。

镜头组 2：狗回头看他，很不情愿地向他走去。

镜头组 3：他很开心地抚摸了狗，舒了一口长气，然后从衣服口袋里掏出一支香烟点燃。

镜头组 4：狗一闻见烟味，立刻转身向车前排走去。男士大叫："啊！"随后传来车掉下悬崖的声音。

字幕：珍爱生命，请勿吸烟。

这则广告的主题是宣传吸烟的危害性，通过生死关头的恐惧感的传递，警醒吸烟者要戒烟。

（二）商业影视广告

商业影视广告，即以商业为目的的影视广告，主要是促销或宣传企业形象两个方面的信息，但最终是以盈利为目的的（见案例 2-21）。

案例 2-21

案例 2-21 视频

**鹰皇灯饰广告**

镜头组 1：富丽堂皇的大厅里，一双脚在走动，明亮的灯光使整个大厅显得高大辉煌。

镜头组 2：展示国内外各地使用了鹰皇灯饰的宾馆、游乐场、楼盘、商场等。

镜头组 3：灯火通明的地球。

解说：鹰皇灯饰，全球灯饰照明工程设备生产商及技术供应商。20 年一直专注于高要求灯饰照明工程。鹰皇灯饰，全球定制。

这则广告中，商品信息是主要内容，传达了诉求主题，符合商业广告界定标准。

（三）商业与公益相结合的影视广告

商业与公益相结合的影视广告，即在影视广告中既传递企业或产品的信息，又表达社会公益的某种主题思想。常见的形式有企业自制、企业与公益机构联合制作和企业赞助等。这类广告的优势就在于它能通过对公益主题的提倡吸引人们的注意，继而传递出商业信息，不会像一般商业广告那样具有浓厚的商业气息，能消除受众的一些抵触情绪，同时还能体现企业或产品自身的公益立场或观点，对其形象的宣传是有益的（见案例 2-22）。

案例 2-22

案例 2-22 视频

**贵州麻江蓝莓广告**

镜头组 1：绿山一座座。

镜头组 2：树枝上结的蓝莓。

镜头组 3：车行进在盘山路上。

镜头组 4：人们在种植场、实验室里忙碌。

镜头组 5：技术员在大棚指导工作。

镜头组 6：蓝莓特写，个个靓丽。

字幕：匠心品质·麻江蓝莓。

解说词：十八年来，我们用心打造贵州精品蓝莓，为了寻找优质土壤和适宜光照，我们翻山越岭，寻根问源，从晨曦雨露走向傍晚夕阳，从田间地头走向实验数据，每一个步骤都认真把控，每一次突破都是对品质的不懈追求，温润气候造就独特品味，黔山贵水成就蓝色浆果，匠心品质，麻江蓝莓。

**图 2-5　贵州麻江蓝莓广告截图**

这则广告中，始终有“精准扶贫　与爱同行”的标识，同时也有产品销售的二维码，是将公益活动与扶贫促销产品、打造乡村品牌顺畅结合的典型案例。

综上所述，影视广告的形式很多，并将不断地发展和创新。在策划影视广告时，要根据广告的目的来进行，以期达到预期效果。

**➔ 启发与思考**

**如何运用广告形式讲好中国故事？**

讲好中国故事，助力富民强国大业，是这个时代赋予广告的社会责任和使命。在党中央领导的脱贫攻坚战中，广告充分发挥了自身的优势，以鲜明的主题内涵、有意味的故事形式和系列广告的阵容，为乡村振兴事业做出贡献，体现出广告的社会价值（见案例 2-23）。

**案例 2-23**

案例 2-23 视频

**科技扶贫，让我们的生活甜蜜蜜**

镜头组 1：青山绿水。

字幕：陕西宁陕秦巴山区。

镜头组 2：一个小女孩踩凳子看蜂巢。她看见蜜蜂都飞出蜂巢，在草丛中追赶着，喊着：“……回来，你们都回来！”

镜头组 3：小女孩在地上画蜜蜂。

镜头组 4：她看见别人家门前挂着的新鞋和自己脚上的旧鞋。

镜头组 5：技术指导人员来指导养蜂；新的整齐的蜂窝。

镜头组 6：干净整齐的新农舍和新鞋。

女孩自述：爸爸妈妈，蜜蜂都跑了。从小，蜜蜂就是我的好伙伴。可是我们的棒棒桶蜂箱总是留不住它们。蜜蜂跑了，我们的日子就更难过了。后来，村里有了养蜂合作社，蜂箱变了，蜂窝也变了，蜜蜂也愿意留下来了。有了蜜蜂，我们的生活甜蜜蜜。

**图 2-6 “科技扶贫，让我们的生活甜蜜蜜”广告截图**

这则广告以一个小女孩的视角讲述了扶贫故事，突出表现了科技扶贫的价值，令人感到真实、亲切，印象深刻。

**思考题**

1. 拟态环境与影视广告的关系是什么？
2. 影视广告的媒介特色及广告特色是什么？
3. 说一说影视广告有哪些不同的表现形式及各自的特色。

# 第三章　影视广告的创作语言——影视语言

**本章重点**

- 影视语言的特点
- 镜头拍摄与运动镜头的内容
- 景别的类型及心理效应
- 蒙太奇的概念、分类及表现形式

影视广告因为借助了影视媒体，所以它的创作语言更多地运用了影视语言的手法和技巧。

## 第一节　影视语言的特点及构成

### 一、影视语言的特点

学习影视语言就是要探讨和解读这一语言方式如何表现新奇的创意、构成逼真的形象、传达完整的理念等内容，最终达到广告的效果。

（一）具象性和直观性

不同于文字语言，影视语言是一种具体的形象语言，可视性、可听性强，更大众化、普及化，但缺乏理解深度和理性深度。影视语言是一种变深奥为轻松，变理性为感性的表现方式。同时，它的导向性较强，主观性意义较大。完全不同于文字语言所能达到的“一千个人眼里就有一千个哈姆雷特”的艺术效果，它更强调直接、直观、即效的感官冲击效果。

影视语言的一个重要特点就是可以突破时空限制，把人的回忆、想象、现在和未来一起视觉化，具有超出其他艺术形式的呈现效果。

### （二）运动性和现实性

影视艺术就是“活动照相机”。运动是影视语言与生俱来的特点，马塞尔·马尔丹曾说：“首先，无疑是运动，正是这种运动使最早的电影观众看到树叶在微风中摇晃或一列火车向他们直冲而来时惊叹不已。为此，运动正是电影画面最独特和最重要的特征。”[1]

摄影机或摄像机具有客观记录现实的作用和“物质现实的复原”功能，可以为观众制造出一种真实的现场感，这体现出影视语言现实性的特点。

### （三）民族性和世界性

影视语言在画面构图、色彩、光影、表现技巧及后期剪辑等方面运用时，要充分考虑民族特色，同时，影视语言又可以冲破局限，为世界观众所接受，这就是其民族性和世界性特点（见案例 3-1）。

案例 3-1 视频

**案例 3-1**

**耐克广告**

在这支俄罗斯的耐克影视广告中，一个小姑娘出场演唱歌剧，首先是唱了一首俄罗斯童谣《女孩是用什么做成的？》，歌词中写道：“……是鲜花做的，还是戒指做的，是花边做的，还是果酱做的，人们认为女孩是由这些做成的。”这时，音乐厅的大门突然打开，一位俄罗斯女性滑冰运动员登场，用其健硕的身躯和刚毅的眼神鼓励着女孩改写歌词。于是，歌词变化了，变成了打破刻板印象的女性特质：“是钢铁做成的，是努力认真与自我奉献做成的，不惧任何挑战，我们女生的本质就是这样，是由毅力，还有仁慈做成的，使整个民族都感到骄傲，这才是女生真正的本质……”伴随着歌声，一位女演员跳着芭蕾舞，优雅地在音乐厅中出现。同时，音乐厅中多位俄罗斯女性运动员也戏剧化地出场，一一展现她们健硕和优雅的身姿。接着，一位穿着红色耐克运动鞋的田径女运动员从歌剧院起跑出发，观众中的女性们也感同身受，站起来展示女性的健美和力量……最终，唱歌剧的小姑娘从俄罗斯女足运动员 Ksenia Lazareva 那里接过足球，变成了一位足球运动员，展现了女孩在运动竞技中更有力量的一面。

这则广告充分体现了影视语言的特色，具象、直观地展现了产品信息，生动、形象地演绎了广告情节，同时又现实、生动地表现了品牌的特色。该广告既包含了特定的民族性特征，如歌剧、芭蕾舞等，又具有所有人都能看懂的特点，比如宣扬女性主义、女性力量等，没有形成明显的接受障碍，达到了极佳的传播效果。

## 二、影视语言的构成

影视语言的构成主要有三部分：

---

① 马尔丹．电影语言［M］．何振淦，译．北京：中国电影出版社，2006：98.

（1）视觉部分：屏幕画面，包括人物、背景、字幕等可视的画面部分。

（2）听觉部分：屏幕中出现的可听的部分，包括语言、音乐和音效。

（3）语法形式：蒙太奇。这是影视语言的语法构成方式。

以上这三部分既是影视语言不可或缺的内容，也是影视广告的构成元素。

## 第二节　镜头

影视广告中的画面都要经过拍摄和后期制作才能最终呈现在大众眼前，因此，对镜头的拍摄与镜头的一些常识要有一定的了解。

### 一、镜头概说

影视语言的最小构成单位就是一个个的镜头，要理解影视语言就要从镜头说起。

#### （一）镜头的定义

镜头是影视语言（电视画面语言）的最小单位。一个镜头就是摄影机在不停机的情况下连续拍到的画面，有长有短。在影视语言中，一个句子可以是一个镜头，也可以由几个镜头组成。它是影视语言形成的最重要的基础。

#### （二）镜头及画面的关系

镜头与画面常常不相区分。画面主要侧重于静态感，镜头侧重动态性。一个镜头可以是一个画面，也可以是多个画面。

镜头是影视语言的基本单位和构成细胞，电视画面则是指特定的电视媒体镜头的表现形式（见案例 3-2）。

案例 3-2

案例 3-2 视频

**可口可乐广告**

镜头 1:（倾斜 45 度拍摄）可口可乐。

镜头 2:（近景拍摄）可口可乐商标。

镜头 3:（近景拍摄）可口可乐瓶盖，并且摇晃瓶子。

镜头 4：可口可乐汽水内部产生气泡。

镜头 5：汽水瓶内产生大量气体，气泡冲破瓶盖。

镜头 6：冰块掉落到杯子里。

镜头 7：冰块的特写镜头。

镜头 8:（内部拍摄的特写镜头）可乐从瓶子内部倒出。

镜头 9:（外部拍摄的特写镜头）可乐从瓶子内部倒出。

镜头 10:（特写镜头）可乐浸润冰块。

镜头11:(特写镜头)可乐在冰块里冒出气泡。

镜头12:(特写镜头)可口可乐的红色标识。

这则广告中，十几个镜头表现产品和品牌的特色，而画面内容则可以通过切换镜头和特写拍摄表现出来。

## 二、运动镜头

运动拍摄是影视媒体的主要拍摄手法，能产生不同的画面效果。在拍摄过程中，依据拍摄角度、高度和方向的不同，形成运动镜头。这种在运动中拍摄的方式就是运动拍摄，所得到的画面就是运动镜头。它的表现形式多种多样，在影视广告中的作用也是如此（见案例3-3）。创作者可以依据自己的创意选择不同的运动镜头画面（见表3-1）。

表3-1　运动镜头的概念特点及在影视广告中的运用①

| 运动镜头 | 概念和特点 | 在影视广告中的运用 |
| --- | --- | --- |
| 推镜头 | 画面效果表现为同一个对象由远至近或从一个对象推进到另一个对象的变化，使观众有视线向前移的感觉，在一个镜头内了解到整体与局部的关系，以及主体与背景、环境的关系。 | 多用于情节型、情绪型或生活片段型的广告中，表现人物意识的变化，突出商品的特性或商品与环境的关系。如“百事可乐”沙滩篇中人物与海景的关系展示、可乐以及热闹人群的反应等。还可用于视觉引导型的影视广告中引出品牌的标识。 |
| 拉镜头 | 画面产生逐渐远离被摄主体或从一个对象退远到更多对象中的变化，使视野范围扩展，并在同一镜头内渐次了解局部与整体的关系，形成悬念、对比、联想等效果。 | 多用于广告中揭示背景、展示气势、解释缘由、证实相关信息，多用于情节型和生活片段型广告以及汽车品牌广告等。如在“大众”汽车广告中，汽车从远处环山马路开来，近景展示汽车品牌后，缓慢地向前拉开镜头，表现了汽车的豪迈风格、速度以及开阔的环境所象征的品位。 |
| 摇镜头 | 摄影机的位置不变，对拍摄对象进行左右或上下的摇动拍摄。逐渐扩展拍摄景物，产生巡视环境的视觉效果，运动摇摄还可以突出人物行动的意义和目的。 | 多用来逐一展示较大商品的不同部位，引导观众从细节到整体了解产品全貌和品牌特征。在房地产、旅游胜地广告中运用较多，展示其构造、陈设、环境、自然风光等。还可用于情节型广告中，表现悬念的引发、高潮和解决等。 |
| 移镜头 | 被摄主体不动或不改变运动方向，摄影机沿水平方向作横向或纵深移动的镜头。能较好地表现空间，展示环境，表达人物的行动，渲染恢宏浩大的场面，营造紧张的节奏。 | 主要用于汽车、摩托车等产品的广告中。在企业形象广告或情感表达型电视广告中渲染恢宏浩大的场面以及人物的行动。这类镜头的运用往往会将广告演员（多是明星）的个人风采与商品个性相结合。 |
| 跟镜头 | 摄影机跟随运动对象，连续拍摄某运动过程及周围环境，视点不断移动。能突出运动的主体，交代主体的运动方向、速度、体态及与环境的关系。 | 可以展示运动物体或人在不同场景、位置中的运动状态、运动方向、运动速度，以及性能、人的行动意图等，让观众全面地把握相关信息。如在一则国外企业形象广告中，经理从办公室出来，走到街上，再走到郊外，整个过程不断有企业员工加入，最后到达峭壁旁的擂台上，全程均采用跟镜头的拍摄方式，画面情节的吸引力极强。 |

① 张印平，马持节．电视广告创意与制作［M］．广州：暨南大学出版社，2009：45.

案例 3-3

案例 3-3 视频

## 雪碧广告

镜头组 1：一群人上下楼梯，准备开始瑜伽活动。瑜伽教师在瑜伽教室打开一瓶雪碧，此时镜头向后拉，由一瓶雪碧引出一整个全景镜头，镜头中出现了瑜伽教师和全体学员。

镜头组 2：随着雪碧的开启，全体学员开始进行瑜伽运动。此时，使用了摇镜头、旋转镜头、推镜头等，伴随着雪碧打开后冒出气泡的声音，全体学员在教师的带领下做出了后下腰、身体桥等瑜伽动作。同时，伴随着镜头的运动，观众以第一人称视角看到了这些人进行的运动活动。

镜头组 3：瑜伽教师开始喝雪碧，伴随着她喝雪碧发出的声音，学员们开始有节奏地进行扭动脖子、前下腰等瑜伽动作，此时镜头也伴随着学员们的动作开始推、拉、摇、移。

镜头组 4：镜头用一组动感健身动作来表示喝雪碧的兴奋感。此时，学员们开始扭动呼啦圈、蹬脚踏车、跳扭脖子舞、做广播操等，镜头也伴随着学员们的动作开始切换并微微抖动，显示出一定的律动感。最后，由瑜伽教师说出广告语："STRETCH YOUR MIND。"

图 3-1　雪碧广告截图

这则广告主要运用了推、拉、旋转、跟等运动拍摄手法，使画面产生位移变化，让观众感受到快乐、美好和动感。

### 三、几种特殊的镜头

除了正常拍摄的镜头外，还有一些特殊意义的镜头，在影视作品中也常常用到。

（一）空镜头

空镜头也称景物镜头，就是镜头中没有人物出现，只有景物。这种镜头是抒发感情意境、阐明思想内容、叙述故事情节的重要手段，也有镜头转换、调节影片节奏等独特作用，常用于影视作品的开始或结束处，介绍剧情发生的背景（见案例 3-4）。影视广告中，一般不用空镜头，但在形象或场面广告中，所用的几乎都是空镜头。

案例 3-4

案例 3-4 视频

**英国服装品牌 JOSEPH 广告**

镜头 1：广袤的天空中有两只鸟在飞。

镜头 2：模特站在船上，船在一片汪洋之中行驶。

镜头 3：模特在看书。

镜头 4：模特倚靠着船栏杆，看无尽的水面。

镜头 5：模特在跳舞。

镜头 6：船在海中驶过，水上浪花朵朵。

镜头 7：模特与无尽水面。

镜头 8：字幕打出品牌名称 JOSEPH。

这则广告大量使用了空镜头，镜头基本是由模特镜头并穿插着天空、大海等空镜头构成的，简单地阐述了品牌的理念和品位。

（二）长镜头

长镜头即记录比较长时间过程的镜头，有真实感、客观性强的效果，具体是指摄影机从开机到关机记录一个过程相对完整的镜头，时间一般超过 10 秒。它长时间连续拍摄，以保持画面的连贯性和完整性，画面的内容比较丰富，可以让观众自由地选择欣赏空间，给观众以思考的余地。在影视广告中，由于受时间的限制，长镜头用得不多。关于长镜头的运用和意义，法国人安德烈 · 巴赞是一位对长镜头情有独钟的著名电影理论家，他强调电影应是一种完整的写实主义。为了减少长镜头可能带来的呆板，巴赞提出可以采用移动摄影以及景别变化的方式来丰富镜头语言。影视广告中的长镜头一般是相对而言的，长镜头的使用可以保证实验型广告的真实性。

使用长镜头记录，更能显示出广告的真实性。这是因为，与普通镜头相比，长镜头具有以下优势：

1. 叙述的完整感

长镜头的时间长，信息含量较多，能较完整地把事件发生的全过程记录下来，可以给观众带来一种完整的时空感。

2. 表意的丰富性

一般的镜头景深小、时间短、景别小，画面的内涵有限，使观众的视野和理解都受到限制，长镜头则可以克服这些不足，给观众更多的信息。

3. 画面的开放性

长镜头由于具有连续性，因而空间的跳跃感、自由度相对较小，但它仍然可以利用场面调度、利用摄影机的运动使画面产生运动感，突破画框的限制，激发观众的想象力，增强收视的感染力（见案例3–5）。

案例3–5 视频

**案例 3–5**

### 红星美凯龙广告

镜头起于模仿维米尔的名画《戴珍珠耳环的少女》。随着“珍珠点亮暗夜，艺术装点生活”的广告语之后，模特隐入浴缸，由浴缸构成主要画面。紧接着，在同一个画面里，向右摇镜头，出现了模仿米开朗基罗名画《上帝与亚当》的画面，并出现广告语：“创造世界前，先创造舒适的家”。模特起身出现暗转场，画面转变为模仿达·芬奇的名画《最后的晚餐》，并出现广告语：“最后的定格，最好不过一场久违的家宴”。此时，由左及右，有一名游客走过，以游客视角再次进行暗转场，出现博物馆的名画及广告语：“家居的深处是艺术，甄选全球设计尖货”。最后，出现品牌标识。

**图 3–2　红星美凯龙广告截图**

这则广告中，前面部分就只有一个长镜头，这种一镜到底的表现形式让观众感受到广告叙事的完整性，从而给人以触动。

（三）主观镜头

主观镜头即表示片中角色观点的镜头，强调导演的主观意识，当角色扫视一场面，或在一场面中走动时，摄影机代表角色的双眼，显示角色所看到的景象。就镜头给观众的印象而言，镜头分为客观镜头和主观镜头两种。从导演（也是观众）的视角出发来叙述的镜头是客观镜头，从剧中人物的视点出发来叙述的镜头是主观镜头。主观镜头把摄影机的镜头当作剧中人物的眼睛，直接“目击”生活中其他的人、事、物的情景。因为它代表了剧中人物对人或物的主观印象，带有明显的主观色彩，可使观众产生身临其境、感同身受的体验，进而使观众和人物进行情绪交流，获得共通的感受。如在电影《泰坦尼克号》中，导演卡梅隆为了使观众能够与两位主角尽量接近，就多次使用主观镜头。比如，当杰克第一次来到一等舱时，镜头以他的视点来环视大楼梯的豪华，而在泰坦尼克号沉没时，镜头与主角一同沉入深处。可以说，在影视广告中，所有的镜头都是主观镜头，因为它不同于一般的影视作品，它更强调在有限的时间内传递一定量的信息，达到影响受众的目的。因此，整个广告中镜头的数量不能太多，或离主题和产品太远。广告要让受众看到产品的特点，要让受众产生情感体验，要得到收视效果，并要在有限的几秒钟内实现上述目标，所以，它会更依赖于主观镜头的运用（见案例 3–6）。

案例 3–6

案例 3–6 视频

**法国航空公司安全宣传广告**

镜头中，由空乘和空姐来对大家进行安全教育培训。以面对观众的视角，对飞行过程中的各类安全教育进行宣传培训，并且由演员来进行安全行为培训的展示。首先由空姐来介绍安全影片，之后介绍安全带的系法，再由空乘来介绍安全带指示灯的意义，以及两人一起进行有关氧气面罩的介绍，并且由演员来进行氧气面罩的佩戴展示等。最后的镜头是所有工作人员在埃菲尔铁塔上一起对旅客表达祝福。

这则广告中，所有的镜头都是主观镜头，大家都是对着镜头进行解说、表演和展示，很有感染力。

（四）纵深镜头

纵深镜头即透视法在画面上的一种表现，视觉层次感强，可以传递较多的信息。它可以打开受众的视觉空间，激发联想，一般用于表现深邃悠远的场景。如在影视作品中表现正在行驶的火车、隧道、海底世界等场景时，常会用到这种手法（见案例 3–7）。

案例 3–7

案例 3–7 视频

**《人民日报》广告**

镜头 1：人流熙熙攘攘的高铁站。

镜头 2：搭建在高铁站中的公益广告展示台。

镜头 3：工人们正在粉刷高铁车身（纵深镜头）。

镜头 4：写着“时光列车”的高铁车身。

镜头 5：高铁车厢内熙熙攘攘的旅客人流（纵深镜头）。

镜头 6：高铁的内部装饰展示。

镜头 7：一系列高铁座位背后的广告牌展示（纵深镜头）。

镜头 8：工人在对高铁车身进行最后的整理（纵深镜头）。

镜头 9：侧面拍摄高铁开车出发，然后出现字幕“流动的时光，行进的中国”。

图 3–3 《人民日报》广告截图

这则广告使用了若干个纵深镜头，既表现出高铁这种新时代人工奇迹绵长的气势，又能给人以广阔的想象空间。

当然，镜头的种类有很多，对此，影视广告在拍摄时选择哪一种镜头，要依据广告创意的需要、产品的特点和受众的喜好等条件。这里没有绝对的原则和限定，只要符合镜头语言的特点，很好地体现创意要求，准确地完成广告的目标，就是最合理、最合适的选择。

## 第三节　景别①

在影视广告中，画面是有景别区分的，不同的景别会产生不同的心理意义。

### 一、景别的概念及类别

#### （一）景别的概念

景别，指被摄主体在画面中呈现的范围。它是最外在的视觉语言，决定了观众视界的大小。

① 本节所用景别图片均选自：和群坡．影视广告制作教程［M］．北京：中国传媒大学出版社，2006.

（二）景别的类别

景别的大小可以由摄影机与拍摄对象之间的距离决定，也可以由所使用的镜头焦距的长短决定。景别就是摄影机与拍摄对象在不同距离进行拍摄所得到的各种大小不一的屏幕画面影像（见图 3–4）。

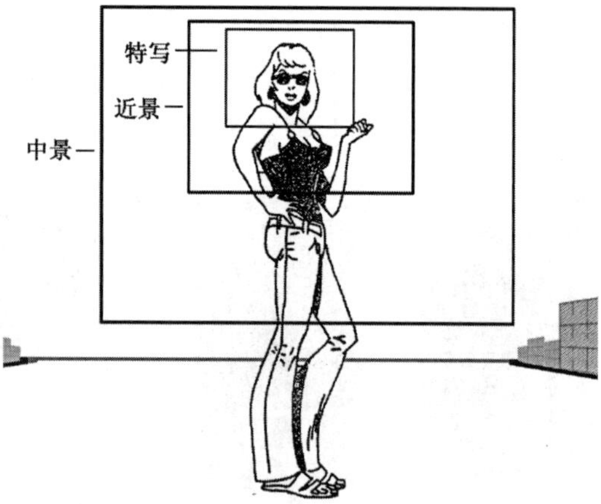

图 3–4　景别示意图

这种景别区分的依据就是人们观察事物的习惯和规律。

具体区分为：

1. 远景

远景（Long Shot）也叫大全景，指全面地拍摄人物及其周围的广阔空间，展示环境或自然景色，以突出拍摄对象主体的宏观性和整体性，展示比较完整的运动过程（见图 3–5）。它适用于创造宏大的场面、恢宏的气势、壮美的风格，表达、影响、引导某种心理。

图 3–5　远景

影视作品中经常用远景来造势和提升感染力，在广告中使用得不多，这是因为广告多是用中近景宣传家庭生活用品，但在场面广告、形象广告或情感广告的开始镜头中还是常见的（见案例 3–8）。

案例 3–8

案例 3–8 视频

**福州茶叶广告**

整个广告共有十四个镜头，其中有五个是远景。第一个镜头表现了武夷山的壮美雄逸，第二个镜头表现了茶田的生机盎然，第三个镜头展现了茶田旁边的绿水青山，第四至第十个镜头展现了沏茶的过程，第八个镜头是演员沏茶的远景镜头，第十一至第十三个镜头是演员品茶的过程展示，第十四个镜头是演员品茶的远景镜头，并同时出现产品和品牌名称字幕。

图 3–6　福州茶叶广告截图

这则广告中，几个远景镜头为整个广告营造出空远的意境，让人们领悟到福建茶叶企业的茶文化宗旨。

2. 全景

全景（Full Scene），即能够容纳人物直立时的全身、场景全貌及物体全部的镜头景别（见图 3–7）。一般用于介绍环境、突出人与周围世界的关系、环境对人的影响或渲染烘托某种情绪和气氛等。全景画面具有描述性和客观性的特点。影视广告中常用全景，因为它可以较全面地介绍产品的使用情况、人与商品的关系，有的广告可以全部是全景。

图 3–7　全景

3. 中景

中景（Medium），即拍摄人物膝盖以上部分或场景局部的镜头景别，也叫“半身

图 3-8 中景

景”，被摄物品则是以大部分或一半入景，可以让观众看到大量的细节、主体环境及人际关系等（见图 3-8）。中景具有较强的画外暗示功能，既能表现出环境特征，又具有表现人物动作的能力，所以，中景具有良好的叙事能力。在影视作品中，叙事主要靠中景来完成。

4. 近景

近景（Close Shot），即拍摄人物胸部以上部分或物体局部的画面景别，可以让观众看清人物的面部特征和细微的形体动作，产生如见其人的感觉（见图 3-9）。近景中的商品，也能够让观众看得比较清楚、真切，同时又可以排除多余的信息干扰。这是影视作品中比较常用的一种景别，影视广告中尤其不可缺少。

图 3-9 近景

5. 特写

特写（Close-up），即拍摄人物肩部以上的头像，或某些物体的局部画面景别（见图 3-10）。特写的主要功能在于选择与放大。它具有极强的主观性和强迫性，也具有极大的暗示作用。特写使观众被迫地接受导演提供的信息，也使观众与人物产生强烈的内心共鸣，即“特写使演员与观众之间不存在任何隔阂了。人们不是在看生活，而是深入生活”。它是刻画人物性格、揭示人物内心世界、描写细节的独特表现手段。影视广告采用特写，可以把产品或服务的特点等信息清晰而真切地展示出来，产生一种魅力（见案例 3-9）。

图 3-10 特写

案例 3-9

案例 3-9 视频

**尚景（songdream）家具广告**

镜头 1：钟表中的秒针转动。（特写）

镜头 2：茶水倒入茶杯。（特写）

镜头 3：台灯亮了。（特写）

镜头 4：设计师从一捆铅笔中，抽出一支铅笔。（特写）

镜头 5：设计师进行设计图的绘制。（中景）

镜头 6：设计师寻找参考图片。（分屏 + 特写）

镜头 7：女士舒适地躺在沙发上。（动画效果分屏 + 全景）

镜头 8：设计师移动鼠标，孩童移动玩具汽车。（分屏 + 特写）

镜头 9：电脑屏幕中的三维建模，父子坐在沙发上一起玩乐。（分屏 + 全景）

镜头 10：两个人的手同时抚摸家具的两边表面。（特写）

镜头 11：木工建造家具，女主人和猫使用家具。（分屏 + 全景）

镜头 12：工人对家具进行质量检测，男、女主人坐在家具上。（分屏 + 全景）

镜头 13：工人测量家具尺寸并推动桌子，女主人烤制蛋糕并拖动桌子。（分屏 + 全景，特写）

镜头 14：家具设计图的绘制过程，家具最终的成品展示。（分屏 + 特写，全景）

镜头 15：孩童在床上跳跃玩耍，工人对家具进行耐压质量测试。（分屏 + 远景，特写）

镜头 16：设计师完成设计图绘制，孩童在床上跳跃玩耍。（分屏 + 近景）

尾镜：字幕——越精致，悦生活。

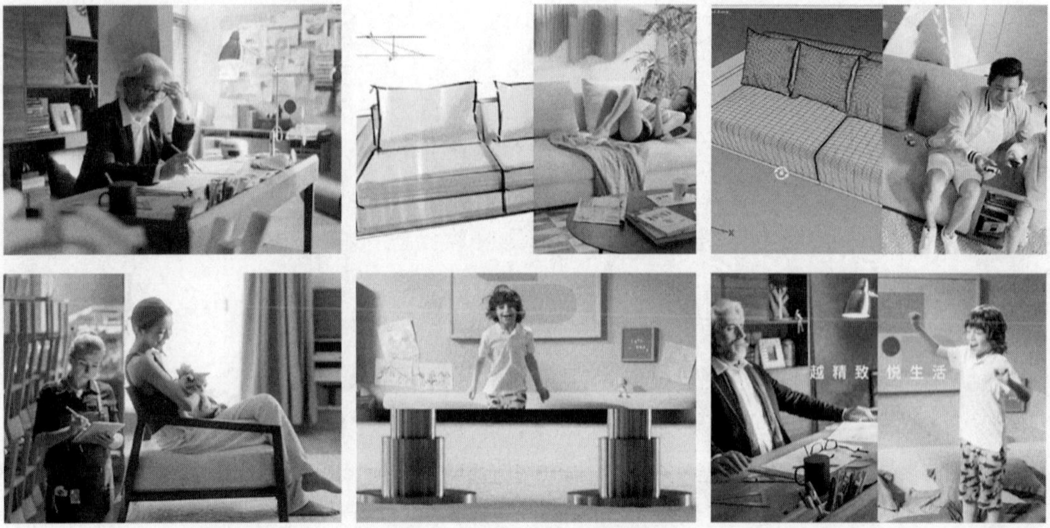


图 3–11　尚景家具广告截图

这则广告中使用了多个不同的景别，并且还通过巧妙的分屏拼接让画面更加有趣味性，从而达到传递信息的目的，使作品的可视性增强。

## 二、不同景别的心理意义

特写可以突出主观意识，产生强烈的情绪。影视广告中一般产品、商标和需要突出表现的细节都会用到特写镜头，以加深观众的印象。

近景是明显的情绪表现。影视广告中突出重点的内容，包括能较为清楚地展示小体积商品外观，或表明特别的情绪，都用近景表现，给观众以心理刺激。

中景容易使人产生兴趣。影视广告中的中景可以加强和突出画面内部的表现因素。影视广告中的中景主要是表现情节发展、人物动作和情感的变化。中景符合人的视觉习惯，更加真实可信。

全景表现出较为冷静的心理。在影视广告的全景中，模特的行为举止、产品的全貌、消费的效果等可以清楚地展示在观众面前，带给观众全方位、清晰的心理感受。

远景可传递一种冷静的心态和强烈的客观意识。远景在影视广告中能很好地展示故事发生的时空背景，为后面故事的发展进行很好的铺垫，也会带给人们客观、冷静的视觉冲击力。

**➔启发与思考**

**灵活运用镜头语言表达爱国之情**

爱国情感体现着每个中国人对祖国深厚的爱。大量的公益广告通过不同的叙事内容和表现方式，传递出浓浓的爱国情，感染和激励国人为国奋斗、为国自豪的真情实感。可以说，公益广告是讲好中国故事、传递爱国情感的重要平台（见案例 3-10）。

**案例 3-10**

案例 3-10 视频

**看过世界，更爱中国**

镜头组 1：国外某城市。

镜头组 2：一名女生从房间的书架上取下一本书。书中夹着的一张照片掉在地上，她拿起来看。

画外独白：嗨，过去的自己，我是未来的你。

镜头组 3：她一年四季读书、弹琴等生活和学习的场景。

画外独白：我没有辜负你过往的努力，也在继续着你的豪言壮语，国外的世界陌生而新鲜，但你还是会被熟悉的味道吸引，Is this the chinese pancake（这是中国煎饼吗？）……

镜头组 4：下雨天，她为老人打伞。

画外独白：你的英文越来越流利，可现在说得最多的却是，I’m from China。

镜头组 5：她身穿旗袍，怀抱琵琶，与西洋乐器演奏者一起演出，在国外赢得人们的掌声。

画外独白：你努力学习西方的文化，却在东方的旋律中，找到共鸣。

镜头组 6：她在观看中国队参加的国际比赛，为中国队的胜利流下欢喜的泪水。

画外独白：跟你相比，我已经更加坚强，但还是会为中国两个字热泪盈眶。

镜头组 7：夜晚，她看着圆圆的月亮。

画外独白：我还是和你一样，喜欢看月亮，你在那头望着远方，我在这头望着故乡。

镜头组 8：她在街头行走。

字幕：看过世界，更爱中国。

这则广告以远景、全景表现了国内外的风光，展现了叙事的背景；以中景和近景表现了人物的言行，体现出其学习和生活的细节；以特写镜头表现了她的爱国情感。不同的镜头语言在不同的场景中，表达了爱国的主题思想，也丰富了叙事内容，激发了受众的兴趣，强化了情感诉求的效果。

值得注意的是，景别是相对的。景别取决于摄影机与被摄主体之间的距离和使用镜头焦距的长短两个因素。景别划分没有严格的标准，而是一种经验的总结。划分景别的方法有两种，一种是以拍摄主体（景物）在画面中所占的大小为准，凡拍摄主体全貌的均为全景，凡拍摄其局部的则为中景、近景等；另一种是以画框截取成年人身体部位的多少为标准，实际拍摄中多采用后一种。有时，可能划分得更细，如有大全景、中近景、大特写等，这些景别在影视广告中也比较常见。

## 第四节　影视广告的语言构成方式——蒙太奇

影视广告的语言即影视语言，蒙太奇是影视语言构成的重要方式。因此，学习和掌握蒙太奇的理论和技巧，就是更好地运用影视广告语言的重要途径。

### 一、蒙太奇概说

蒙太奇是影视语言的结构方式，是重要的影视创作概念。目前，它不仅是一种艺术手法，而且已经发展成为一种重要的、系统的影视艺术理论，对这一技巧和理论的理解及运用直接影响到影视作品的效果和品质。

（一）蒙太奇的概念

蒙太奇（Montage），原指建筑结构与组合构成，后被借用为电影术语，指镜头的组接艺术。它是影视创作中特有的思维方式，是镜头语言的构成方法，是导演的语言，是用画面说话的技巧，其核心概念就是形象思维。

库里肖夫曾说："各个镜头在一定顺序下连接（装配）成一个完整的艺术作品，这就是蒙太奇。"它是电影语言最独特的基础，相当于文章的句法和章法。它的运用要依据人们生活、思考的习惯和规律。

（二）蒙太奇的功能

蒙太奇的功能主要有以下几个方面：

1. 创造思想

蒙太奇可以将单独无意义的画面组接成有思想内容的艺术作品，同时，还可以利用相同镜头不同顺序的组接方法表达不同的思想，即库里肖夫效应：通过试验证明，两个以上的镜头连接在一起，能产生单个镜头无法产生的，甚至是与单个镜头风马牛不相及的全新意义（见案例 3–11 和案例 3–12）。

**案例 3–11**

镜头 1：某人在哈哈大笑（近景）。

镜头 2：同一个人，但惊慌失措（近景）。

镜头 3：一人手持手枪指着（近景）。

不同的蒙太奇方式：

蒙太奇方法一：镜头 1、镜头 3、镜头 2。

蒙太奇方法二：镜头 2、镜头 3、镜头 1。

如果按照第一种蒙太奇方法进行镜头的组接，表达的意义是这个人见了手枪后很恐惧。第二种蒙太奇的方法则表现这个人在见到手枪后的无畏。

案例 3-12

镜头 1：从屋顶看大街上的游行队伍（远景）。

镜头 2：从窗户里看大街上的游行队伍（中景）。

镜头 3：到大街上看游行的人（近景）。

蒙太奇方法一：按镜头 1、镜头 2、镜头 3 的顺序排列。

蒙太奇方法二：按镜头 3、镜头 2、镜头 1 的顺序排列。

第一种蒙太奇的方法给人的感觉是，游行的队伍不断走近，有人要加入这个队伍中。第二种蒙太奇的方法则让人们感觉到游行的队伍不断远去，有人要离开这个游行的行列。

此外，蒙太奇创造思想还在于通过具有相关性、类比性镜头的对列、组接等，造成视觉的隐喻和象征意义，如少女与鲜花的组合。在影视广告中，隐喻和象征都极富有表现力，是重要的表现方法（见案例 3-13）。如“太阳神”口服液广告中初升的太阳、渐醒的雄狮都象征着企业奋斗的精神。

案例 3-13

案例 3-13 视频

**煤炭行业标杆中心 2022 形象广告**

镜头组 1：使用孙中山、李大钊等历史人物的形象和引用部分历史文献来表现煤炭及煤炭工人在中国近代历史上的重要性，突出“革命者”的章节主题。

镜头组 2：演绎了 1949 年后我国第一次、第二次全国煤矿工作会议和第一次全国煤矿地质钻探会议，以及展现了第一个五年计划顺利实施、中国历史上第一套国产普通机械化采煤设备研发成功的镜头叙事，突出“奉献者”的章节主题。

镜头组 3：叙述了 1979 年中美合作开发平朔安太堡露天煤矿项目、路遥以其在铜川矿务局鸭口煤矿的经历为原型创作了茅盾文学奖获奖作品《平凡的世界》等事件，突出了煤炭工作为中国光辉的未来打下了基础，映衬出“改革者”的章节主题。

镜头组 4：引用了习近平总书记的发言：“绿水青山就是金山银山”，并用实景镜头呈现了平朔公司矿坑复垦现状，解说词“用智慧科技，引领惊天巨变”对应了本章节的

“创新者”主题。

镜头组 5：引用习近平总书记到陕西考察时的发言：“我们要用新发展理念，来指导我们的发展，能源事业还要进一步发展，整体升级转型，走绿色低碳发展的道路”，并出现品牌标识和“煤炭行业标杆中心”的品牌名称。

这则广告用“革命者”“奉献者”“改革者”“创新者”四个线索和四组镜头将煤炭行业革命史及历史性片段进行串联，用电影预告片的方式展开，回望煤炭行业奋斗史，从过去到现在，并看向未来，以表达煤炭行业标杆中心的品牌理念。

2. 创造一种情境或心境

通过几个镜头的组接，以形象的手法体现内心感受，如在镜头中放置消费者使用产品后的感受镜头、产品生产背景和状况的镜头、消费者争相购买的镜头等，创造出一种消费情境，促进受众消费心理的形成（见案例 3-14）。

案例 3-14

案例 3-14 视频

VIVO 耳机广告

镜头组 1：繁忙的工作中，公司职员戴上耳机，一瞬间，他周围的环境由忙忙碌碌转化成了悠闲安逸，职员端起了饮料，享受着这悠闲一刻。

镜头组 2：男子在娱乐室里投篮，怎么都投不进，直到戴上了耳机，整个人的注意力全部集中了起来，开始练习投篮，每个球都投进了。

镜头组 3：女子在咖啡店准备进行写作，时间过得很慢，戴上了耳机之后，整个世界仿佛快速运行，女子一瞬间完成了工作。

图 3-12　VIVO 耳机广告截图

这则广告用蒙太奇效果营造了三个角色戴耳机前和戴耳机后不同的情境场景，制作出一种情境的对比，在戴耳机前的情境场景中，强调了现实问题，在戴耳机后的场景中，强调了解决问题，让观众代入演员的身份，感受到品牌的优点，并明白产品用来解决问题的必要性。

3. 创造运动

把静止的镜头或画面组合起来，产生动感，从而提高作品的可视性和吸引力（见案例 3-15）。

案例 3-15

案例 3-15 视频

**法国麦当劳广告 · 正确的路篇**

广告由一幅幅静态画面和部分动画特效构成。先是呈现由麦当劳薯条无限延伸出来的直路；接着是麦当劳薯条构成的 U 型弯路；再接下来是环形交叉双头路；之后是右转路和左转路；再之后是环形交叉单转路；然后是一个类似路牌的静态画面，写着“ANTIBES，15MIN”；再然后是环形交叉三向路……这么多的静态画面通过蒙太奇的方式，似乎构成了一种由“穷举法”构建的路的方向，但是仔细观看了广告的观众明显能发现其中有一条路是有所不同的，即“昂提布，15 分钟”，由观众自己来找出“正确的路”。

这则广告全部运用静态画面，但通过不同的画面和蒙太奇的手法，营造出一种动态的镜头组：世上有那么多的路，但是通往麦当劳的只有一条，也就是说只有一条路是正确通往麦当劳的。广告形象而生动，而且还打破了第四面墙，让观众参与其中，虽然是静态的画面，但是有动态的感觉和效果，再配以有节奏感的音乐，给观众以共情和触动。

4. 创造时空

利用镜头可以表现不同的时空背景，营造多样的时空效果，使广告创意更加丰富有趣（见案例 3-16）。

案例 3-16

案例 3-16 视频

**华为 5G 广告 · 穿越时空篇**

镜头中，先是出现了紫禁城的红墙和有琉璃瓦的古建筑群。紧接着出现了身着时尚连衣裙的女性模特，在红墙古建筑群中穿行的几个镜头。镜头一转，模特进入了一间古色古香的房间内部，随着镜头的变化，露出了模特对面的镜子，镜子中的模特并没有穿着现代的时尚连衣裙，而是穿了清代的服装。随着镜头的转换，模特变成了清朝宫廷内的古人模样。观众此时内心会有很多的疑问：模特为什么穿越到古代去了？原本那个穿时尚连衣裙的模特到哪里去了？广告的最后，解开了观众的疑问，一个后拉镜头，令观众发现，原来是模特拿着平板电脑在观看清宫戏，平板电脑里面的古人是模特的古装扮相。这时画面出现“5G · A journey through time”以及“Bring digital to every person，home and organization for a fully connected，intelligent world”的字幕，宣传5G覆盖的范围包含所有地方，最后出现华为的标识。

图 3-13　华为 5G 广告 · 穿越时空篇截图

这则广告中，时空变幻是主要创意之处，意指随着5G网络的覆盖，能够随时随地造出回到古代的幻境。同时，最后通过回到现代的镜头组说明，如今的5G网络已经覆盖了所有地方，即使在古代的皇城里也能用。这些镜头都是以创意主题为依据进行蒙太奇的组接，从而完成了广告信息的传达。

## 二、蒙太奇的分类

蒙太奇主要有叙事和表现两大功能，因此，它可分为叙事和表现两大类。

### （一）叙事蒙太奇

叙事蒙太奇，即用讲述故事的方式，交代情节，展示人物、环境、时间等，这是蒙太奇中最基本、最简明和最直接的一种表现方式。叙事蒙太奇可以具体分为：

1. 连续式

按时间顺序，顺理成章地将镜头组接到一起，这是一种比较常见的蒙太奇表现手法（见案例 3-17），这种形式的蒙太奇表现很灵活，其中有一种称为叫板蒙太奇的形式比较有代表性。叫板即戏曲中把道白的最后一句节奏化，以便引入下面的唱腔上，有时用动作规定下面唱段的节奏也称为叫板。在影视作品中，上一个镜头台词的最后一句引起下一个镜头的出现，这种镜头组接即叫板蒙太奇，具有紧凑、顺畅和自然的特点，容易被受众接受和理解。

**案例 3-17**

### 耐克广告·时空旅人篇

案例 3-17 视频

画面中先是出现了一个白色的场景，让观众了解这个广告发生的地点很可能在某个医院或是在某个科研场所。字幕显示广告由李宇春主演。接着，李宇春和一位金发美女从白色幕布后走出。再接着的镜头是金发美女作为被实验对象，由一群科学家进行着数据采集，让观众联想到李宇春和她一起出现，应该也是实验品。接着是李宇春出现在镜头中央，她的实验器材是一部跑步机，此时还出现了特写与全景的多镜头拍摄手法。李宇春说出了台词，这些台词虽然是对观众说的，但仿佛也是在对她自己说的："如果说 12 年前，我是被大众娱乐制造出来的爆款，那么成名后的这些年，我一直试图通过对于自我的漫长认知，一步一步去创造我自己的人生价值……假如这世界真有时光机，我会想到些什么？持续创变，绝不停息。"

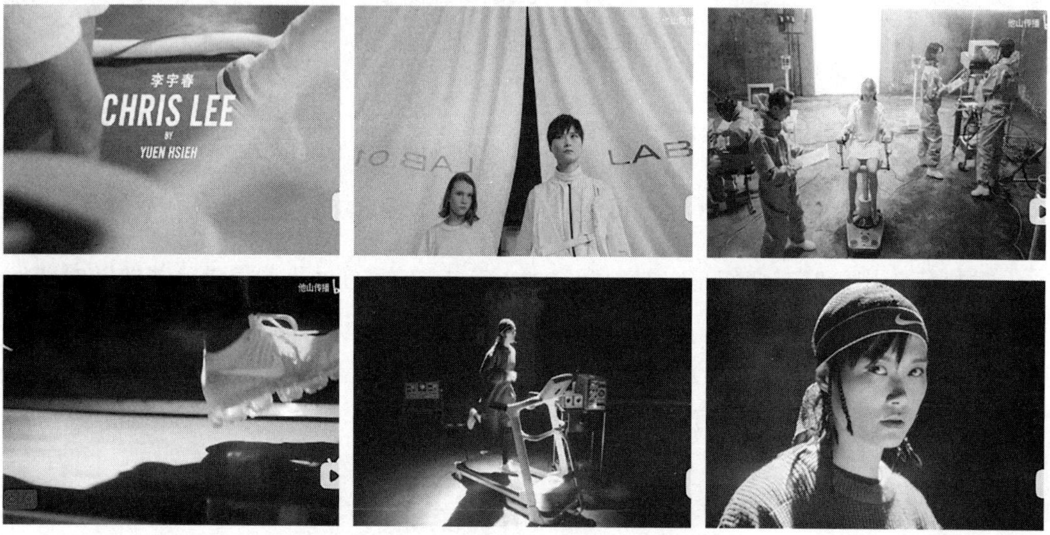


图 3-14　耐克广告·时空旅人篇截图

这则广告的主题传达了富有哲理的思想观念："持续创变，绝不停息"和"努力的人，无论走哪条路都能成功"。整个广告既是李宇春的自我剖析，又传达了企业的品牌理念。在表现方式上，蒙太奇技巧是按照顺畅的情节和熟悉的场景完成的，既引起了受众的注意，又拉近了与受众的心理距离，能对受众产生引导作用。

2. 颠倒式

影片中的一个或几个闪回，或倒叙与插叙的镜头，就是颠倒式蒙太奇。其中，回忆是倒叙，白日梦是插叙。这种方式可以使镜头表现的内容更灵活和丰富，从而确保叙事的完整性（见案例 3-18）。

案例 3-18

案例 3-18 视频

**佳能相机广告·留下我篇**

镜头组 1：男主人公把所有有关女主人公的照片全部收到了一个纸箱里，并对着很多张照片恋恋不舍地反复观看，从动作中透露出了各种不舍。

镜头组 2：男主人公拿着佳能相机坐着发呆，父亲拍着他的肩膀问他："这相机你打算怎么办呢？"男主人公反问："什么相机？"父亲惊讶地说："杰克，你正拿着它呢！"男主人公说："事故的时候它也坏掉了。"表示之前的行为是因为一场事故所导致的，然后引出了女主人公的职业，"我早就告诉艾米，她不应该以此（摄影）为生，她只是给树木、流水、日出拍照而已。"

镜头组 3：父亲接过佳能相机，说："似乎现在又好了。"然后给男主人公拍照。按下快门后，男主人公进入了相机的世界中，父亲和相机中的男主人公都一头雾水。父亲摆动相机，随后，相机中的世界也左右摇摆。父亲按播放键更换已有照片，男主人公不断进入之前拍过的照片的世界里。

镜头组 4：男主人公进入了六个月前的聚会环境里，和他的朋友艾伦打了个招呼。

镜头组 5：男主人公得知可以进入之前拍过照片的世界里，这时男主人公呼唤父亲，把相机照片翻到最后一张，他想和自己的妻子再见一次面。

镜头组 6：父亲调整相机到最后一张照片，但是此时相机出现了电量低的提示。

镜头组 7：男主人公终于见到了自己的妻子，他发现这是一个时间固定的世界，但是这里有他的妻子，于是他做了一个决定，他在手心写了几个字，转过去对着镜头展示，父亲看见了男主人公手心的字，尊重了他的决定。

镜头组 8：父亲把男主人公最后的照片冲洗出来，照片中男主人公对着镜头，手心赫然写着"LEAVE ME"。

这则广告巧妙地使用了颠倒式蒙太奇的手法，表现了男主人公对女主人公的爱。女主人公因为工作而意外离世，男主人公恋恋不舍，在和父亲一起整理遗物的时候，意外进入了佳能相机中，男主人公为了爱情，毅然放弃了现实世界的生命，和女主人公一起生活在相机中。颠倒式蒙太奇的运用，不断强化了男主人公对女主人公的爱情，男主人公的选择给观众留下了一个悬念，但最终解开疑问的时候，又让观众感到唏嘘，情感深受触动。

3. 平行式、交叉式、平行交叉式

平行式蒙太奇，指以对几种剧情进行象征性对比为基础来表达一种意义。交叉式蒙太奇则是指以两个或多个情节交叉发展为基础来展现内容。平行交叉式蒙太奇是把同一时间内不同地点的事情交替表现出来，有利于强化剧情、渲染气氛。如在影片《赤壁》中，同是在交战前的时间内，镜头一会儿表现蜀军营内的刘备、诸葛亮、张飞等人的运筹帷幄，一会儿又表现东吴军中周瑜的踌躇满志，一会儿还表现曹操的奸诈多疑，这就是运用了平行交叉式蒙太奇方式来完成的。更准确地讲，平行式蒙太奇是分别表述两个或多个同时发生的故事画面，节奏感舒缓。交叉式蒙太奇则是穿插表现两个或多个同时发生的故事画面，节奏感较快、较强（见案例 3-19）。

案例 3-19

案例 3-19 视频

**雷克萨斯汽车广告·信篇**

雷克萨斯汽车公司收到了很多封用户的来信，这些用户包含了各行各业的人士。画面来回切换这些用户的形象，并且以用户的口吻来读他们写给雷克萨斯的信。同时，雷克萨斯的工程师在收到信以后，将信纸折叠成星星，并挂了起来。最终，所有的用户都读完了信，工程师也挂完了星星，镜头一转，这些星星构成了一辆跑车的模样，再随着镜头的转向，跑车模样的信纸挂件，侧移 90 度后变成了雷克萨斯的车标。

这则广告中，雷克萨斯工程师折叠信纸的过程和各个用户的来信内容交织出现，形成了一种平行交叉式蒙太奇的表现方式。或用平行式剪辑表现来信的用户是来自各行各业的人士，或用交叉式剪辑来表现雷克萨斯工程师和这些用户之间的通信交互，突出了品牌理念，使观众能够通过这个广告提升对品牌的信任度。

4. 错觉蒙太奇

错觉蒙太奇即对列构成的偷换连接法，把前一组镜头的最后一个动作或形象，偷换成下一组镜头的第一个动作或形象，使过渡显得自然且有令人惊喜的效果（见案例 3-20）。如上一组镜头的最后一个动作是一个人抡起斧子要劈人，紧接着的下一组镜头的第一个动作是一把斧子砍在一棵大树上。

案例 3-20

案例 3-20 视频

**苹果 iPhone14 手机广告（日本）**

镜头 1：一群日本学生在跑马拉松，他们的老师坐在车上用苹果手机给他们拍照，展示苹果 iPhone14 手机的运动模式拍摄功能。

镜头 2：女主角在跑马拉松时为了摆造型，在快门按下的一瞬间向上跳了起来。

镜头 3：正在打篮球的女主角接球后下落，过人后投篮，球进入篮筐。

镜头 4：心形的礼物从天而降，女主角接住礼物，跑向前，将其送给面前的帅气男生，并说出“我喜欢你”，接着害羞地跑开，同时扔开大衣外套。

镜头 5：女主角跑向自己的朋友，一起合影拍照，并出现广告语“青春啊，不要动摇”。

镜头 6：老师在拍摄照片的镜头，出现产品和字幕。

……

这则广告中，镜头 2 与镜头 3、镜头 3 与镜头 4、镜头 4 与镜头 5 之间都是一种错觉蒙太奇的连接方法，本来在镜头 2 中，观众看见女主跳起，以为她要落下的时候，换成镜头 3，她抢到篮球之后落下；镜头 3，最后投篮，篮球进入篮筐，观众以为篮球要落下的时候，接的是镜头 4 的抛向天空又落下的巧克力；镜头 4，最后抛开大衣外套，接的却是镜头 5 的脱下毕业服，总是通过镜头不断制造悬念，给人以深刻的印象。

（二）表现蒙太奇

表现蒙太奇，即为达到一种“表现”多于“描写”性、情节性目的的镜头组接方式，这种蒙太奇将各种镜头组接在一起，向观众传达一种观点、一种情感或一种思想内容。这种蒙太奇手法可不是简单的镜头排序。表现蒙太奇可分为：

1. 对比蒙太奇

对比蒙太奇，即把不同内容、不同对象、不同声音的镜头组接起来，造成强烈的对比关系，以达到表现某种观点的目的，即用对比的“事实说话”，如对比产品使用前后效果的广告（见案例 3-21）。

案例 3-21

案例 3-21 视频

**麦当劳广告 · 返老还童篇**

镜头组 1：一位白发苍苍的老先生，去帮自己的老伴儿到麦当劳柜台拿冰激凌圣代。当冰激凌圣代拿到的一瞬间，老先生变成了一个英俊的年轻人，老太太也变成了妙龄少女，两人一起坐下吃冰激凌圣代。

镜头组 2：一帮好朋友在麦当劳为坐在中间的男生举办生日聚会，当生日蜡烛吹灭的时候，所有的朋友都变成了小朋友，开心地聚在一起。

镜头组 3：一位成熟的上班族女性站在麦当劳柜台前，正在找钱支付，当递上钱并拿回食物的同时，她也变成了一位年轻的少女，愉快地吃起了薯条。

镜头组 4：一位亚裔男子正坐在麦当劳里看报纸。一辆汽车经过，亚裔男子变成了亚裔男孩，看的报纸变成了漫画册，喝的饮料也由咖啡变成了牛奶。

镜头组 5：一帮中年男士在麦当劳里聚餐，其中一人举起了所有的薯条，当薯条放下后，他们也变成了高中生的模样。

镜头组 6：父母带着一双儿女在麦当劳里用餐，服务员走过，父母也变成了刚结婚时的样子，母亲怀孕了，挺着巨大的肚子，她一边爱抚自己的孕肚，一边愉快地用饼干蘸着冰激凌吃。

字幕：the value of m（麦当劳的标识），i'm lovin'it（麦当劳的品牌宣言——我就喜欢）。

这则广告将吃麦当劳之前和吃麦当劳之后的人物表现进行对比，对比展现不同时期的人在麦当劳中的表现，戏剧性地再现了“时间在不断地流动，但不变的是麦当劳”的广告主题。广告最突出的特点就是让真实感深入人心，让观众觉得这是周边可能发生的事情，或是你我之间可能发生的故事，这是它的成功之处。

2. 比喻蒙太奇

比喻蒙太奇，即将貌似相同而实质不同的事物加以并列来“以此喻彼”，通过画面组合和对列形式，传达深刻的内在思想含义（见案例 3-22）。它是用具体的事物比喻抽象的事物，如以玫瑰比喻爱情，以雄鹰展翅比喻志存高远；又如少女失恋时，镜头是一片原野，表现少女的落寞和幽怨的情绪，如果接一个熊熊烈火的镜头，表现的则是愤怒、仇恨的感情。广告中常常用这种方式传递难以直接表达的信息，如喝饮料时凉爽的口感，可用和凉爽相关的镜头来表现，如冰山、冰块等元素。

案例 3-22

案例 3-22 视频

**百事可乐宣传片·炫酷百事篇**

镜头中，一群身着红色和白色相间服装的人拿着可乐，所有人整齐划一，机械木讷。当他们整齐划一地一起喝可乐的时候，其中一罐可乐产生了变异，变成了黑红白蓝的色调。这个喝下了变异可乐的人也产生了不同的反应，她似乎看见了整个世界的真谛，不再整齐划一地做一样的机械动作，而是冲向了红色的墙壁，破墙而出，整个世界也变成了百事可乐黑红白蓝的色调。第一个喝下变异可乐的人也换成了黑色衣服，并且不断地引领其他人来到这个世界，这个世界的人热情洋溢、个性丰富。

图 3-15　百事可乐宣传片·炫酷百事篇截图

这则广告以红色、白色色调和机械统一的世界比喻被可口可乐占领的市场，喝第一罐百事可乐的人比喻百事可乐的诞生打破了可口可乐的垄断，建立百事可乐的世界比喻百事可乐在与可口可乐的可乐大战中将以激情和与众不同获得最终的胜利。这种新奇的比喻方式强化了广告的震撼力。

3. 象征蒙太奇

所谓象征，即根据事物之间的某种联系，借助某人某物的具体形象（象征体），表达某种抽象的概念、思想和情感。它可以使文章立意高远，含蓄深刻。广告创作者恰当地运用象征手法，可以将某些比较抽象的精神品质化为具体的、可以感知的形象，从而给受众留下深刻的印象，赋予广告以深意，留给受众咀嚼回味的余地（见案例 3–23）。

案例 3–23

案例 3–23 视频

**墨尔本银行广告 · 造物者们篇**

镜头 1：在汪洋大海中，浮起一个运动员。

镜头 2：一个空房间摆着一张桌子和几把椅子的空镜头。

镜头 3：画家拍去手中的颜料碎末。

镜头 4：音乐家在整理琴弦。

镜头 5：运动员在夜跑。

镜头 6：焊接工人在焊接器材。

……

镜头组：石匠、木匠、养蜂人等在辛勤工作的场景，舞蹈家、音乐家在热情表演的场景，运动员在风浪中搏击大海的场景。

字幕：Bank of Melbourne，Here to get you there.

这则广告充分运用了象征蒙太奇的手法：运动员、工人、画家、音乐家、厨师等职业象征的是人的梦想，蜜蜂筑巢象征着不怕艰险，即便被摧毁也能重来的拼搏精神。墨尔本银行的信贷，能够帮助贫穷的人圆梦，通过广告中的各类象征，坚定受众对品牌的信心。

4. 节奏蒙太奇

节奏蒙太奇指通过剪辑产生影片节奏的镜头组合手法。不同长度的镜头组合能给人带来紧张或舒适的心理感受，以此配合影片的故事情节（见案例 3–24）。

案例 3–24

案例 3–24 视频

**苹果信用卡广告 · 巧克力篇**

镜头组 1：男子从便利店买了一块巧克力，还没付账，就开始吃了起来，在付账的时候，怎么都找不到银行卡。

镜头组 2：男子随着背景音乐着急地寻找银行卡，但就是找不到。

镜头组 3：男子想起了可以在线支付，于是果断掏出了手机点了在线支付，终于付款买下了巧克力，并愉快地出门离开。

这则广告中，镜头之间运用了节奏蒙太奇的手法剪接，在男子寻找银行卡的情节中，镜头剪接快，表现男子心急如焚，而在表现男子购买巧克力的情节中，镜头剪接慢，表现男子心态悠闲。这样处理，使整个片子的节奏感很强，张弛有力，可视性很强。

5. 积累蒙太奇

积累蒙太奇指相同（或相似）的镜头在影视作品中反复出现的组合方式，起一种强调作用；有时则是在作品的不同部分中出现重复，起一种提示作用（见案例 3–25）。如影片《秋菊打官司》中多次重复出现山道弯弯的相同镜头，暗示这个官司的曲折。

案例 3–25

**小葵花露牌金银花露广告**

案例 3–25 视频

镜头组 1：动画效果制作的镜头。

台词："孩子上火喝什么？小葵花露牌金银花露。"

镜头组 2：动画效果制作的镜头。

台词："夏天暑热喝什么？小葵花露牌金银花露。"

镜头组 3：动画效果制作的镜头。

台词："孩子上火，喝小葵花露牌金银花露。"

这则广告中的三组镜头是以积累蒙太奇的形式出现的，以此向受众表明小葵花露牌金银花露适合夏天暑热时给孩子喝，并且能够防上火，从而刺激家长们的消费欲望。

6. 抒情蒙太奇

抒情蒙太奇，即通过画面的对列组合来渲染气氛、创造意境，进而令情节充满诗情画意。MTV 式广告常用此手法。一说是心理蒙太奇，即对人物心理活动的视觉表现，通过镜头与音乐的有机组合，生动地展示出人物的心理活动和精神状态（见案例 3–26）。

案例 3–26

**北冰洋汽水广告**

案例 3–26 视频

镜头组 1：男子从饮料贩卖机中买了一瓶汽水，同时开始运用推镜头表现男子不断地向前走。

背景台词："北冰洋是什么？"

镜头组 2：孩童们嬉戏打闹的多组镜头。

背景台词："对我来说，它是童年的渴望，是自由凉爽的风。"

镜头组 3：青年人在酒吧喝酒、欢乐聚会的镜头。

背景台词："是青春的汗水和心跳。"

镜头组 4：年轻人在街头骑摩托车飙车，以及碰杯喝汽水的镜头。

背景台词:“是街头的肆意和迷茫。”

镜头组 5: 几组年轻人在街头跑酷、翻跟头的镜头。

背景台词:“是奋不顾身的勇气。”

镜头组 6: 几组年轻女孩在街头自由穿梭，喝汽水的镜头。

背景台词:“是不计后果的疯狂。”

镜头组 7: 汽水罐和汽水瓶开启的镜头，之后接与前面镜头相近的几组镜头，年轻人跑酷、飙车、放焰火等镜头。

背景台词:“没错，你喝的只是汽水，我喝的是北冰洋！”

之后，出现品牌标识、产品和字幕。字幕依然是那句:“你喝的只是汽水，我喝的是北冰洋！”

这则广告中，创意主题是情绪的表达，镜头的组接手法即蒙太奇技巧，以情感表达的内容为依据，巧妙地运用情绪表达的话语和画面密切配合，形成真实可信的情景表达，为产品赋予了激情和情感的价值，给受众以深刻的印象。

当然，在一则广告中，有时会用到多种蒙太奇的手法，这种灵活运用蒙太奇的广告也是常见的。总之，运用哪种蒙太奇手法，要依据广告创意来设计，没有绝对的优劣之分，只要能够最好地完成表现创意的任务，那就是最好的蒙太奇手法。

## 思考题

1. 影视语言的特点是什么?
2. 镜头拍摄与运动镜头的内容是什么?
3. 景别的类型及心理效应各是什么?
4. 蒙太奇的概念、分类及表现形式有哪些?
5. 结合实例来分析不同影视广告中影视语言的运用及蒙太奇的表现特色。

# 第四章　影视广告画面的形与色

**本章重点**

- 影视广告画面构图的基本内容及表现形态
- 影视广告画面中色彩运用的意义
- 影视广告画面视觉造型的意义

影视广告的魅力就在于它的画面极具表现力，而不同画面的形与色会有不同的感染力。因此，在解读影视广告作品时，需要从画面形与色的构成方面来理解其内涵和表现特点，为学习运用影视画面的形与色来表达产品信息做好准备。

## 第一节　影视广告画面的构图

影视广告的画面是指通过摄录系统在一段时间内不间断地拍摄的形象素材，是组成影视广告的基本单位，是影视广告造型语言的基本视觉元素。影视广告的画面不以一般的画幅为前提，而是在一定数量的画幅中以每秒 25 帧的连续运动来体现。值得一提的是，在影视广告语言中，画面与镜头是一个含义，都是指组成影视广告的基本单位，即在一段连续时间内所拍摄的素材。

### 一、影视广告画面构图的含义及功能

（一）影视广告画面构图的含义

构图是在一种相对固定的画幅（画框）中有序、有目的地表现无限空间中的景物。它最早是绘画行业的术语，引用到影视广告中就是指画面中各个组成部分之间的位置和相互关系。

（二）影视广告画面构图中的组成部分

影视广告的画面有许多构成元素，这些元素在画面及广告中有不同的意义和作用

（见案例 4-1）。

1. 产品及标识

产品及标识是影视广告中的主角。画面中的产品形象及标识是受众对产品的感知和记忆对象。影视广告主要是对产品的特色着力表现，给人以深刻印象。因此，从目标意义上讲，产品及标识的核心地位是确定的，但产品和标识在其画面中的这种地位并不是指它必须在每一幅画面中出现或占核心位置，它的出现与否及具体位置安排要根据创意的要求和每一幅画面的具体特点而定。

2. 模特

模特即影视广告中的人物，作用是增强广告的吸引力和感染力，自然地展示产品的特色，开拓更为广阔的创意思考空间。广告中一般经常出现的模特有三类：儿童、美女、明星。此外，还有动画广告片中拟人化的动物模特。

3. 环境

环境指在影视广告中呈现的自然环境与社会环境。它能够赋予广告和产品以真实感，增强广告本身的感染力和视觉冲击力，是影视广告画面中的氛围角色。

4. 字幕

字幕即展示在影视屏幕上的文字。它是文案的一部分，也是视觉构图的一部分。字幕除了能发挥与语言类似的作用外，还具有提示、翻译、强调等意义。

案例 4-1

案例 4-1 视频

## 安踏广告

镜头中，出现安踏品牌标识及字幕，身着运动服的谷爱凌出现在雪山上。字幕及画外音：“22 个奥运项目，中国国家队穿安踏。275 次奥运领奖，中国健儿穿安踏。”

同样在雪山的环境中，王一博和一群运动员站在冰山前。字幕及画外音：“安踏支持奥运和爱运动的每个人。爱运动，中国有安踏。”

图 4-1　安踏广告截图

这则广告中，产品、品牌标识、人物（谷爱凌、王一博和其他运动员们）、环境（雪山）及字幕都出现了，它们一起配合，顺利地完成了传达产品信息的目的。

### （三）影视广告画面构图的特点

影视广告画面构图的特点是策划广告创意与表现时必须考虑的要素，只有对这些特点有了充分的认识，才能保证广告的最终效果（见案例 4-2）。

#### 1. 动态性构图

动态性构图指随着被摄对象的运动和摄像机的运动，画面的构图结构和情节重点都会发生相应的改变，被摄主体在画面中的位置及画面形象的透视关系在不断变换。这对摄影师选择演员及在摄像机运动中进行动态构图和画面取材的能力提出了更高的要求。

#### 2. 时限性构图

时限性构图指影视广告画面因时间长度不同，所承载和传达的信息量的多少也不尽相同，观众只能在有限时间内收看和接受画面信息，广告表现的时间长度成为观众收看时的限制性因素。因此，画面构图和表现的时限性要求影视广告画面的构图必须简洁、集中而明确，不能像美术作品和图片那样供观赏者长时间驻足观看。

#### 3. 多视点构图

多视点构图指在拍摄过程中不断变化视点、角度和景别，对同一被摄主体进行连续的、多方位、多角度的拍摄。随着视点的不断变化，被摄主体的画面形象和画面范围也在不断变换，画面构图的形式结构及组合关系也相应改变，这就使观众获得更多的信息量和更丰富的视觉感受。

#### 4. 构图结构的整体性

影视广告的完整镜头内容通常是由几个乃至几十个画面来共同完成的，一个影视广告画面所传达的内容往往是上一个画面的延续，或是向下一个画面发展的过程。因此，单个影视广告画面也许并不具有完整性，但在一系列画面组接之后便会形成构图结构的整体组合关系，这就会对单个镜头的构图产生特定的要求，某一单个镜头构图的不规则、不完整会在整体构图结构中得到解释。这一点为影视广告创作人员的构图表现提供了巨大的空间。

案例 4-2

案例 4-2 视频

**vivo X70 系列广告**

广告一开始是 vivo X70 手机的镜头特写，画外音：“X70 系列搭载蔡司光学镜头，超逆光下，还原纯净夜色。”一名外国男性持手机进行拍摄，接着出现一名女性的街头全景镜头（定格），紧接着出现画外音：“自主研发的 V1 芯片，留住精彩夜色。”之后，中国影星胡兵双手持机进行拍摄，并展现手机框中的拍摄画面。最后出现 vivo X70 芯片特写和 vivo X70 系列不同颜色的两款手机的特写镜头，画外音：“X70 系列，蔡司影像，品阅时光——vivo”。

图 4–2　vivo X70 系列广告截图

这则广告中，构图的特点是拍摄内容的运动性强，镜头内的运动也十分突出。短短 15 秒的广告，不断变换拍摄角度，使拍摄的内容呈现开放性特点，整个广告的构图完整、和谐、美观，给受众以美的感受。

（四）几个重要概念

在影视广告画面构成中，还有几个相关的概念是经常用到的，也可以说是构图理论的主要内容之一（见案例 4–3）。

1. 主体

主体即在影视广告画面中所要表现的主要对象。它一般要体现出广告主题的意义和目的，也是构图的核心内容。在分析每个广告画面时，明确主体是首要任务，而在设计和构图时也只有明确了主体是什么，才能合理布局，正确处理好主体与其他各要素之间的关系，达到突出画面意义的效果。

2. 陪体

陪体指与画面紧密相关的元素。它在画面中与主体构成特定的关系，辅助主体表现主题思想，是画面中有机的成分和构图的重要对象。陪体的意义在于陪衬、烘托、突出、解释和说明主体。

3. 前景

在影视广告画面中，位于主体之前，或是靠近镜头位置的人物、景物，统称为前景。它是背景环境的主要构成内容，但有时也是陪体。前景的作用主要在于：

（1）帮助主体直接表达主题、交代内容。

（2）表明时间概念、季节特征和地域特色，帮助构成现场气氛。

（3）有助于强化画面的纵深感和空间感。

（4）均衡构图和美化画面。

（5）与主体形成某种蕴含特定意味的对应关系，加强画面的表达效果。

（6）在运动摄像中，前景能增强节奏感和韵律感。

**案例 4-3**

案例 4-3 视频

**特仑苏沙漠有机纯牛奶·陈道明篇**

片中，陈道明乘坐火车和自驾汽车穿过沙漠来到一片湖泊的岸边，画外音："我有一个朋友，它是乌兰布和的一片湖泊。"之后，他脚踏岸边，仰望天空，一群沙鸥从天空飞过，画外音："是它提醒我，有些事不变就是更好。"随后，全景镜头俯拍湖泊，湖旁边有两头正在饮水的奶牛，画外音："特仑苏沙漠·有机，来自乌兰布和，纯净如初的水源，孕育更高营养，只为更好的你。"字幕 / 广告语："不是所有牛奶都叫特仑苏。"

这则广告中，前景是空镜头中的沙漠和湖泊边的青草地，后景是空镜头中的山丘和蓝天。广告中间的环境镜头有沙漠、蓝天、树木等，而主体则是乌兰布和的一片湖泊（产品象征物），陪体是代言人（陈道明），在广告主题引导下，这些元素构建了一个完整的信息来呈现产品价值。

4. 后景

后景即那些位于主体之后的人物或景物。在影视广告画面中常指环境气氛的构成部分。它的作用表明主体所处的环境、位置及现场气氛，帮助主体揭示画面的内容和主题。从结构上说，它可以使画面产生多层景物的造型效果和透视感，增强画面空间的纵深感。

5. 背景环境

背景环境即画面主体对象周围的人物、景物和空间。它包括前景、后景及背景，是画面的构成要素之一。它除了起到陪衬、突出主体的作用之外，还能够表明主体的活动地域、时代特征、季节特点、地方特色以及帮助刻画主要人物的性格和表现特定的气氛，并加强画面的空间感和概括力（见案例 4-4）。

**案例 4-4**

案例 4-4 视频

**公益广告·厕所革命**

镜头组 1：伴着公鸡打鸣的声音，土坯墙头坐着一个小男孩，过了一会儿，他跑到农村露天厕所里，显得十分痛苦，一群猪在厕所门口看着他。

画外独白：小时候我最害怕的地方是姥姥家的厕所，旱厕，还没屋顶，上个厕所还有猪把门。

镜头组 2：院子里，姥姥给他扇扇子，他在吃西瓜，突然觉得肚子痛，赶紧往外跑。

画外独白：糟了，我一定要憋住，我实在憋不住了。

镜头组 3：爸爸骑着摩托车来修厕所。

画外独白："方便"的事，咱必须给它整方便了，屋顶是盖好了，但没有水，有些事还是没法整……

……

这则广告镜头中的环境表现出故事发生在很久以前的农村，通过厕所这个最普通的生活环境的变化，讲述农村近年来通过改造和建设有了很大的发展。

## 二、影视广告画面的表现状态

影像主要由静态画面与动态画面剪辑而成，两者在不断交替的过程中构成了一段又一段连续的影视画面。静态画面使用绘画式的语言，而动态画面则是通过强烈的运动表现动感，即影视画面总是不断地重复着由静向动，再由动向静的转换过程。

### （一）静态构图的含义及表现

#### 1. 静态构图的含义

静态构图是指机器固定拍摄的相对静止的镜头，其构图固定无变化。画面中心多设定为观看者的视觉中心。影视广告中的静态构图表现为屏幕的视觉板块，这就是受众接触的静态画面形式。

#### 2. 静态构图的表现——屏幕的视觉板块的构成

在静态构图中，每个视觉区域都会产生不同的视觉心理效果。因此，依据心理学理论，影视广告的信息在每个不同视觉区域的分布就会有所不同。见表 4-1、表 4-2 所示：

**表 4-1　静态构图中的视觉区域划分**

| | | |
|---|---|---|
| 第一区 | 第二区 | 第三区 |
| 第四区 | 第五区 | 第六区 |

**表 4-2　影视广告信息在不同视觉区域分布**[①]

| 区域 | 左上区第一区 | 中上区第二区 | 右上区第三区 | 左下区第四区 | 中下区第五区 | 右下区第六区 |
|---|---|---|---|---|---|---|
| 总特征 | 视觉运动的始发区 | 高潮和中心的区域，也是特写区 | 人们积极施展才干、有目的地运动 | 次要信息游离的区域 | 仅次于第二区的高潮和中心区域 | 注视度最低，视觉信息量少的边远地带 |
| 信息特点 | 信息量大且活跃 | 最常见的图像是从小到大的扩展和从远到近的推进 | 最富诗意和变化的区域，象征生命和力量 | 适合于揭示和补充，注意度低 | 与第二区相互联系、补充与演进，处于平衡状态，是电视广告结束前几秒钟的静态区和运动的终止区，最适合重复、展示和强调，是戏剧的关键区域 | 极易被遗忘，也易产生戏剧性效果，是冷漠、孤独的区域 |

① 李谋 . CF 大透视：影视广告创作指南［M］. 北京：中国摄影出版社，2000：182.

续表

| 区域 | 左上区第一区 | 中上区第二区 | 右上区第三区 | 左下区第四区 | 中下区第五区 | 右下区第六区 |
| --- | --- | --- | --- | --- | --- | --- |
| 心理效应 | 具有欢快、浪漫、清新、甜美、思念、希望等特点，是悲凄与回忆、白日梦区域，是“赏月区域” | 具有庄严、稳健、安详、醒目、优越、依赖等特点，易产生强烈的视觉印象，也容易令人产生厌烦的心理 | 具有青春、美妙、活力、意志、奋发等感情色彩，是“命运与意志区”的体现 | 具有亲切、温暖、慰藉、发人深省、含蓄、疑惑和梦幻的特点 | 具有坚守信念及远大目标、自豪、留恋、永恒的特点 | 具有神秘、意外、幽默、紧张、机敏和好奇等特点 |

在影视广告的画面构图处理中，一定要以此为依据，才符合受众的心理需求，从而保证广告画面的视觉效果（见案例 4-5）。

案例 4-5

案例 4-5 视频

**阿尔法蛋 AI 词典笔**

镜头 1：一位女孩手拿 AI 词典笔，伴随音乐喊出：“AI 词典笔。”

镜头 2：一位男孩手拿 AI 词典笔，伴随音乐喊出：“AI 词典笔。”

镜头 3：一个 AI 机器人在画面左侧侧身指向右侧。

镜头 4：又一位小女孩手拿 AI 词典笔出现在画面右侧，伴随音乐喊出：“就选阿尔法蛋。”

镜头 5：镜头 1 中的女孩手拿 AI 词典笔，伴随音乐喊出：“AI 词典笔。”

镜头 6：镜头 2 中的男孩手拿 AI 词典笔，伴随音乐喊出：“AI 词典笔。”

镜头 7：镜头 3 中的 AI 机器人在画面右侧侧身指向左侧。

镜头 8：镜头 4 中的女孩手拿 AI 词典笔出现在画面左侧，伴随音乐喊出：“就选阿尔法蛋。”

镜头 9：阿尔法蛋 AI 词典笔特写镜头。

画外音：阿尔法蛋 AI 词典笔，掌握 10 项 AI 技术，有 AI 够专业，AI 词典笔，就选阿尔法蛋。

这则广告中，产品一直都在视觉的中心区，突出了产品的质感。同时，画面的第四视觉区中显示出 AI 词典笔的具体信息，既可以强调品牌印象，又不影响广告信息的传播。

（二）静态构图的要素

静态构图由点、线、面组成，是视觉形式中最基本的要素。

1. 点

点是三种要素中最基本的要素。点，既是存在于空间内的一个明确的统一体，也是形成一个新世界的最基本元素。一个静态的点就是人们所能看到的最简单的画面，是所有画面的基础。点存在于某一位置且不可分割（见案例 4-6）。

案例 4-6

案例 4-6 视频

**奥利奥广告**

广告一开始是一双手拿着一块黑色的奥利奥饼干的特写，画外音：“奥利奥。”然后是几个场景：几个人手拿奥利奥饼干在一起跳舞，画外音：“扭在一起。”母女两人在一起开心地扭开奥利奥，然后舔一舔，画外音：“舔在一起。”几个人用筷子夹着奥利奥放在盛满牛奶的火锅里，画外音：“泡在一起。”一个小男孩和他的父母把奥利奥串在一起，十分开心地在户外跑跳，画外音：“我们把快乐也串在一起，无论哪种，一起喜欢奥利奥，我们都能玩在一起。”蓝色背景中出现一块黑色的奥利奥饼干，字幕 / 广告语：“玩在一起奥利奥。”

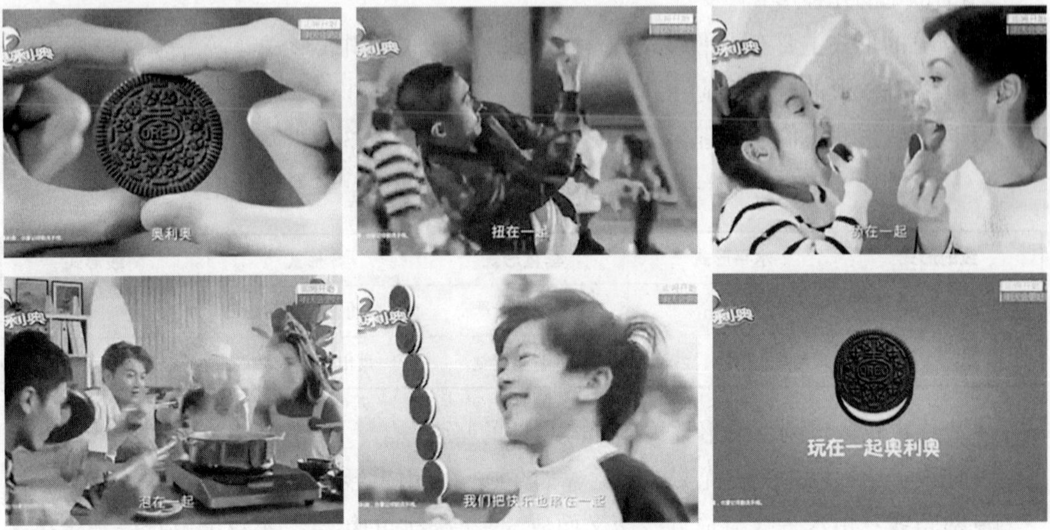


图 4-3　奥利奥广告截图

这则广告中，黑色的奥利奥如同一个点，整个广告由“点”构图形成，突出了产品的特色和品牌的质感。

2. 线

（1）线的定义

线是点移动的轨迹，具有长度特征，是一个点向一个特定方向运动时所得到的。在静态构图中，线是指画面形象（影像）所表现出来的明暗分界线和形象之间的连续线。

生活中的客观实体均有其外在的形式——线条，反映到影视广告画面中，同样会有视觉所能感知的景物轮廓线、相类似景物连线等，比如地平线、道路的轨迹或排成行的树等。

不同的构图形式和框架关系将会给观众以不同的视觉感受。当我们提炼构图的主线条时，要注意以画面架构为线条形式和观众收视所限定的参照系统为标准，要认识和选择在不同构图中被摄主体的最佳线条形式，表现和反映其本质，传达主题思想和创作意图（见案例 4–7）。

特别值得一提的是，光线是影视广告画面构图的基础和灵魂。没有光线，影视广告构图则无从谈起。光线不好，画面构图也会受到极大的影响，达不到预期效果。画面构图的变化是随着光线的变化而发生的。从影视广告构图的角度来说，光线的选择是决定影视广告画面构图质量的关键因素。

（2）线的特性

线分直线和曲线两种，直线富有力度，其中，水平线是最简单的直线形式，是最安全、最稳定的线，但在电视上过多地使用直线，则会显得单调乏味，而曲线则使人感觉柔和。

（3）常见的几种形式

线常见的形式主要有水平形式、垂直形式、S 形式、斜线形式等。

（4）各种线形的心理效应

不同的线形对人们的心理会产生不同的影响（见表 4–3）。

**表 4–3　线的几种形式及心理效应**

| 线的形式 | 水平形式 | 垂直形式 | S 形式 | 斜线形式 |
|---|---|---|---|---|
| 心理效应 | 稳定、平淡 | 挺拔、威严 | 动感、柔和 | 动感、活泼 |
| 示　　例 | 大海、草原、沙漠 | 高塔、教堂 | 盘山路、长城 | 飞机、射箭、划船 |

- 直线：给人以刚直的感觉，如形容男性的坚强。
- 曲线：给人以柔美、优美的感觉，如在画面中用来形容女性的美。
- 对角线：由水平线与垂直线交叉而成，是冷暖调的结合，不仅能够很好地维持平衡，而且有表现无限活力和力量等作用。

案例 4–7

案例 4–7 视频

**炫迈无糖口香糖广告 · 王一博篇**

镜头中，王一博在车上解开安全带，下车后手拿炫迈口香糖放进嘴里嚼，画外音：“怎么停了？来瓶炫迈。”然后炫迈口香糖盒子上 S 形的红白蓝线条飞跃出来，王一博脚踏滑板引领彩条穿过城市、草地、大海，画外音：“持久美味，陪我一路不停，COOL，一起炫迈，一起根本停不下来。”最后 S 形彩条被定格在蓝色地球上，画外音：“炫迈无糖口香糖，美味持久，久到离谱。”

这则广告中，炫迈的 S 形标识、景物、道具等都用了不同形式的线来表现，体现了产品的特色和功效。

3. 面

（1）面的含义

面是线移动的轨迹，是由直线上下左右活动而形成的基础平面，是具有面积而没有厚薄的形式（见案例 4-8）。

（2）画面四边的特征

①画面的上半部分和下半部分

上半部分给人一种愉快、广阔的感觉和解脱感。相反，下半部分稳定性好，但有比较沉重的束缚感。

②画面的左侧与右侧

左侧给人一种轻快、解脱的感觉，这是人们视觉通常最先注意到的部分。右侧与左侧相比，给人一种较为沉重、阴沉的感觉。

案例 4-8

案例 4-8 视频

iPad air 广告

镜头组 1：黑板上有一张英文海报，字幕——学生会主席竞选开始。

镜头组 2：外国大学生看向这张海报。

镜头组 3：几名学生分别利用 iPad air 进行海报制作。

镜头组 4：参与竞选的学生欢快地使用 iPad air 进行工作、交流。

镜头组 5：最后，在学生会主席竞选舞台上，Sonia（索妮娅）[①] 胜出，她手拿 iPad air 面对舞台微笑，字幕——你的下一台电脑，不一定叫电脑。

这则广告中，画面大多是呈现 iPad air“面”的形态，既表现出开阔的场景，又衬托出产品——iPad air，同时也符合情节的需要。

（三）静态构图的法则

在广告画面中，静态构图总的原则是对立统一，以下为一些具体的法则：

1. 平衡

平衡是画面构图中最重要的一个法则。画面中的平衡不是简单地要求画面对称，而是要求打破对称。平衡法则就是让非对称的构图产生平衡感，即画面中所需要的平衡是变化中的平衡，如利用视线的惯性，利用线条的指向、会聚，利用相同影调的响应等，使画面给人以均衡感，同时，又具有和谐的韵律。

① 视频字幕中还有索尼娅的译法。——编者注

常见的构图形式有以下几种：

（1）三角形布局

三角形布局依据三点构成一个面的原理，这是最稳定的布局。

（2）会聚构图

会聚构图是指使用线条的会聚将主体画面的线条聚合在点上，将观众的视线引向主体。例如，一条斜向的机场跑道，无数的会聚点上有架飞机在滑行，画面中飞机虽只占很小的一部分，但由于跑道斜线的会聚作用，使观众的视点自然被引到滑行的飞机上。

（3）井字构图

井字构图的交点是人们视线集中的地方，在构图中常把主体安排在这些聚焦的位置附近。

（4）黄金分割构图

黄金分割构图是按美学原则，把一段直线分成长短两段，使短的那段与长的那段的比等于长的那段与全段的比，比值为1∶1.618。美学上认为用这种比例画出的长方形，最能给人以美感。比如，电视屏幕的宽高比为4∶3，接近黄金分割比例。

2. 对比与调和

对比是平面构图的基本法则，不仅能产生形式美感，而且是突出主体信息的最有效方法。调和则是要在对比双方之间调整，使它们的关系变得和谐。对比与调和具体可分为：

（1）明暗对比

明暗对比即色块对比，这是按照心理学原理，将暗调中的亮块、亮调中的暗块、色彩对比强烈的色块等有机地构建为画面的视觉中心，以引起受众的注意。也可以理解为把明亮的主体置于较暗的背景之前，或把较暗的主体置于较亮的背景之前，使主体得到强调。

（2）虚实对比

如果主体与背景的亮度差不多，背景显得很清楚，又找不到能使主体与背景分离的角度，可以把背景虚化，从而达到突出主体的目的。

（3）主客对比

在广告画面中为了突出产品的特色，特别是外观上的特点，可以在广告商品出现时加入陪衬的元素，如把药片放在手心上、把空调机挂在墙上、把饮料放在水果堆上等，以此形成主客体的对比关系，强化受众对主体商品的印象。

（4）远近对比

由于远近不同会产生不同的视觉效果，因此，在画面中把所要宣传的重要信息元素放在离受众近的地方，可以强化视觉效果。如果重要信息放得太远，会影响受众的视觉和印象。

（5）粗精对比

在广告画面中，通过粗与精的关系对比，可以突出所要宣传的重要内容。如某品牌的手表广告，将手表藏在一个剖开的海螺里，手表的精致与海螺的粗糙形成较大的反差，从而体现商品的高贵和神秘感。

此外，还有刚与柔、疏与密、残与全、轻与重、藏与露、方与圆、直与斜等对比关系。

3. 多样与秩序

在影视广告的画面中，往往会有许多元素同时存在，但怎样去排列它们的顺序，怎样突出该画面的主旨意义，是很讲究的。如果元素过多，一般可以考虑按照一个单元或一个单位来进行分类排列，以避免视觉上的混乱。

4. 从属与支配

在多元素的影视广告画面中，每个画面一定是有从属与支配之分的。无论是以单元分类，或是按单个元素分类，必须分清主次元素以及它们应该有的位置，以免影响视觉效果和广告效果。

案例 4–9

案例 4–9 视频

**光明莫斯利安·星厨甜品系列酸奶广告**

镜头 1：莫斯利安标识。

镜头 2：一个白色高盘上放着一块红色奶油蛋糕，上面放着一颗草莓。身着红色衣服的女主人公手拿勺子做欲吃状。画面前实后虚。

画外音：莫斯利安星厨甜品系列酸奶。

镜头 3：女主人公转动盘子。

镜头 4：盘中的草莓和蛋糕变成瓶装酸奶。

画外音：纽约红丝绒蛋糕风味。

镜头 5：女主人公手拿杯子倾倒酸奶。画面前实后虚。

镜头 6：一颗裹着酸奶的草莓在转动。画面前实后虚。

画外音：进口草莓搭配蔓越莓。

镜头 7：酸奶淋在鲜红色的草莓和蔓越莓上。

……

这则广告中，构图有虚实对比（人物与背景），也有会聚变化等，使画面表现美观而充满情趣。

（四）静态构图的职责——表现产品

主体是画面结构的主要组成部分，影视广告的主体是商品。如何表现并突出这一主体呢？

（1）把广告商品放在最引人注目的位置。

（2）利用陪体衬托商品。

（3）利用明暗、虚实等手法将主体与背景分离开。

（4）给广告商品以特写镜头。

（5）给广告商品加轮廓光或其他光影效果。

当然，在影视广告画面的运用上，要依据具体的情况来选择合适的形式和方法（见案例 4–10）。

案例 4–10

案例 4–10 视频

**光明优加牛奶广告 · 谢震业篇**

镜头组 1：谢震业准备起跑。

镜头组 2：一瓶光明优加牛奶放在红色塑胶跑道上，谢震业拿起牛奶。

画外音："生活就像赛道。"

镜头组 3：谢震业手拿光明优加牛奶在跑道上奔跑，跑到一名学生旁边，把牛奶放在他的课桌上。

画外音："努力奔跑，为更优，加一点朝气。"

镜头组 4：他跑到一名年轻的职场女性旁边，把牛奶放在她桌上。

画外音："加一点坚持。"

镜头组 5：他跑到一名正在活动肩膀的中年男性旁边，把牛奶递给对方。

画外音："加一点突破。"

镜头组 6：谢震业带领一群人跑到一条写有"光明优加，福虎生威，万事优加"的红色条幅前面。

画外音："开启更优 2022，祝拼搏努力的我们……"

镜头组 7：谢震业（近景镜头）喊出："福虎生威，万事优加。"

这则广告中，产品和品牌的标识都出现在引人注目的位置，谢震业及操场背景都是陪衬，与光明优加牛奶这一主体之间始终保持明暗、虚实的关系，以此强化了产品特质和受众的记忆。

**➔ 启发与思考**

**影视广告中的静态构图之美**

传承和弘扬传统文化精华，增强民族自信，树立美好的中国形象，一直是党中央的政策方向，央视充分利用资源优势，不断创新传播方式，设计出系列公益广告作品，以此激发国人爱国、强国的自信心和动力。案例 4–11 中的广告更是利用了静态构图的设计，在新型科技的支持下，展现出动与静、人与自然的审美关系，表现了传统文化的魅力。

案例 4-11

案例 4-11 视频

**央视公益广告·二十四节气·立春篇**

镜头组 1：昏黄的色调中，公园的亭廊、湖水、植被和远处的太阳。

（分析：黄金分割的构图比例，视觉效果顺畅，表现内容丰富）

镜头组 2：冰冻的水面陪衬下，主持人刚强从画面左侧进入，目视前方。

（分析：背景的单色调和黄金分割构图，陪衬出人物的高大、稳健。）

镜头组 3：刚强站在树边用手触摸着树上的嫩芽。

（分析：嫩芽的特写，在画面中间，突出其细嫩的特色。）

镜头组 4：刚强在写毛笔字。

（分析：人物在画面中间位置，稳重、醒目。）

镜头组 5：刚强向窗外眺望。

（分析：人物处于井字构图的点上，视野开阔，富有意味，启发联想。）

……

解说词：节气是大自然的呼吸。立春，二十四节气的开篇，大自然用崭新的春天问候世界。东风吹过，带来一树春风。春天，以万物为纸张，描绘新的时光。心到，春来。天地灵气，二十四节气。

作为二十四节气中的第一个广告，它的静态构图运用灵活、舒适，营造了意境之美，也凸显了主题之禅意：心到，春来。该广告易于启发美好联想，吸引人们对系列广告的关注，由此成为用视频语言传承中国优秀传统文化，讲好中国故事的典范作品。

## 三、动态构图

静态构图是动态构图的基本组成单元，动态构图是静态构图的最终目标，是一幅幅静态构图组接的结果（见案例 4-12）。

### （一）运动基本定式

物体不同的运动方向会有不同的视觉效果，一般来说，有以下几种情况（见图 4-4）：

（1）由左向右移动：商品看起来感觉轻快，符合人的自然视觉规律，自然流畅，这是最经常使用的运动方式，一般用于表现休闲时的舒适轻松。

（2）由左上方向右下方移动：呈现物体落下时美丽的曲线，给人一种轻快、抒情的感觉，适合表现化妆品、服装等。

（3）由右向左的运动：表现坚强的反抗和痛苦的运动，一般用于表现希望或愿望的构图里。这一运动主要用于突破阵地，或者表现某种强烈愿望的构图中。

（4）从右上方进来的运动：使其停止于画框之下部偏左，表示力量强烈，用于说明、主张、证实有效性。这是充满动感与速度的运动线路，适合表现像汽车类具有足够重量感与质量感的产品。

（5）从正上方向下运动：这种表示正在往下落的曲线，常被用作使人想起所提示的商品，此种运动方式是一种特殊的运动。

（6）从下向上运动：这种运动非常有力量，具有男子汉的雄性色彩，给人一种稳定感，而且动感十足。

（7）与（8）必须借助播映才能识别，是与屏幕垂直的进深运动，分别表示后退与接近。后退呈现安定和沉静感，接近则制造兴奋感。

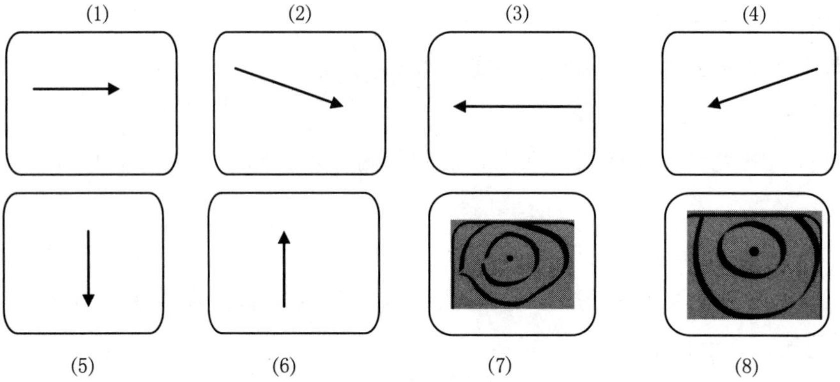


**图 4–4　运动基本定式**[①]

**案例 4–12**

## 脉动广告·特工篇

案例 4–12 视频

镜头组 1：身为特工的刘昊然面对镜头奔跑，被三个戴着黑色墨镜的人追赶到天台上。

镜头组 2：刘昊然面对敌手一转身纵身往下一跳。

镜头组 3：他的身体变小，落进了一瓶脉动饮料里，他顶着湿漉漉的头发从脉动饮料后面爬上岸。

镜头组 4：他手拿脉动饮料，喝起来。

镜头组 5：脉动饮料的细节展示。

画外音："富含四种维生素，大口畅饮，状态全开。"

镜头组 6：喝完饮料的刘昊然转身回到片场，说："导演，再来一条！"

镜头组 7：镜头定格，画面中两瓶脉动饮料的右侧有四个字："脉动由我。"

① 李谋 .CF 大透视：影视广告创作指南［M］. 北京：中国摄影出版社，2000：191.

图 4-5　脉动广告 · 特工篇截图

这则广告中多运用运动镜头，镜头内容表现出运动的态势，有不同的方向和角度，提升了镜头的美感，也体现出广告的主题。

（二）产品出现的位置

影视画面通过强、弱、明、暗的交错来保持平衡，以画面的中央位置为中心，把画面分为四部分，广告要根据创意的要求来安排产品的位置。产品在不同的位置上，会给受众带来不一样的心理感受（见案例 4-13）。

（1）左上角：这是最令人愉快的一角，在这个位置出现的产品，观众能够最自然地接受，适合表现化妆品、药品、首饰、小型家电等产品。

（2）右上角：这个角落给人一种力量感，适合表现汽车、火车、飞机等具有一定速度感的交通工具。

（3）左下角：这个角落虽然稳定，但震撼力不强，给人一种柔弱的感觉。如果后面没有画面，最好不用这个位置。

（4）右下角：这是最阴沉、最忧郁的角落，不适合表现产品，常常是商标出现的位置。

（5）趣味点：屏幕上四条趣味线的交叉点就是趣味点。这是观众关注的中心，是产品或重要看点应该放置的位置（见图 4-6）。

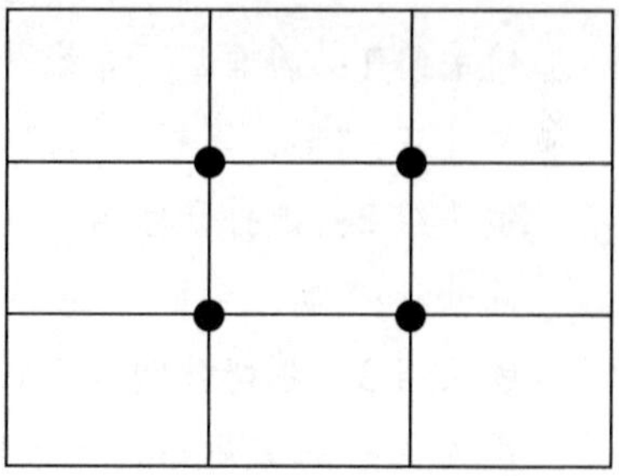

图 4-6　趣味点示意图

案例 4-13

案例 4-13 视频

### 妙可蓝多马苏里拉奶酪广告

镜头组 1：伴随“拉拉拉拉（啦啦啦啦）①……”的歌声，一家三口面前摆着一袋妙

① 括号中的文字为正确用法，后文同。——编者注

可蓝多马苏里拉奶酪。

画外音："妙可蓝多马苏里拉。"

镜头组 2：奶酪的细节展示。

画外音："轻松拉丝，营养百搭。"

镜头组 3：妙可蓝多马苏里拉奶酪动态展示图。

画外音："妙可蓝多马苏里拉奶酪全国销量遥遥领先。"

镜头组 4：产品及标识。

字幕 / 广告语："奶酪就选妙可蓝多。"

这则广告中，妙可蓝多马苏里拉奶酪这款食品在每个镜头的构图中大多居于中心位置，使观众印象更深刻。

（三）不同方向的运动效果比较

不同方向的运动对人的视觉和心理都会产生不同的影响和效果。

（1）人或物自左向右或自右向左的运动，比上下的运动更有力度感。

（2）人或物自左下向右上或自右上向左下所做的斜线运动，体现轻快、舒适之感。若做水平移动，其画面容易令人感到烦闷。

（3）人或物远近的运动（接近或远离摄影机的运动），较之将摄影机自左向右或自右向左的运动更富有戏剧性。

在策划广告时，这些都是必须考虑的因素（见案例 4-14）。

案例 4-14

案例 4-14 视频

**每日鲜语鲜牛奶广告·汤唯篇**

镜头组 1：汤唯四下寻找。

画外音："嘿，等等，别忘了我！"

镜头组 2：她打开冰箱，一排每日鲜语鲜牛奶映入眼帘。

画外音："嘿，早！"

镜头组 3：牛奶被倒入每日鲜语字样的杯子中，并展示倒入牛奶的细节特写。

画外音："每日鲜语，优于欧盟标准生牛乳。"

镜头组 4：每日鲜语奶瓶被牛奶托出。

画外音："含 6 种原生鲜活营养。"

镜头组 5：汤唯端起杯子饮用牛奶。

画外音："牛奶本真的味道，开启鲜活一天。"

镜头组 6：画面定格，每日鲜语不同类型的瓶装牛奶出现在镜头中。

画外音："每日鲜语，高端鲜奶新标杆。"

这则广告中，产品以多种运动形式表现出来，如每日鲜语鲜牛奶被倒入杯中，奶花漩起的圆窝，奶瓶被鲜奶缓缓托出等，这些动态表现有不同的方向，旋转、奶花溅向四周等，一方面符合情节设计，另一方面充分调动了受众的注意力，也赋予了产品以动态美感，让受众记忆深刻。

（四）运动速度走势

1. 速度感

速度感与景别和镜头焦距有关。不同的景别中，人们对同一个事物也会有不同的速度感，如在远景中速度显得慢，而在中景中速度就显得快，即视距短，速度感强；视距长，速度感弱。

用不同焦距的镜头拍摄同一速度的运动物体，可以得出不同速度感的画面。长焦距镜头拍摄的画面表现出来的速度感快，短焦距镜头拍摄的画面表现出来的速度感慢。

2. 速度与力度

速度快，给人感觉力度大。要体现广告商品的力度，可以让商品或商标快速运动。同样，要表达欢快紧张的情绪，就得安排快速运动的物体，如急风暴雨、滚滚车轮、倾泻瀑布等，以激起受众相对应的情绪节奏。慢速度的运动则具有悠闲、恬静的情感色彩。

速度还与节奏有关。运动突然停止或有缓急变化，比恒定速度更能给人留下深刻印象（见案例 4-15）。

案例 4-15

案例 4-15 视频

**蒙牛广告 · 谷爱凌篇**

镜头组 1：谷爱凌在雪山上滑雪。

画外音："百折不挠的我们。"

镜头组 2：在雪山上，谷爱凌在喝盒装的蒙牛纯牛奶。喝完以后，整装待发。

画外音："是时候要强登场了。"

镜头组 3：谷爱凌以极快的速度滑过各种陡峭的障碍。

镜头组 4：她站在山峰上，用力举起右手作加油呐喊状。

画外音："和谷爱凌一起。"

镜头组 5：以雪山为背景，各种类别的蒙牛产品被排列成一座山峰的形状，打出字幕——燃动冰雪，要强中国。

画外音："燃动冰雪，要强中国。"

镜头组 6：画面定格，白色的背景上出现蒙牛的标识。

这则广告中，运动的场面较多，在雪山的滑雪运动很有力度和速度，在中间的时候停下来，喝牛奶，之后又以极限速度滑雪，最后又很有力度地举起右手，这种速度（力度）快——缓——疾——强（力度）的态势，形成了心理上的对比和观照。

（五）动态构图规律

影视广告的动态构图是有规律可循的，具体地说，主要有以下几点：

1. 静与动的统一

影视媒体以“动”为主要特色，但如果全是“动”的画面，既不符合实际情况，又会给人眼花缭乱的感觉，特别是在影视广告中，有一些画面是需要“静”下来的，以便提高受众的关注度，增强记忆效果。因此，在动态的构图中也要注重运用从静到动再从动入静的运动过程，遵循动与静相统一的辩证原则。当然，具体的动与静的时间与顺序安排要根据脚本的具体要求而定。

2. 运动的呼应性

影视广告画面中的运动是要有一个呼应性的画面来衔接的，这种呼应关系主要从两个方面考虑。

（1）方向

首先不能随意改变被摄运动物体的方向。如一辆飞驰的汽车向左框外跑去，会在观众心中造成那辆汽车“永久向左跑”的印象。如果接下一镜头是汽车从左方突然入画，观众会认为是另一辆汽车，并有两车要相撞的感觉，所以连接逆向的运动镜头是危险的，如果一定要将改变方向的两个运动镜头相接，中间一定要加一个过渡镜头。

（2）时间

运动是需要时间来展示其过程的，一个连续的动作最好能得到全部的展示。如在记录高尔夫球手扬球杆的过程时，不得忽略球在空中飞行的时间，不可让击球的镜头直接连接球躺在地上的静止画面，一般应加一个球在空中飞的镜头，也可以延长击球或球落地镜头的长度，如让球手击球后仰望天空，让球弹跳着地。

当然，在广告中有时也可以故意通过画面的跳跃，打破动态衔接的原则，达到预期的效果。关于动态构图规律的表现，见案例 4-16。

案例 4-16

案例 4-16 视频

**林肯汽车广告**

广告一开始，展示汽车的动态俯拍镜头，然后展示一家四口开着林肯汽车行驶在公路上，他们把车停放在海边，燃起火把，点燃烟花。广告语：“过年，是一场幸福的冒险，林肯冒险家，刷新年味，时刻高能。”

这则广告中，林肯汽车有动与静的结合，也有运动中的呼应：行驶与停止。这些画面使广告叙事顺畅，又能从多个视角展示产品的特色。

（六）影视广告中创造动态效果的方法

影视广告的最大优势就是以动态吸引受众，逼真地表现产品。影视广告一定要注重对这种动态效果的创造和利用。

1. 让产品自己动起来

产品本身是没有生命的，要让它动起来以吸引受众的眼球，提高关注度，就必须通过创意来设计一些动态效果，如可以在影视广告中把产品设计为道具，通过人物的使用让它动起来；也可以通过拟人的手法，使产品表现出动态来（见案例 4–17）。

案例 4–17

案例 4–17 视频

**任天堂游戏机广告**

镜头组 1：一个女孩站在屏幕前，用任天堂游戏机进行健身运动。

镜头组 2：两个女孩在茶饮时拆下任天堂游戏机手柄欢快地打游戏。

镜头组 3：四个女孩在聚会时用任天堂游戏机欢快地打游戏。

镜头组 4：大屏幕里游戏晋级到了终点，屏幕左下方出现广告语："齐享乐，心相联（连）。"

镜头组 5：展示产品，出现广告语："任天堂，Nintendo Switch。"

这则广告中，产品就是道具，呈现出动态而非静态，这有助于受众注意到产品，使广告效果得以强化。

2. 用镜头运动或特技效果突出广告产品

镜头运动也可以使原本静止的物体表现出动态，如摇镜头、移镜头等，这样，广告中的产品会随着镜头的运动而发生变化，给人以动态的感觉。近年来，随着技术的进步，使用特技制作来突出产品的动态感也很常见（见案例 4–18）。

案例 4–18

**OPPO R7 广告**

案例 4–18 视频

镜头组 1：一滴银白色的水滴旋转成一部 OPPO R7 手机。

镜头组 2：水滴填满屏幕，形成光滑水润的屏幕保护膜。

镜头组 3：OPPO R7 手机 360 度旋转，突出细节。

镜头组 4：旋转停止后，手机下方出现"OPPO R7"的黑色字样。

镜头组 5：屏幕上出现绿底白字的 OPPO 标识及广告语。

这则广告的效果是通过特技制作完成的。广告中的产品像是会运动一样向受众全方位呈现，以传递高品质的信息。

3. 通过景别的转换突出广告产品

如果景别从全景变为中景、近景、特写，就会把观众的注意力逐渐集中于某一点上。其中有一个概念——镜头剪辑率，即单位时间里镜头变化的多少，它是镜头转换速度的反映，也暗示了单个镜头的时间长度，单位时间里镜头数量少，镜头长度相对来说便长，镜头转换速度慢，剪辑率低。反之，剪辑率高。剪辑率的控制不仅关系到观看效果，最重要的是，它决定着画面的节奏感，剪辑率越高、节奏越快，越能表现活跃的情绪，令观众由此体验到不同的感受。如有这样的三个镜头：一是黑压压的游行队伍（远景），二是游行队伍中的局部（小全景），三是游行队伍前面的领袖人物（全景），这三个镜头基本处于完全静态，但将它们连接在一起，会使观众产生逐渐接近游行队伍的动感，即在视觉效果上产生了动态的感觉。关于景别变化的表现，见案例 4-19。

案例 4-19

案例 4-19 视频

**北汽卡路里皮卡王牌 MPV 广告**

镜头组 1：一个男人把海鲜货物搬上皮卡。

镜头组 2：一个男人正在开车，车头特写。一男一女在车内交谈，背拍近景。

字幕 / 画外音：“我想陪你，全力以赴。”

镜头组 3：一辆白色卡路里皮卡的俯拍远景、侧拍大全景和正拍全景镜头。

字幕 / 画外音：“也想陪你，闯出新路。6 万级舒适乘用大皮卡。”

镜头组 4：一辆蓝色卡路里皮卡全景。

字幕 / 画外音：“卡路里。”

镜头组 5：墨绿色、蓝色、红色卡路里皮卡的俯拍大全景镜头。

字幕 / 画外音：“为生意注入热量。”

镜头组 6：蓝色和红色的卡路里皮卡行驶在宽广的公路上。

……

图 4-7 北汽卡路里皮卡王牌 MPV 广告截图

这则广告中，主要有几处景别的变化，表现出产品运动的状态，如皮卡开始出现时是车头特写，在后面的镜头里景别扩大为远景，皮卡的全貌得以呈现，接着是侧拍大全景，然后是正拍全景……这些景别的变化，不仅表现了产品的运动，展现产品的品质、风格，而且构成了作品叙事的重要环节，给受众留下深刻的印象。

## 第二节　影视广告画面的色彩

色彩是影视广告画面的主要构成元素，也是影视广告冲击力和感染力的重要刺激元素。色彩不仅是影视广告视觉传达的重要信息，也是吸引观众的元素。同时，色彩还具有心理和情感方面的特殊含义，因此，可以传达心理和情感方面的信息。每个影视广告作品都有一个与主题相对应的情绪基调和情感倾向，如浪漫、快乐、郁闷、悲伤等。而在具体的画面表达中，最重要的是把反映情绪基调和情感倾向落实到镜头画面的色彩设计上。

### 一、色彩基调

在镜头画面构成中，当不同颜色的色彩构成统一、和谐的倾向，并统归到某一色调的统摄之下时，这种颜色的显现便是画面的色彩基调。所谓色彩基调是指关系密切的一组色彩，在一组镜头画面、一场戏、一个段落乃至全篇中所形成的色彩倾向，即色彩的总体特征。色彩基调是表现主题情绪的手段（见案例 4-20）。

**案例 4-20**

案例 4-20 视频

**光明如实优酪乳广告·公交车篇**

镜头组 1：一个身着白色上衣的女孩手握一瓶光明如实优酪乳坐在公交车上。

字幕："爱自己。"

镜头组 2：女孩拿起优酪乳喝了一口。

字幕："爱上零蔗糖。"

镜头组 3：一瓶白色的优酪乳落在牛奶中，渐渐沉入，被牛奶包裹。

画外音："如实优酪乳，纯净配方，零蔗糖，纯净如实，珍贵如初。"

镜头组 4：三个款式的优酪乳的定格画面。

画外音："畅饮瓶新上市。"

镜头组 5：白色背景下展示京东和光明的标识以及京东生鲜的搜索栏。

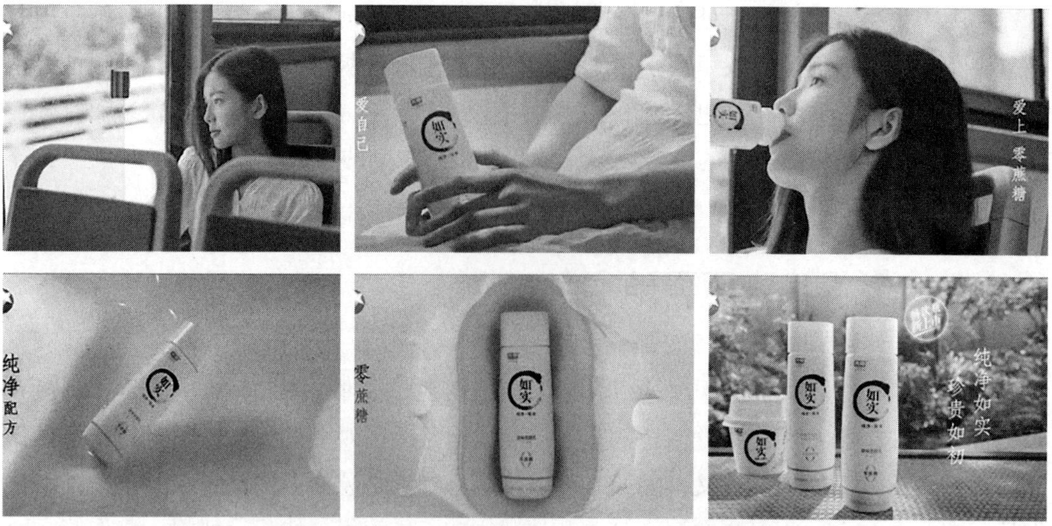


图 4-8　光明如实优酪乳广告・公交车篇截图

这则广告中，人物模特的服装、产品及品牌都突出了一个主色调：白色，这使受众印象深刻。

## 二、色彩在影视广告中的作用

在影视广告中，色彩在塑造广告的环境和情调、突出产品和品牌的视觉效果等方面有积极的意义，概括地说，有三种作用：

### （一）造型作用

色彩造型是色调在造型上的首要任务，即表现实物对象的存在形式，并且在心理上准确地感受到实物对象的意义（见案例 4-21）。

案例 4-21

案例 4-21 视频

**娃哈哈冰红茶广告**

镜头组 1：橘红色背景前面，一瓶娃哈哈冰红茶出现在聚光灯下，四周冲出白色的水花，打开瓶盖，红茶喷薄而出。

画外音："香醇红茶。"

镜头组 2：白色冰块放入杯中，红茶倾倒在冰块上。

画外音："0 脂畅饮。"

镜头组 3：白色水滴被滴在浅黄色的柠檬片上，柠檬落入红茶之中。

画外音："柠檬果味。"

镜头组 4：柠檬和冰块在红茶中旋转。

画外音："冰爽十足。"

镜头组 5：一瓶冰红茶在冰块上跳动起来，一瓶瞬间分成三瓶，并呈扇形排列。

画外音："娃哈哈冰红茶，清凉畅快，冰爽好味。"

这则广告中，冰红茶、冰块、柠檬等都是通过不同的色彩造型，让人们从心理上感受到广告所要传达的主题：冰爽和高品质，给人以感官刺激。

（二）深化广告主题

每个广告都有一个主题，色彩会与广告中的其他元素相配合来突出这个主题（见案例 4–22）。

案例 4–22

案例 4–22 视频

**妙可蓝多奶酪棒广告 · 孙俪篇**

镜头组 1：孙俪身着红色上衣对着屏幕说："过节送礼，妙可蓝多。"两边同时显出相同字样的红色对联。接着，出现产品特写，以及"妙可蓝多奶酪"字样。

镜头组 2：她拿起红色包装盒的妙可蓝多奶酪棒，对着屏幕说："妙可蓝多奶酪，祝您福气多多！"她旁边身穿红色衣服的小男孩举起一盒妙可蓝多奶酪棒紧接着喊出："健康多多！"

镜头组 3：孙俪带领三个身着红色衣服的小孩，每人手拿一盒妙可蓝多奶酪棒对着屏幕说："送礼就送妙可蓝多。"

镜头组 4：产品特写标识及字幕"奶酪就选妙可蓝多"。

图 4–9　妙可蓝多奶酪棒广告 · 孙俪篇截图

这则广告的主题就是过节送礼，所以许多元素用到红色，从而表现出节日喜庆的主题。

（三）塑造人物形象

不同的人物形象、不同的生活背景、不同的命运体现都是通过不同的色彩展现出来的。其实，这本身符合了心理学的要求，也与现实生活一致，如活跃向上、乐观开朗的性格一定是丰富明亮的色彩表现。相反，郁郁寡欢、内向深沉的性格也一定是以暗淡色彩或单一色彩出现的。影视广告可通过艺术化的加工，用色彩展示人物的形象（见案例4-23）。

案例 4-23

案例 4-23 视频

**脉动广告·探险篇**

镜头组 1：刘昊然和他的伙伴利用绳索从地面跳到一个深洞穴里。

镜头组 2：二人走进一座地下古墓，前去探险。

镜头组 3：推开古墓大门，映入眼帘的是瀑布下面的一瓶脉动。

镜头组 4：刘昊然拿起脉动饮料畅饮起来。

镜头组 5：脉动饮料细节的特效镜头。

字幕 / 画外音：富含 4 种维生素，大口畅饮，状态全开。

镜头组 6：刘昊然喝完饮料，对导演说：“导演，再来一条。”

镜头组 7：瀑布前的脉动饮料特写，以及字幕“0 糖新品”“脉动由我”。

图 4-10　脉动广告·探险篇截图

这则广告中，明星是中心人物，是情节发展的主线。为了塑造他的形象，选用了他拍戏的特定场景，使用的色彩大多是浅色调，既突出了人物的稳重，也陪衬了品牌包装的深蓝色，从而更明确了广告主题。

（四）突出主要细节

通过不同的色彩搭配，在画面中强化重要的信息内容，突出广告产品的优势细节，是运用色彩的又一主要意义（见案例 4-24）。

案例 4-24

案例 4-24 视频

## 君乐宝简醇酸奶广告

镜头组 1：周笔畅身穿白色衣服坐在钢琴前面说："大家会不会喜欢这首歌呢？"

镜头组 2：一个女生用手拿起一瓶简醇酸奶递给周笔畅。

画外音：放下负担会更好哦。

镜头组 3：周笔畅喝下酸奶，四周浅白色的淡色调变为金黄色的深色调，身着白色衣服的周笔畅被定格拍照。

字幕 / 画外音：简醇 0 蔗糖，轻松无负担。

镜头组 4：周笔畅手拿一瓶简醇酸奶，递向镜头。

画外音：0 蔗糖酸奶全国销量领先（配以粉丝尖叫声）。

镜头组 5：画面左侧，周笔畅手拿一瓶简醇酸奶说："怕蔗糖，喝简醇。"右半边白色背景上方字幕："怕蔗糖，喝简醇。"下方是三种款式的简醇酸奶。

这则广告中，歌手的服装、产品、字幕等都是体现品牌特色的白色，其他则是深色调，整个画面构图顺畅，重点突出，细节也都得到了关注，给人留下深刻的印象。

（五）平衡画面构图

画面构图中色彩的表现是有依据的，它不仅要从广告创意和表现要求出发，而且还要考虑画面内容的主次关系、对称关系、平衡关系等。画面的色彩构成就是对色彩的谋篇布局，使其和谐而统一地组合在一起，并达到塑造形象、创造情境、突出主体的作用（见案例 4-25）。

案例 4-25

案例 4-25 视频

## 金纺衣物护理液广告·迪丽热巴篇

镜头组 1：迪丽热巴身着淡粉色连衣裙站在镜子前面，被一朵朵跃动的紫色薰衣草花朵环绕。

画外音："打开花香新世界。"

镜头组 2：金纺衣物护理液特效细节展示，每一滴洗衣液中都包裹着紫色薰衣草。

画外音："全新金纺衣物护理液，含天然鲜花精油，香氛胶囊缓释科技，衣物 7 天留香。"

镜头组 3：迪丽热巴和几个身着浅色衣服的女孩在室外跳舞，紫色薰衣草花朵环绕着她们。

画外音："点滴精致，悦己动人。"

镜头组 4：迪丽热巴被薰衣草花围绕的定格画面。

字幕："点滴精致，悦己动人。"镜头右侧是金纺衣物护理液的产品展示。

画外音："金纺。"

这则广告中，为了突出洗衣液的香味和品质，把紫色薰衣草花作为主体元素呈现，而其他陪体则都是淡色调，从而使整个画面在色彩构图上显得干净、清楚又有美感。

### 三、色彩在影视广告创作中的设计原则

在影视广告中，为了使色彩发挥更好、更有意义的作用，色彩选择必须遵循一定的原则。

（一）服务广告创意的原则

任何一则影视广告在选择色彩和确定色调的时候，首先要考虑和遵循的是广告创意。色彩要为创意服务，只有表现创意思想和主旨，才有存在的意义和价值。这就要求色彩的选择要达到符合创意与表现一致的效果。如统一鲜橙多的一则影视广告创意，是通过一个欢快的场景来完成信息传递的，这时的色彩要选择体现欢快主题的彩色和亮色；而经典的南方黑芝麻糊影视广告则是通过一个怀旧的故事来展现品牌魅力的，整个创意的色调就选择了富有怀旧气氛的昏黄色调。

（二）针对目标受众的原则

影视广告在构思创意时一定是分析了目标受众的心理的，这是必要的前提和基础，是广告创意准确和表现成功的保证。而在分析目标受众心理时，首先应该考虑到他们对色彩的喜好和偏爱。如儿童类产品的目标受众有年轻的父母，也有儿童，儿童天真、活泼，自然喜欢看到广告的主色调亮丽、多样，而年轻父母也愿意通过广告和产品看到亮丽的色彩，它代表着儿童的快乐成长和聪明可爱的形象。因此，针对这样的目标群体，选择色彩鲜艳、色调多样的方案是必然的。对于药品的目标受众而言，他们多是急需安全、快速并有效地治疗自己的疾病或帮助亲人、朋友等解除病痛的，所以此类广告中的色调要单一、稳重，以传递真诚、中肯的态度。

另外，就不同的国家和民族而言，对色彩的理解存在差异。因此，在影视广告创作中，还要考虑到民族心理和文化在色彩认知及理解上的区别，以免造成广告的失效或误解。如在我国，红色是代表喜庆、热情的颜色，被广泛用于节日、庆典等广告宣传中，但有些国家把红色视为血腥、暴力，与我国的民族色彩心理有极大的反差，因此，在应用时就要注意区分。以我国为例，主要的色彩心理如下：

红色：活泼、热情、忠心、愉悦

橙色：喜悦、友善、温暖、和睦

黄色：怀念、幽默、怜爱、羡慕

粉色：动心、温馨、柔美、初恋

白色：尊敬、坦诚、高雅、纯洁

紫色：华丽、浪漫、高贵、独特

总之，只要符合了广告创意要求并考虑了背景特点，那么正确使用色彩去表现广告信息，展示影视广告中色彩的魅力是可以做到的。

（三）适合产品的原则

不同的产品会有不同的色彩差异，影视广告在选择时应该予以考虑。一般情况下，影视广告中的色彩运用主要有以下表现：

（1）工矿机电产品——在这类产品的广告诉求中，要注重讲求科学，给人以实用与效益的色彩视觉效果。因此，多用稳重、沉静、朴实的色调，稍加有活力的纯色，如红色、黑色、蓝色，给人以坚实、耐用的感觉。

（2）服装——在这类产品的广告诉求中，要注重讲求时尚与品位，因此，多取高雅的色调，其中，男性服装以硬色调体现阳刚之气，女性服装则取柔色调，烘托舒柔之美。

（3）食品——在这类产品的广告诉求中，要注重强调安全、营养、美味，因此，多选用暖色和亮色系列，如橘黄色、橘红色等。

（4）化妆品——在这类产品的广告诉求中，要注重强调肌肤美容功能的提升，因此，多选用中性调和素雅色调。如淡淡的桃红色，给人以健康、优雅与清香感。

（5）玩具、文具——在这类产品的广告诉求中，要注重讲求趣味与活泼感，因此，多选用鲜艳活泼的对比色调。

（6）药品——在这类产品的广告诉求中，要注重强调安全与健康，因此，多取中性系列偏冷色调，给人安宁不躁之感；蓝色、银色给人以安全感，而红色、金红色，会给人以阳光充盈、健康与活力的感受。

总之，色彩和色调的选择需要遵循一定的原则，以保证更好的广告效果。

## 四、色彩在影视广告中的运用

（一）运用色彩挖掘创意

色彩作为影视广告的重要构成元素，其本身就是挖掘创意的一个着眼点。运用色彩本身的表现力、吸引力和冲击力等特色来创作影视广告，也就成了常见的手法（见案例4-26）。

案例 4-26

案例 4-26 视频

**百事可乐广告 · 打开百事，把乐带回家篇**

2022 年，百事可乐的一版 30 秒的广告片由三个篇章组成。每个篇章都有一个主题颜色——蓝色、绿色、橙色，三种颜色分别对应三款产品。

蓝色篇章中，一个小男孩身着蓝色上衣，手拿蓝罐百事可乐递给爷爷说：“爷爷吃年夜饭了。”小男孩看到了桌子上的大幅中国画，他透过爷爷的放大镜看到了一只舞动的狮子和一个舞狮人。然后，画中的狮子和人都活了起来，身着蓝色衣服的王嘉尔舞动着一只蓝色披挂的狮子。画外音:“金狮献瑞，百事可乐。”

绿色篇章承接蓝色篇章，身着蓝色衣服的邓紫棋站在龙门擂台上，一只锦鲤从天上飞过，刘浩存身着绿色衣服，手拿绿罐7喜，被一群身着绿衣，手拿绿色绒扇的女孩环绕，画外音:“锦鲤相伴，七喜临门。”

橙色篇章承接绿色篇章，绿罐7喜和橙罐美年达碰在一起，身着橙红色衣服的王源一声呼哨，一只橙色的喜鹊翩翩飞来，画外音:“喜上眉梢，美年腾达。”

全家聚餐碰杯，画外音:“新年就要百事可乐，打开百事，把乐带回家。”

这三个篇章分别代表了百事可乐的三款产品，利用色彩的吸引力来招揽消费者，无疑是广告创意中最直接且最获益的一种办法了。

所有的广告都是用色彩来表达的，使受众感受到色彩的魅力，这与生活的多彩、绚烂、活力等快乐元素是相一致的，也是这些生活特性的最好表达。

（二）运用色彩完成表现

色彩的作用主要是通过画面的表现来完成的，一方面它承担完成创意表现的责任，另一方面通过它自身的表现意义来传达信息和感染受众。

1. 展现产品

产品本身，包括包装在内，都是有一定色彩的。在影视广告表现中，展现产品自身的色彩，不仅能表现产品本身的魅力，往往还会让受众感受到产品的存在和质地，从而拉近产品与受众的心理距离，完成影视广告表现产品的作用（见案例4-27）。

案例4-27

**蓝月亮运动型洗衣液广告**

案例4-27视频

镜头组1：身着一身绿色运动衣的儿子和身着绿色运动短裤的父亲在一起打篮球。

画外音:“运动人群，爱出汗。”

镜头组2：蓝月亮运动型洗衣液的特效细节展示，绿瓶和绿色背景十分显眼。

字幕/画外音:“蓝月亮，运动型洗衣液，去汗味，抑汗味。”

镜头组3：父子两人手拿篮球欢笑相拥。

字幕/画外音:“流汗不留味。”

镜头组4：绿色背景和绿瓶洗衣液。

画外音:“爱运动，用运动型洗衣液，蓝月亮。”

图 4-11　蓝月亮运动型洗衣液广告截图

这则广告中，产品本身（包装）即绿色，演员则身着绿色运动服，颜色统一，相得益彰；广告还利用了一些视觉特效来突出产品的存在，塑造品牌的形象，如产品包装的细节展示，柔顺的绿布背景等，无疑增添了画面的魅力，提升了观众对品牌的记忆效果和对产品的美好印象。

2. 突出品牌

品牌本身是有色彩的，影视广告在设计时应该考虑到品牌的色彩元素。这是因为，品牌本身的色彩是品牌重要的组成元素，它对受众或消费者都有品牌形象的意义和记忆效果，如可口可乐的红色，本身就是品牌的标识，是消费者记忆的重要内容，甚至是识别品牌的重要元素，它的许多广告中都充分运用了红色主色调，并将其作为广告的基本色调加以强调。近年来，王老吉和加多宝对于“红罐”的品牌色彩所有权之争，也正说明了色彩对于一个品牌的意义不可小觑。因此，为了强调品牌的形象，在影视广告设计时，常将品牌的主色调设计为广告中的主色调，如蓝月亮洗衣液的广告也常是以蓝色为主色调的；或将影视广告中主要元素的色彩设计成与品牌相关的色彩，如人物、背景、道具等，这些元素的色彩也常常会突出品牌的色彩，以更好地传播品牌的意义。

3. 吸引注意

运用色彩吸引注意也是影视广告中常用的表现手法，一般是会将整体的背景色与产品或品牌的主要色彩相区分，以突出重要的信息，但有时也会单独利用色彩的视觉冲击来吸引受众的注意力（见案例 4-28）。

案例 4-28

案例 4-28 视频

**康师傅红烧牛肉面广告 · 张艺兴篇**

镜头组 1：张艺兴身着黑色上衣，内搭红色衬衫，走在红色背景中。

镜头组 2：红色桶装康师傅红烧牛肉面特写，张艺兴面对镜头说："这碗面，属于你我的味。"

镜头组 3：张艺兴在红色背景中打拳，红烧牛肉的细节特写。

画外音："历久弥新。"

镜头组 4：张艺兴右勾拳，泡开的方便面特写。

画外音："温暖有力。"

镜头组 5：张艺兴击鼓。

画外音："不忘初心，逐梦前行。"

镜头组 6：张艺兴戴着黑色帽子在舞蹈。

镜头组 7：张艺兴手托桶装康师傅红烧牛肉面说："英雄方知英雄味。"

镜头组 8：张艺兴对着镜头说："康师傅红烧牛肉面，就要这个味。"

这则广告在产品、品牌标识等方面都对颜色进行了突出和强化，如为了突出包装和牛肉的颜色，广告片中选了大红色的背景和红色的内搭衣服；"康师傅"三个字作为品牌标识，是黑色的字，为了突出这一要素，主人公身着黑色衣帽出场。无论是大红色背景，还是主人公显眼的黑色衣帽，这些元素所产生的视觉冲击都能引起受众关注，借以留下深刻的印象。

综上，对于广告中色彩的价值和意义要有充分的认识，以求在创意和表现中发挥最佳的效果。

**➔启发与思考**

**"中国红"在贺岁广告中的运用**

"中国红"是指代表中国传统文化和华夏民族风格的红色，寓意喜庆、祥和、热烈、欢乐等，在中华民族传统节庆时表现充分（见案例 4-29）。

案例 4-29

案例 4-29 视频

**央视春节广告·十二生肖篇**

镜头组 1：……红色轮廓的"春节"二字出现，十二生肖动画娃娃从后跳出……

镜头组 2：……大家一起来到绿色的农田，摘下许多蔬菜……农家院门口挂着红色灯笼……

……

这则广告中，红色是主色调，喜庆的年味十足，符合中国传统节日的特色，表达出欢乐祥和的心情。

## 思考题

1. 影视广告画面构图的基本内容及表现形态是什么？
2. 影视广告画面中色彩运用有哪些意义？
3. 影视广告画面的视觉造型有哪些意义？
4. 结合影视广告案例分析其画面的构图与色彩运用的特点及意义。

# 第五章 影视广告中的声音

**本章重点**

- 影视广告中声音的类型、作用及创作原则
- 影视广告中的声音蒙太奇

影视媒介具有既可看又可听的特点，在广告设计中，如果我们忽视了对听觉形象的营造，便是浪费了它的优势资源。曼尔玛·赫伊拉曾说：“不要卖牛排，要卖煎牛排时的嗞嗞声。”这句话强调了音效在影视广告中的作用。通常一条广告会借助一曲美妙的音乐、一句韵味十足的口号、一个超强刺激的音效等，给人留下深刻的印象。

## 第一节 影视广告的声音概说

声音是影视媒体的重要元素，也是这一媒体产生强大刺激效果的重要表现。心理学研究表明，如果只看画面而听不到声音，人的接受心理会受到很大的影响。因此，在影视广告中，如何很好地发挥声音的作用是一个重要问题。

### 一、影视广告中声音的构成

影视广告中的声音指影视广告中的听觉部分，主要包括人物语言、音乐和音效三个部分。

### 二、影视广告中声音的作用

影视广告中声音的作用很重要，主要包括结构上的作用和内容上的作用两部分。

（一）影视广告中声音在结构上的作用

声音与画面相互配合，在结构上起到完整而顺畅地表达广告创意的作用。

1. 省略画面、节省时间

在影视广告中运用声音代替画面，引发观众的想象，可以省略很多视觉画面。这一手法的运用，一方面可以使画面语言极为精练；另一方面可以拓展画外空间，丰富作品的内容，给观众以想象的余地。由于影视广告本身受时间的限制，镜头画面不能太多，声音的省略作用尤其重要（见案例 5-1）。

案例 5-1

案例 5-1 视频

**日本住宅广告**

镜头组 1：字幕："我还记得两个人第一次来到这里的样子。"画面中，地板上有一男一女的两双鞋子，背景音有小鸟叽叽喳喳的叫声。字幕："一起度过了很多快乐的时光。"画面中的鞋子变成了出席不同场合的 7 双，背景声音有男人女人的欢声笑语和柔情的钢琴音乐。

镜头组 2：字幕："家里诞生了一名新成员，我也很高兴。"画面中的鞋子变成了男人、女人和孩子的鞋子，背景乐里伴有婴儿的啼哭声，孩子的鞋子变成小女孩的粉色皮鞋，婴儿的啼哭声变成了小孩的笑声。字幕："感谢这些热闹又快乐的日子。"

镜头组 3：画面中的鞋子从少变多，包括女人的鞋子和孩子们的鞋子，背景音有孩子们的欢乐声。接着，画面中的鞋子变成了一家三口的鞋子，背景音有女人的欢笑声。字幕："但是，大家争吵的时候，我也很伤心。"争吵后，孩子的鞋子远离父母的鞋子，并听到一声重重的关门声。一家人和好后，三双鞋子摆在一起。字幕："终于和好了，太好了。"

镜头组 4：字幕："穿着振袖和服的样子好漂亮"，画面中出现成人礼时要穿的鞋子。父母的鞋子放在一边。字幕："又度过了几个春夏。"之后，小女孩的平底鞋变成了高跟鞋，父母的鞋子摆在一旁。钢琴音乐变得稳重，字幕："虽然发生了一些变化，"画面中变成四双鞋，父母的鞋在一起，女儿女婿的鞋在一起。字幕："但是，不管什么时候，我都想成为让大家安心的地方。"鞋子变成了两双老年鞋。镜头一转，鞋子变成了 5 双，女儿带着孩子和老公回家了。

镜头 5：房子矗立在蓝天下，房子里传来孩子的欢声笑语。字幕：今天也幸福地欢迎你回家。

这则广告，以一个住宅的口吻，讲述了它陪主人公度过了人生的每个重要时刻和一个家庭的成长，传达了这则住宅广告的核心理念"无论何时，家永远都在。今天也幸福地欢迎你回家。"广告只是通过声音带动画面，精准地表达了主题。漫长的人生在声音变化中延续，由此，声音起到了极好的省略画面、节省广告时长的作用。

2. 连贯画面、推进情节

在画面与画面或镜头与镜头的衔接上，声音的连贯可使观众感到非常流畅自然，觉察不到剪接的痕迹（见案例 5-2）。如上一个镜头中主人公走出房门，接着汽车声传来，下一个镜头是伴随汽车行进声和刹车声，主人公走入房间。这些汽车声具有连贯性作用，也叫声音的桥梁。

在影视广告中，声音的桥梁用处很大，如在“剑南春广告”中，以画外音解说为线索，把“在唐代”“在宋代”“在清代”“在现代”不同时期酒的历史连起来，全面体现这一名酒的悠久历史。

案例 5-2

案例 5-2 视频

**雷诺考特鼻炎喷剂广告**

镜头组 1：半夜，年轻女子被鼻炎折磨得翻来覆去，床头柜上都是她擦鼻子用的纸。

年轻女子独白：“鼻炎来袭，状态掉线。”

镜头组 2：出现产品及标识，用动画手法展示产品治疗过程。

旁白：“雷诺考特全新升级，细密喷雾，对抗 12 种诱因引起的多种鼻炎症状。”

镜头组 3：女子鼻炎消除之后，轻松办公，生活娱乐。

旁白：“雷诺考特对抗鼻炎，状态时刻在线。雷诺考特。”

这则广告中所有的画面按照情节顺序展开，而独白及旁白则是连贯画面、推进故事完成的重要因素。

3. 帮助转换画面和强化情绪改变

影视广告中的画面需要转换时，要有过渡性的元素加入，声音就是很重要的代表之一。同时，为了强化剧情中人物情绪的改变，可以以声音的变化来配合完成，加深受众的印象（见案例 5-3）。

案例 5-3

**度小满广告**

镜头组 1：一个打工仔在打电话：“喂，最近手头宽裕不？”然后，捂住话筒，紧张地说：“不行不行，太直接了。”然后，再次拿起电话，小心翼翼地问：“喂，刘哥，你能不能借我……”再次放下电话，着急地摩拳擦掌，自言自语：“这也不合适。”

镜头组 2：打工仔再次拿起电话：“诶，刘哥……”这个时候电话突然变成人，笑着抢过话筒，自己拨了一串号码，然后将话筒递给打工仔。话筒里传来：“快用度小满，用钱不求人。”打工仔惊讶地看着电话，然后放心地笑了。

这则广告中声音变化很多次，都是配合了画面的转换和故事的发展，强化了事件中人物的情绪状况，给人们留下了深刻的产品印象。

（二）影视广告中声音在内容上的作用

影视广告中声音在内容上的作用是指声音与画面的内容相互配合，完成一个特定意义的表达。

1. 增强现场感，渲染气氛

影视广告以声音的变化效果辅助情节的推进。声音能增强现场感、强化画面的效果，给人以身临其境的体验（见案例 5-4）。

案例 5-4

案例 5-4 视频

**公益广告 · 拒绝微驾驶**

一个手机微信的界面，显示与“老婆”的对话内容。背景音是一辆车开着大灯在手机微信对话界面上疾驰的声音，伴随着接收和发送与老婆微信对话“嗖”“叮叮”的声音以及路上车辆的嘀嘀声。车辆穿行于对话的表情、文字和语音对话的边框，左拐右绕，不时还有急刹车的情况。最后，“嘭”的一声，车辆撞破了老婆发送的对话框，上面写着：“慢慢开，我等你……”

这则广告完全运用声音营造了驾驶车辆的丈夫开车时使用微信聊天的情景，各种声音和音效的使用，配合动画的形式，充分体现了生活的现场感，让人有身临其境的感觉，很好地将受众带入广告中，由此提升了广告的效果。

2. 表达情感体验，增强记忆效果

有时一些声音已经形成了特定的内涵，以此来表明受众的心理体验，以吸引注意力，强化记忆效果（见案例 5-5）。

案例 5-5

案例 5-5 视频

**SK-II 新一代小灯泡广告**

镜头组 1：汤唯伸手去拿新一代 SK-II 小灯泡，拧开瓶盖并拔出，拔出来的一瞬间，瓶内的光“唰”的一下冒出来（音效：唰），光把汤唯的脸照亮了，同时周围的小灯泡也都被照亮了（音效：嗡）。

解说词：新 SK-II 小灯泡，尽现晶透光蕴。

镜头组 2：汤唯的脸自然白皙有光泽。

字幕：“即刻提亮肌肤，4 周亮肤淡斑。”（音效：光闪过的嗡嗡效果音）

解说词：肌肤由内而外，白到自发光。

镜头组 3：小灯泡产品。

字幕：“NEW 小灯泡。”（音效：嗡）

这则广告主要依靠解说词和音效来表达产品能使皮肤达到白到自发光的功效。广告的构成要素非常简单、清楚，充分利用了声音与画面的巧妙组合，给人以新奇感，声音与画面相互补充，增强产品主题的记忆效果。

3. 吸引注意力，激发联想

影视广告通过声音来吸引受众的注意力，特别是在开始的镜头中，这一点对整个影视广告的收视特别有意义。同时，声音可以激发受众的想象力，很多影视广告通过声音与画面的配合来激发想象力，体现产品使用的效果（见案例 5-6）。

案例 5-6

案例 5-6 视频

**美汁源葡萄气泡水广告**

镜头组 1：美汁源葡萄气泡水产品在袋子里，一只手伸进去将其拿出。伴随着音效声，一个女孩举起气泡水喝下去，女孩的周围被小气泡包围。

镜头组 2：伴随着轻快的音乐，镜头中的小气泡来到葡萄架下的一串绿葡萄上，绿葡萄掉进葡萄果汁里，冒出小气泡，画外解说："自然水果，清新。"此时葡萄分解成果汁，变成无数旋转的小气泡，解说词："隐匿气泡，清爽。"

镜头组 3：画面变成绿色果园，女孩举着气泡水转圈圈，解说词："美汁源果汁气泡饮，果汁加气泡，自然自在。"产品出现，字幕："果汁加气泡，自然自在。"

这则广告中，音乐与画面配合，展示了产品的原料新鲜健康，气泡隐喻清爽，音乐欢快，节奏感强，给人以愉悦的感觉。

4. 提升广告的艺术美

广告的艺术美可以通过很多元素来体现，音乐就是其中一个重要的内容。它与画面结合，增强画面的美感。同时，它还有利于消解广告的商业气息，赢得观众的认同和好感，达到更好的广告效果（见案例 5-7）。

案例 5-7

案例 5-7 视频

**公益广告 · 垃圾在度假篇**

镜头组 1：伴随着欢快度假旋律的音乐，一只塑料袋从沙滩飘向海边。一个个空的矿泉水瓶靠在沙堆上，不远处几个空酒瓶躺在沙滩上。

镜头组 2：海滩上零零散散地铺着五颜六色的垃圾，海浪缓缓地冲过来又退下。

镜头组 3：一支烟头斜插在沙子里，躲在同样插在沙子中带吸管的盖子下吹海风。

镜头组 4：一只破拖鞋斜插在岸边沙滩上冲浪，塑料瓶坐着废弃轮胎在波光粼粼的海面上漂流，岸上的垃圾们你追我赶地冲进海中。

镜头组 5：废弃的红色饮料瓶冲进海水里，空掉的牛奶盒半潜水在海面。

镜头组 6：沙岸上两只塑料袋悠闲地飘扬，夕阳下两个塑料瓶在海风的吹拂下看海。

……

这则广告中从头到尾运用了背景音乐 *Surfin' Safari*，海滩度假的旋律配合拟人的手法，将塑料袋、空水瓶、废弃轮胎、烟头等都变化成有一定寓意的姿势和动作，如你追我赶飘荡在海滩的塑料袋、在沙滩上倚靠或躺着的瓶子等，形象而生动，背景音乐配合恰当，具有感染力，以音乐和画面的反差讽刺人们出游时随意丢弃垃圾的做法，包括声音在内的所有一切都使广告的艺术美表现得清晰明确。

总之，在影视广告中，直观、生动的视觉画面和充满想象性、震撼性的听觉形象互为依存、互相补充，相辅相成，最终完美地传达创意思想，给受众留下深刻印象。

## 三、有关声音的几个重要概念

在分析影视广告中的声音之前，要明确在影视作品中有关声音的几个概念。

### （一）写实声与非写实声

影视广告中的写实声指在画面中自然存在的且同时可见声源的声音。在影视广告中，人物对白、独白和音响是写实声。非写实声则是指后期制作时加进去的声音。如在影视广告中，音效和音乐属于这一类声音（见案例 5-8）。

案例 5-8

案例 5-8 视频

**《同年不童年》央视公益广告**

镜头组 1：幼儿园开学，城市中的小朋友背着新书包被家长手牵手送进幼儿园。留守儿童背着一捆柴自己走向幼儿园，之后，自己背着一捆柴返回家。

声音：背景音乐是《同年不童年》和留守儿童踩过草地发出的沙沙声。

镜头组 2：城市中的小朋友们由父母陪伴着在游乐场玩旋转木马。留守儿童独自在游乐场喂小山羊树叶，羡慕地凝视着城市中的小朋友。

声音：背景音乐《同年不童年》和城市小朋友的欢声笑语声。

镜头组 3：留守儿童在家里脏兮兮的，用手将米粒一颗颗放进嘴里，米饭沾得满脸都是，城市里的小朋友有母亲给洗手。

声音：背景音乐《同年不童年》，以及城市小朋友母亲温柔的教导声。

镜头组 4：幼儿园里午休，小朋友们睡在有围栏的小床上，老师给掖好被子。留守儿童独自在家门口的板凳上穿着秋衣秋裤侧卧着。

声音：背景音乐《同年不童年》。

镜头组 5：幼儿园放学，城市小朋友们兴奋地跑向门口，由父母们领着上车。留守儿童自己在门口倚靠着。

声音：人们的欢声笑语声和背景音乐《同年不童年》。

镜头组 6：城市小朋友坐在车里回家，留守儿童被爷爷用背篓背回家。

字幕：同年不童年，为留守儿童创造平等的学前教育机会。

**图 5-1 《同年不童年》央视公益广告截图**

这则广告中,《同年不童年》的背景音乐和人们的说话声是主要的声音形式，其中，有声源和声音同时出现的写实声，如人物的欢声笑语、踩过草地发出的自然音响等，也有非写实声，如背景音乐，正是在这种声音表现形式的不断变化中，让人们的兴趣点持续保持，注意力始终被吸引，从而达到广告的效果。

（二）平行声与对照声

与发声体同步出现的声音叫平行声。不与发声体同步出现而与其他画面对立的声音叫对照声。区分这两个概念的关键是要在画面中去分析是否发声体与声音同时出现。早期的有声电影只有平行声，当时人们还不知道声画可以分离。后来发现，对照声比平行声具有更广泛、更深刻的表现力。当然，两者可以结合使用（见案例 5-9），这也引出了下面几个概念。

（1）同期声：又叫同步声，即在画面中可见其声源的声音，也可称平行声。

（2）前延声：在表现其声源的画面之前出现的声音。

（3）后延声：表现声源的画面已经转换，但仍然持续着的声音。

（4）画外声：不出现声源画面的声音，即对照声。

案例 5-9

案例 5-9 视频

**飞鹤广告·吴京篇**

镜头组 1：广袤的绿色草原，吴京坐在帐篷前写字。

解说词：我是吴京，走遍世界，我坚信一方水土养一方人。

镜头组 2：两个孩子手牵手跑过来，吴京举起小的孩子，将小的孩子抱在怀里，大的孩子吊在胳膊上转圈。

解说词：这里是中国的北纬 47 度。

镜头组 3：孩子手里捧起一捧黑土，吴京与他互动。一汪泉水涌动，阳光下白鹭在飞，大草原上湖泊弯弯曲曲，草原上奶牛低头吃草。

解说词：肥沃广袤的黑土地，纯净的水质，丰沛的日照，大自然的厚爱，从源头成就了飞鹤专属牧场，鲜奶品质比肩欧盟标准。

镜头组 4：飞鹤奶瓶和奶粉罐摆在桌子上，吴京手牵孩子。

解说词：飞鹤，和我有一样的坚持。

镜头组 5：吴京将飞鹤奶粉从保温箱里拿出来，奶粉罐躺在草地里，奶粉被倒入奶瓶，一滴牛奶滴进去溅起奶花。

解说词：58 年，坚持为中国人研制奶粉。飞鹤臻稚有机，新鲜有机生牛乳制作。

镜头组 6：吴京用手抚摸奶粉罐，宝宝喝奶的画面。

解说词：天然纯净，口味清淡。更适合宝宝娇嫩肠胃吸收。

镜头组 7：奶粉罐立在草地上。

……

**图 5–2 飞鹤广告 · 吴京篇截图**

这则广告中，吴京的讲述主要使用平行声和对照声两种方式，广告中大部分画面是奶粉产出牧场和奶粉罐、奶粉本身等，而声音则是吴京的人声，这就是对照声。临近结尾时，少部分镜头为他的样子和他的声音同时出现，这就是平行声。两种声音交替使用，一方面强化了代言人身份，所讲述的内容更真实可信；另一方面，镜头的变化也让受众更清楚形象地看到和了解产品的生产情况，使信息更丰富真切，也使受众的兴趣得到满足，从而不感觉单调和疲惫，印象更加深刻。

### （三）主体声与非主体声

在影视作品中用来表现主题思想的主要声音，叫作主体声。主体声之外的各种声音，称为非主体声。在进行影视广告声音设计时，应该突出主体声，淡化非主体声，不能主次不分，有声必录（见案例 5-10）。

判断某一声音是主体声还是非主体声，不能根据声音的大小，而应根据当时它对于表现主题思想的重要性来进行。同样是一个起居室的镜头，如果为了表现噪声污染的严重，应把室外的汽车喇叭声、电锯声等噪声作为主体声；如果为了表现电视机的质量，可把电视机的声音作为主体声，其他声音作为非主体声。

主体声与非主体声既有相对之分，也有绝对之分。当人物开始说话时，音效和音乐要退让；当旁白出现时，所有的其他声音都要退让。例如，影视广告中音乐一般处于陪衬地位，当它陪衬语言、音效时，不能喧宾夺主。只有当需要音乐去烘托主题时，音乐才有倾心表述的机会。

**案例 5-10**

案例 5-10 视频

**支付宝广告·相信篇**

镜头组 1：火车的车厢内，字幕显示 2019 年。一位女性坐在车座位上，字幕：支付宝员工，陈晨（化名）；另一位女性坐她旁边，字幕：支付宝实习生，北遥。

画外音：公司十五周年，要写一篇专题，追溯支付宝第一笔交易的幕后故事，在前往会面第一个买家赵振华之前，我梳理当时他们发生的事情，我们想知道赵振华当时为何会相信我们。

镜头组 2：电脑屏幕上的字“15 周年，《奇点：支付宝第一笔交易的背后》我们找到了十五年前第一个使用支付宝的勇士！！！”，以及两人展开对话。

对话：“你实习多久了？”“俩月。”“你呢？待多久了？”“十五年了吧。”“十五年？（实习生自言自语）怎么坚持下来的？”

镜头组 3：行进的列车及字幕：奇点。

镜头组 4：画面转到 2003 年，一个男生匆忙跑下楼梯激动地告诉合作伙伴们。

对话：“有人下单了！要通过担保交易支付。我们有订单了。”“什么？”

……

在这则广告片中，声音不断交替，主体声与非主体声互为补充，并辅助画面真实地表现了每个情节，达到了广告创意的要求。

综上所述，影视广告中声音的形式很多，要对不同的声音进行解读和使用，就必须对这些声音有充分的认识。

## 第二节　影视广告中不同声音的作用及创作原则

影视广告的声音包括人物语言、音乐、音响和音效四个部分。这里的音响是指对音乐、人声混响的处理，故将音响并入音效的内容中分析。这样，声音就只有三个内容了，它们之间互相配合、补充、映衬，又各有不同的作用。

## 一、影视广告中音乐的作用和创作原则

影视广告中的音乐是专为画面配制的歌曲或乐曲，是为广告的目的服务的。而在具体的作用上，它也体现出自己的特色。

### （一）影视广告中音乐的作用

在影视广告中，音乐起到了烘托背景、创造气氛、抒发情感、强化节奏、揭示主题、体现时代感等作用。

1. 戏剧作用

音乐配合画面，创造气氛，演绎各种波折，揭示人物心理，深化作品主题，帮助观众理解剧情，使画面含义得到最好的表达（见案例 5-11）。

案例 5-11视频

**案例 5-11**

**“一带一路”广告**

镜头组 1：淡白色的分屏背景下，一个中国小男孩和一个西方小女孩相对而立。小男孩手中拿着一个高铁玩具模型，小女孩手里拿着一个帆船玩具模型。

镜头组 2：小男孩将手中的高铁模型从画面左侧推向轨道，左侧画面的玩具模型变成了右侧画面中的肯尼亚蒙内铁路上的真实火车。

镜头组 3：小女孩将手中的帆船模型从画面右侧推向画面左侧，帆船从右侧的玩具模型变成了左侧真实的航海游轮。

镜头组 4：分屏画面下侧，码头上的起重机将货物高高拉起，画面上方的希腊小女孩顺势拿起玩具集装箱车，把玩之后推向画面右侧。

镜头组 5：集装箱玩具车从左至右变成了玩具轿车，此时把玩玩具轿车的是非洲小男孩。

镜头组 6：玩具轿车分屏成上下两个画面，画面上方变成了真实奔驰在公路的货车……

镜头组 7：巴基斯坦小男孩“噗”的一下吹灭画面左侧的生日蜡烛，分屏的右侧画面，发电风车被吹到转动。

镜头组 8：由拉台灯的动作转场，一个男生在弹吉他，分屏，画面左侧是弹吉他的男生，右侧是在跳民族舞的女生。

镜头组 9：画面左侧的斯里兰卡老者在码头上拿起鱼，掂量一下扔给了画面右侧的厨师。

镜头组 10：厨师将鱼烹熟，服务员将鱼推向画面分屏后右侧另一个国家的餐桌上。

……

这则广告的背景音乐旋律平静，风格大气沉稳。虽然只有背景音乐和画面，但依然是一次不错的文化审美享受。首先，广告利用分屏的形式，借助动作的相似性，串联分屏画面，以此将不同的国度串联起来。其次，巴基斯坦卡西姆电站、斯里兰卡科伦坡南港、白俄罗斯中白工业园、希腊比雷埃夫斯港、肯尼亚蒙内铁路等在画面内均有展现，这也是“一带一路”的特色标识。再次，整个广告是在分屏画面中国与国之间的交流中展开的，沉稳恢宏的音乐贯穿了全部镜头，起到了构架广告的作用，以此印证“一带一路”不是中国一家的独奏，而是沿线国家合唱的宏大主题。总之，这则展示“一带一路”的广告，以平缓而坚定的音乐基调将中国的发展步伐娓娓道来，充分融合了中西方的文化、传统与现代、运动与静止等元素，创意新颖，表现独特，让人过目难忘。

2. 抒情作用

音乐配合画面，表现广告主题或人物的心情等，以此加深作品的深度（见案例5-12）。

案例 5-12

**日本电力公司广告 · 照亮回家的路篇**

案例 5-12 视频

随着乐曲《回家的路》响起，影片搭配柔和的音乐，把这座微型城市中的路灯、救护车、风车等一一点亮……

这则广告用了名曲《回家的路》，这个乐曲为日本电力公司广告片的原创歌曲，刺绣工艺和现代科技的结合在广告片中大放异彩，创作者运用由日本电力公司 Kandenko 和 FUJIX 合作推出的导电纱线 Smart-X 在羊毛毡上刺绣。当电流通过纱线时，刺绣作品就分别亮了起来。作品中，用这种特殊的纱线在羊毛毡上作画，不仅表达了“每个人都照亮了未来”的主题，也体现了该公司的基本业务：为发电厂、工厂、办公楼、商业设施和医院等地区提供设施建设服务。经过了精心安排的诸多精巧的细节，路树、医院、房屋在线头一拉之后，由平面站立起来，充满了巧思及新奇。广告配合柔和的音乐，给人一种温暖的感受。

3. 强化节奏感

音乐使镜头或画面关系更有节奏性，连贯性和动感性更强（见案例5-13）。

案例 5-13

**百事可乐广告 · delicious 篇**

案例 5-13 视频

镜头组 1：百事可乐易拉罐表面的水珠特写。

镜头组 2：一瓶百事可乐的易拉罐顶部被水珠冲击，一位年轻女性的微笑特写。

镜头组 3：激起的可乐水花随着强音乐舞动。

镜头组 4：年轻女性的嘴部特写。

镜头组 5：可乐液体的舞动。

镜头组 6：年轻女性的眼部特写。

镜头组 7：可乐液体的舞动，以及气泡特写。

镜头组 8：年轻女性举起可乐一饮而尽。

镜头组 9：产品特写、标识及字幕："百事可乐，热爱全开。"

这则广告中，镜头显示了一杯可乐从静止存在到被一饮而尽的过程。音乐起到了连贯镜头和引起注意、激发联想的作用，每一个重音都与可乐被享用时的感觉相结合，利用音乐节奏模仿冰块撞击可乐的声音，冰块撞击玻璃杯壁的声音，以及可乐在口中的气泡爆炸的感觉。有节奏的声音使单一的镜头表现更有意境，而人们对这种意境的关注也引发了其在饮用可乐时的通感。

4. 国际通用

音乐是一种具有国际意义的传播符号，可以跨越文化和语言的障碍，具有较强的沟通能力，特别是对跨国企业的广告来说，用音乐与不同国家和民族的观众沟通有一定的优势（见案例 5-14）。

案例 5–14

案例 5–14 视频

公益广告 · 禁烟名画篇

镜头组 1：动画展示的博物馆中出现满墙的西方名画，有《蒙娜丽莎》《戴珍珠耳环的少女》《马拉之死》《向日葵》等。

镜头组 2：伴随着紧张的旋律，一阵烟雾飘来，闭着眼睛的蒙娜丽莎睁开眼，用手扇动烟雾。戴珍珠耳环的少女被烟熏到翻白眼，保罗 · 塞尚的名画《水果盘、杯子和苹果》中的物品被熏到黯然失色，瓜果腐烂，克劳德 · 莫奈的《撑阳伞的女人》中的女人被烟熏到丢掉手中的伞，牵起地上的孩童逃走，克劳德 · 莫奈的《日出》中的船只、湖面等被烟熏到模糊变形，船只翻倒。约翰内斯 · 维米尔的《倒牛奶的女人》中的女人被熏到抬起头寻找烟雾的来源。此时音乐旋律紧张到极点。

镜头组 3：紧张旋律暂时停止，凡 · 高手捏烟斗吸烟，享受地吐出烟雾（"噗"的一声吐烟雾声音）并再次将烟斗塞入嘴中。

镜头组 4：扭曲的旋律再次逐渐响起，名画《呐喊》中的人被熏到更为扭曲，《吹笛子的少年》中的少年被熏到走出画框外，《向日葵》中的向日葵被熏到凋零，画框中的巴尔达萨雷伯爵一把夺过凡 · 高嘴里的烟，画面变为禁止吸烟的标识。

图 5–3　公益广告·禁烟名画篇截图

这则广告的配乐是央视禁烟广告名画篇的主题曲，旋律时而沉着稳健，时而紧张扭曲，表达了危机、反抗以及渴望逃离二手烟的理念，配合着大量西方名画，以及名画被二手烟熏的后果。广告中以新异的情节、激昂的情绪、震撼的表达和亮眼的名画符号，生动而有趣地传达了禁止吸烟的价值信息，简明明确的旋律、荡气回肠的曲调、妇孺皆知的西方名画都是有国际传播力的元素，正是它们的完美组合成就了其成为禁烟广告中的经典之作。

（二）影视广告中音乐的创作原则

影视广告中的音乐创作有其自身的特点和目的，必须遵循一定的原则。

1. 通俗时尚、易记易唱

影视广告中的音乐作为广告信息传递的载体，最主要的特色就是通俗和时尚，要让受众一听就明白，一听就会唱，才便于受众的记忆和传播。由于时尚和流行的歌曲特别受到人们的关注，因此在给影视广告选用音乐时，可以直接选用此类歌曲来吸引受众，达到传播的效果。

2. 注重引导积极向上、快乐愉悦的心情

音乐对人的心理有一定的影响，不同的音乐可以引起人的心理发生不同的变化。心理学研究认为，人在心情轻松愉悦时，更容易接受外来的信息。因此，在影视广告中，要注重引导受众积极向上的情感，带给受众快乐愉悦的心情体验。同时，这样的音乐也可以让受众体验到使用产品的快乐心情。

3. 音乐要符合影视广告整体的风格

影视广告风格是指它在整体上给人的印象，是通过画面和声音来表现的。因此，广告音乐的选择要考虑它的风格因素，特别是具有典型的民族风情、地域特色的广告，广告音乐就要与之相符合，以保证广告整体效果的发挥。

4. 适合广告商品和目标消费者的特点

广告中的产品和目标消费者的特点，是广告音乐配置时必须考量的因素，如有的广告是体现年轻人快乐、开放、活力满满的风格，有的则体现高档、绅士、贵族的风格，有的是针对老年人的务实、安静、稳定的特点等，因而它们所要配置的音乐就会有差异。如对于目标消费者为年轻人时，可选用时尚、流行、节奏感强的音乐；对于目标消费者为高档商品的消费者时，则要配置以典雅、娴静的古朴音乐或西洋乐；对于目标消费者为老年消费者时，则可以考虑配置戏曲名段、快板评书之类的传统艺术形式等，只有这样，才能更强调产品的特色和针对性，以达到更理想的广告效果。

5. 具有创新性

广告音乐的创作与选用要表现出新奇和个性的特色，尽量与其他广告中的音乐相区别，但许多广告音乐的配置是抄袭其他广告中的音乐。试想一个音乐被用到了很多的不同类的商品广告中，音乐本身的魅力不但得不到体现，反倒会让人反感，这种没有自己特色的广告音乐不如不用（见案例 5-15）。

案例 5-15

案例 5-15 视频

**元气森林 0 糖 0 脂 0 卡广告**

镜头组 1：一瓶巨大的元气森林落在三个男孩中间，年轻男孩举起白色元气森林产品，画面中很多瓶元气森林饮料，字幕：0 糖 0 脂 0 卡。

镜头组 2：三个身穿白色衣服的男孩，举着元气森林做出喝的样子。字幕："我喝元气森林。"

镜头组 3：三个男孩一起边喝边跳。

镜头组 4：一个男孩在外卖美食背景图前方跳舞。字幕："深夜，外卖。"另一个男孩在巨大粉色甜甜圈背景图前跳舞，出现字幕："怕糖，怕腻。"第三个男孩在炸鸡背景图前跳舞，出现字幕："更怕卡路里。"

镜头组 5：三个男孩分别举起水蜜桃味道的气泡水一口喝下，画面中有三种味道的元气森林气泡水。字幕："元气森林 0 糖 0 脂 0 卡。"

歌曲：0 糖 0 脂 0 卡 / 我喝元气森林 /0 糖 0 脂 0 卡 / 我喝元气森林 / 深夜外卖 / 怕糖怕腻 / 更怕卡路里 /0 糖 0 脂 0 卡 / 喝元气森林。

图 5-4　元气森林 0 糖 0 脂 0 卡广告截图

这则影视广告中，三个男孩以此产品（气泡水）中的主角身份出现，而以动画特技形式呈现的气泡水，时尚、激情、欢快的歌曲以及活泼欢快的情节等，共同构成一场充满诱惑的视听审美大宴，满足了购买者的欲望冲动，体现出气泡水（产品）的无穷魅力。

（三）广告音乐创作和选择

广告音乐创作和选择可从多方面入手，常见的考虑因素有以下几种：

1. 商品因素

创作者可从商品本身的特色去进行广告音乐的创作和选择（见案例 5-16）。

案例 5-16

案例 5-16 视频

**花西子广告**

镜头组 1：一叶扁舟在画面左下方，画面右侧出现歌曲名称《花西子》，演唱者周深站在画面中央。

镜头组 2：一只蝴蝶在古琴上振翅。

镜头组 3：透过前景处落地门窗，周深一身古风衣，从画面右侧走向左侧，之后，站在云烟雾绕的船上。

歌词：柳絮轻飘 / 尘世喧嚣 / 逐一退潮 / 伊人脸上 / 一抹笑 / 往梦里找 / 繁花娇 / 苏堤春晓 / 残雪断桥 / 美景醉了 / 往心里敲 / 人在山腰 / 我远眺 / 雷峰夕照 / 西湖边 / 琴音缥缈 / 遇见花西子……

……

这则广告中，广告歌完全是为产品创作的，符合品牌方把东方神韵推向世界的国际化主题。荷花的特写取景构图、露水滚过荷叶、远山烟雾缭绕，还有两人一舟的镜头，很明显和我们传统的中式审美一脉相承。纯正的古典韵味使画面呈现古画的既视感。五种语言在这里融合且不违和，周深的中文歌声扎根于内涵丰富的中国文化，表面温柔锋芒尽藏，内里却坚韧不拔，含而不露，并且将外文歌曲唱出了东方韵味，各种文化在他的歌声里找到了很好的聚合点，实现了和谐地共存、有机融合。这个 MV 的画面和歌声把“水光潋滟晴方好，山色空蒙雨亦奇。欲把西湖比西子，淡妆浓抹总相宜”的意境体现得淋漓尽致。花西子既是产品名称又是歌曲名称，音画结合让更多的外国人感受到真正的中国文化。

2. 人物因素

创作者可从广告片中的人物特色因素入手进行音乐创作和选择（见案例 5-17）。

案例 5-17

案例 5-17 视频

## 杜康酒广告

镜头组 1：伴随着一声古琴音乐，一只仙鹤飞过，一幅青绿山水画出现。空灵的歌喉唱着古调。一位身着长衫的画中之人抚着山羊胡，杜康酒的旗幌子随风飘扬。

歌词调子：山曰嵩邙，水曰伊洛。

镜头组 2：一女抚琴，一女斟酒，男子捋着山羊胡，闻酒香气。

镜头组 3：青绿山水画中一只仙鹤飞过，产品出现。

解说词：酒祖杜康，高端白酒，酒祖杜康小封坛。

图 5-5　杜康酒广告截图

这则广告将古曲的调子作为背景音乐，用“酒祖”来显示酒的历史悠久。古代，古人饮此酒，因此用画中古人来展示人物的身份。古调曲子旋律的配合既符合酒的特色，也符合古人的身份特征。

3. 背景因素

创作者可从广告片中的背景特色因素入手进行音乐创作和选择（见案例 5-18）。

案例 5-18

案例 5-18 视频

## 吉列广告 · 吉克隽逸篇

歌词：I'm my Venus/I'm my fire/At my desire/ 曾经怀疑我的黑 / 难道这是我的罪 / 肌肤都有本色的美 / 是你看我的方式不对 /She's got it/Baby she's got it/ 曾经怀疑我胎记 / 藏起怀孕的纹理 / 是肌肤独特的印记 / 本色自有魅力 /She's got it/Baby she's got it/I'm my Venus/come uncover/my true color/I'm my Venus/I'm my fire/At my desire.

这则广告中，品牌倡导每一种肌肤类型都是美的，真实的自己才是本色之美。吉克隽逸被吉列邀请做 Venus 系列代言人，正是因为她对自己的“黑”不感到自卑，反而随时都散发着自信，正好符合吉列 Venus 系列“还原本色之美”的主题。广告音乐创作则以此为切入点，黝黑的肤色、孕妈的妊娠纹、个人的胎记都不是让女性自卑的理由，传递出“拥抱最真实的自己”的品牌理念。

4. 气氛因素

创作者可从广告片中气氛的特色因素入手进行音乐创作和选择（见案例 5-19）。

案例 5-19

案例 5-19 视频

### RIO 锐澳鸡尾酒广告

镜头组 1：墙上贴满了五彩缤纷的风车，旁边摆满了五颜六色的气球。室外，一群年轻人从写字楼跑出来……室内，几个年轻人拿着气球追逐打闹……

镜头组 2：一群穿着五颜六色的年轻人在街头快乐地奔跑，一个女子端着一盆彩色 RIO 鸡尾酒与朋友们共享。一个年轻大男孩被五彩的氢气球拽飞到天花板。无数五颜六色的氢气球往天空飞去。

镜头组 3：人们用彩纸铺成小路，并沿着小路狂欢着向前走去，周迅喊出：“Let’s RIO”，在人们的狂欢中，白色帐篷被拉开，飞出无数只五颜六色的氢气球。

镜头组 4：五颜六色的 RIO 鸡尾酒冰镇在水中，蓝色的水中出现字幕：“3.8% 低酒精度”。水果切开，出现字幕：“果汁预调鸡尾酒”。周迅拿着蓝色鸡尾酒瓶，画外音：“当果汁邂逅美酒，带来前所未有的味觉体验，让多彩在心头绽放，锐澳鸡尾酒，I love RIO。”

镜头中以彩纸、彩色气球来象征 RIO 锐澳鸡尾酒时尚的包装、缤纷的色彩、口味的多样化。以年轻人寓意活力、时尚、热情、阳光、快乐、自在。背景音乐青春活跃。

这则广告中，画面都是五彩缤纷的，以此展现锐澳鸡尾酒所寓意的活力、时尚、热情、阳光、快乐、自在等，歌词的内容、歌曲的音乐及演唱的风格，充满了阳光、活力的氛围，这首歌就是对这个广告气氛因素的表达，而它本身也参与营造了锐澳鸡尾酒青春活力的气氛。

5. 地域因素

创作者可从广告片中的地域特色因素入手进行音乐创作和选择（见案例 5-20）。

案例 5-20

### 乌龙茶影视广告

广告运用少数民族优美动听的民歌曲调，歌唱乌龙茶产品，表现其地域的特色，鲜明而突出。整个广告片中只有男女两人在唱民歌，其中，女士穿着民族的服装，体现出民族的特点，而男士则穿着长袍，体现出传统和历史悠久的特色。歌词只有几个字：“哎！乌龙茶，开心哎！”画面是几幅乌龙茶产地淳朴的乡村景象，真实而亲切。广告语：“开口便唱自得也。”广告以最简明的方式突出了地方的特色，强化了品牌记忆的效果，让人过目难忘。

6. 心理因素

创作者可从人物心理入手来编写音乐（见案例 5-21）。

案例 5-21

案例 5-21 视频

**OnePlus 8 系列手机广告**

镜头组 1：水面上摆着一张桌子，上面放着 OnePlus 8 系列手机，手机屏幕之内的画面展现一滴水晶分离成枝叶，幻化成水晶蝴蝶飞舞。梦幻般的手机屏幕像套娃一般一个接一个叠在一起，屏幕中的五彩斑斓映在人的瞳孔之中。

镜头组 2：动画版的蝴蝶穿入 2D 世界，由 2D 世界穿越 3D 世界，大千世界五彩缤纷，跟随着蝴蝶一起穿越……

……

歌词：眼所见 / 心所想 / 触不及 / 所以渴望 / 屏之外 / 咫尺间 / 落入无际无边的幻觉 / 一眼万千换一刻无邪 / 月夜星海 / 游鱼飞燕 / 等落日渲染西山的云烟 / 霓虹光点 / 散落于繁华之间 / 浮云流水 / 落花蝴蝶 / 晨昏交替之后四季更迭 / 霎那之间 / 将万物刻入我眼 / 世界之大非你非我非他非真非假 / 如露如电如烟亦如夏花 / 匆匆入目再去丝丝刻画 / 世事风马……

这则广告的配乐《瞳（出类拔萃）》是 OnePlus 邀请歌手周深为其新品 OnePlus 8 系列手机演唱的推广曲。歌曲唱的就是广告情节中所体现的产品特点以及由此带来的人物的心情，以此来说明产品“如露如电如烟亦如夏花”，可以满足消费者的视觉需求。

总之，不管从什么因素着手创作广告音乐，符合实际需要和广告目的才是根本。

（四）广告音乐的产生形式

广告音乐的产生是一个创意过程，主要有以下几个方式：

1. 借用

借用是把现成的歌曲原封不动地用作广告歌曲或背景音乐（见案例 5-22）。

案例 5-22

**（日本）地铁广告 · 父女的风景篇**

案例 5-22 视频

字幕：“（日语）从放开手的那天起，你会去很远的地方吧，”列车的起点是父亲陪伴女儿去东京，父亲说：“我们走吧，”年幼的女儿说：“好远啊！”年轻的父亲轻松地说：“一转眼就到了，等一下。”……列车的中途是女儿离开父亲独自去东京，白发的父亲不舍地说：“东京好远啊！”年轻的女儿说：“一转眼就到了。”父亲说着“路上小心”，下车了，列车载着女儿驶向终点……

这则广告在叙事时，运用了一镜到底的表现手法，由25对“父女”共计50人演出，在两分钟内展示出12年间父女感情的流转演变。广告音乐借用《父女的风景》，歌词本身亦有孩子长大之后与家长渐行渐远之意，同时寄托了希望有一天可以搭乘时光机，成为时空旅行者继续与孩子在一起的愿望。音乐歌词契合了广告主题：只要是爱的人想要去的地方，那就一点都不远。

2. 改编

改编即改造和利用现成的曲调，将歌词编入广告信息（见案例5-23）。

案例5-23

拼多多广告

案例5-23视频

歌词：拼多多拼多多/拼的（得）多省的（得）多/拼就要就要拼多多/每天随时随地拼多多/拼多多。

图5-6 拼多多广告截图

这则广告中，歌曲就是由很久以前流传较广的歌曲《好想你》改编而成的，原歌曲中“好想你”三个字一共出现了55次，大胆又狂热地表达了对恋人的喜爱之情。由于曲调轻快活泼，拼多多版《好想你》突出了一起购物的欢快心情。歌词更简单，节奏感更强，短短15秒，强化了观众对品牌的记忆效果。

3. 创作

创作，即请词曲作家为广告作品谱写一首全新的歌曲（见案例5-24）。

案例5-24

蜜雪冰城广告

案例5-24视频

广告歌唱道：“你爱我，我爱你，蜜雪冰城甜蜜蜜/你爱我，我爱你，蜜雪冰城甜蜜蜜/你爱我（呀）我爱你/你爱我，我爱你，蜜雪冰城甜蜜蜜……”

图 5-7 蜜雪冰城广告截图

这则广告是一个动画类型的广告片，原创的广告歌曲与画面密切结合，很形象地表现了此品牌的甜品种类丰富，由各种口味、多种原料组成，传达出产品健康、可口等信息。

## 二、影视广告中音效的类型、作用及使用原则

音效是指影视广告中的各种声音，有现场录制的，也有后期制作的，其中包括同期声、效果声和模拟声。

### （一）影视广告中音效的类型

按声音的来源分，影视广告音效主要有以下几种形式：

1. 自然音效

自然音效，来自自然界的各种音效，如风声、雨声、雷声等，真实、自然，以营造真实气氛，给人以身临其境的感觉。

2. 生活音效

生活音效源于各种音响录制的效果，即人发出的声音，如哭声、笑声、吵闹声等，是渲染气氛的重要元素（见案例 5-25）。

案例 5-25

案例 5-25 视频

#### 汉堡广告

镜头组 1：牛排在烤火架上烧烤，被铲子铲起来，再次翻贴在烤火架上。

镜头组 2：西红柿被切开，一个多层超级汉堡旋转着出来。蜂蜜流下。

画外旁白："介绍全新的烟火蜂蜜，烧烤鸟。"

镜头组 3：汉堡在黑色背景下，火喷过来。音效——噗噗。

镜头组 4：牛排在锅里炖得冒泡。音效——嗞啦。

画外旁白："果汁扑鼻的火。"

镜头组 5：被切下的洋葱圈，被涂抹果酱的面包片，被翻烤的牛排，被火喷的汉堡。音效——火的噗噗声。

画外旁白："烟火。"

这则广告中，声音中音效的部分是火喷汉堡的"噗噗"声，炖牛排时发出的"嗞啦"声，以此表明产品的特色。

（二）影视广告中音效的作用

影视广告中的音效配合画面，并与其他声音相结合为广告目的服务。

1. 再现性作用

再现性作用，即再现屏幕上人、物及自然界的各种声音，以烘托环境气氛，强化生活气息或地方色彩，增强作品的逼真性和现实感，还可以带来时间感和时代感（见案例 5-26）。如有的电影画面中因为放了定时炸弹后，就会响起计时器的"咔咔"声，特别清脆，以表现某种氛围。有的音效也能创造出一种静的效果，如深夜的猫叫、狼嚎等声音。

案例 5-26

**一带一路广告·水墨篇**

案例 5-26 视频

镜头组 1：水墨晕染出高山小桥流水亭台松树，一行飞鸟飞向群山。

声音：古琴声，鸟鸣声，琵琶声。

镜头组 2：水墨被风吹散晕染成沙漠，一行驼队在风沙中前行。一条丝带挡住视线。

声音：庄重的鼓点声，风沙声，丝带"呼"的一下被风吹起的声音。

镜头组 3：一艘水墨帆船迎面驶来。

声音：鼓点声逐渐密集，帆船行过水面的声音。

镜头组 4：马儿奔跑，汽车奔驰，火车喷着黑烟跑来，飞机飞过。

声音：马儿嘶鸣声，车行驶的声音，马蹄声，火车呼啸声，飞机飞行声，乐队史诗般的合唱声。

镜头组 5：水墨丝绸继续飘，飘出了水堤大坝，飘出了高楼大厦，飘过茫茫大漠，最后水墨丝绸像水滴一样滴落，一辆高铁从桥上穿行而过。

声音：乐队史诗般合唱人声越来越急。

字幕：欢迎光临，一带一路，高峰论坛。

这则广告利用自然音响和环境音响、机械音响等声音与水墨画面相结合的手法，以丝带飘过的路线为引领，再现一带一路在不同的时间、地点下的情景，让人们从中感受到它的声音与运动是一个完美的结合，展示出一带一路的特色。

2. 表现性作用

首先，通过对音响元素的各种不同处理，借助艺术的假定性，可以揭示人物的内心世界。如在影视作品中反映人物焦躁状态时，可借用挂钟不紧不慢的“嘀嗒”声。其次，音响还可以用来表现隐喻、象征性的含义，以体现创作者的主观意念（见案例5-27）。如为三个酒鬼的画面配上猪叫，把两个资本家的争吵声变成犬吠等，以达到幽默效果。又如，广告中煎牛排时的“嗞嗞”声，它的主要功能是增强现场感，提高诱惑力。

案例 5-27

案例 5-27 视频

**诗律红酒广告**

镜头组 1：诗律品牌及两瓶诗律红酒躺在光影变幻的酒盒里。

镜头组 2：两只红酒瓶交换位置，旋转，光影继续在红酒瓶上变换。

镜头组 3：葡萄酒浇在葡萄上，倒进红酒杯中。

音效：酒倒进杯子的哗哗声。

镜头组 4：红酒瓶摆在光影里，红酒杯中的红酒摇晃碰撞杯壁。

字幕：诗律 VERSOS。

音乐：优雅的小提琴声。

这则广告中，音效表现明显，它的意义在于传达产品的美妙联想，表现红酒带给人的优雅心情。

3. 细节之处体现意义

音效如果在影视广告中的细节之处使用得体，会产生重要的作用。对影视广告中细节的把握是国内与国外在影视广告水平上产生明显差距的地方。国外的影视广告往往在细节之处出彩，其中就包括对音效的适当使用（见案例 5-28）。

案例 5-28

案例 5-28 视频

**Intel 广告**

镜头组 1：Intel 标识在画面中央，随着一声音效，Intel 字体变成飞沫并转化成一行字幕：“AN INTEL INSIDE PRODUCTION。”

镜头组 2：一个女特工破门而入，倚在门后，一群男子小跑追来，女子换装，男子推拉门把手准备破门而入。

声音：嗡嗡的音效声，男子推拉门把手的音响声。

镜头组 3：画面逐渐变为电脑分屏画面，女子后退，男子破门而入，与女子一同撞进下一组屏幕变成人形数字代码。

声音：破门而入的撞击声，背景音乐音效声，转化屏幕的特殊音效声。

镜头组 4：人形数字代码继续分屏成电子游戏画面，一群男子追击女特工，女特工身份信息网页弹出，鼠标点击选项，弹出真人画面，换装结束后的女特工从追击男面前大摇大摆穿过去。

声音：电子游戏音效声，鼠标的点击声，背景音乐声。

镜头组 5：电脑中毒一般不间断地弹出新的界面，女特工在不断弹出的界面中持续奔跑，新的对话框弹出，新的画面内容出现。

声音：背景音乐声，新对话框弹出的声音。

镜头组 6：画面转化为全屏的电子游戏作战画面。

声音：电子游戏音效。

……

镜头组 7：Intel 卡片的一小条芯片及品牌标识。

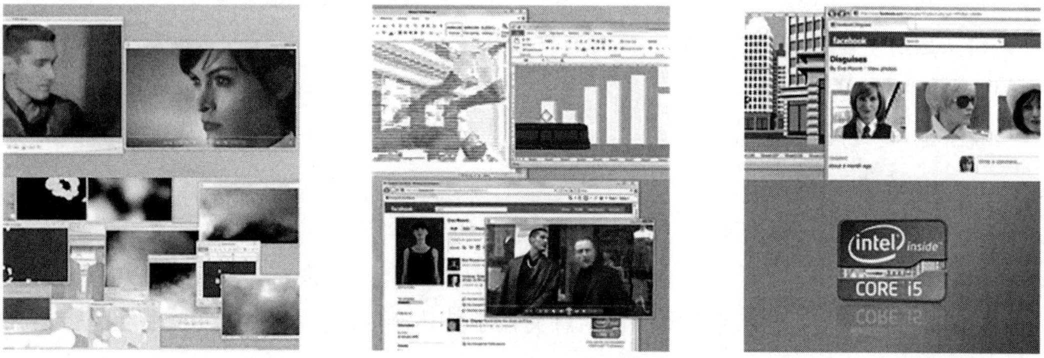


图 5-8　Intel 广告截图

这则广告中，人声、游戏音效、背景音乐和推拉门把手的音响等都从细节之处表现了电子屏幕环境，它的真实性和使人身临其境的效果皆通过这些细致、逼真和形象的音效表现得淋漓尽致，从而强化了广告中的比喻效果。

（三）影视广告中音效的使用原则

影视广告中的音效使用是为特定的广告目的服务的，要遵循一定的原则。

1. 形象逼真、真实可信

在影视广告中，音效往往是与产品密切相关的。因此，使用音效时，要注重它的准确性和真实感，以求能以逼真的形象传达产品的重要信息（见案例 5-29）。如果有杂音干扰，就会影响对受众听觉的冲击效果，还有可能造成误解和质疑。

案例 5-29

案例 5-29 视频

**不忘来时路，奋进新征程**

镜头组 1：黑夜里，狂风呼啸中，一个手举火把的人在前行。

镜头组 2：一望无际的沙漠上行进着一个身影，大风吹，沙粒卷起。

镜头组 3：漆黑的天空，电闪雷鸣，马在嘶叫。

……

这则广告为了表现人们最初奋进在征途中的艰辛，铺垫了许多困难的情境：黑夜、沙漠、狂风、雷雨等，都是运用了音效来表达，使其内容形象生动，真实性强。

2. 符合情节需要

音效的使用虽然相对简单，但也不能随便使用，一定是在情节需要时才适当地制造特定的效果（见案例 5-30），太多无用的音效反而会影响广告的效果。

案例 5-30

案例 5-30 视频

**王老吉广告**

镜头组 1：用铁锅炒菜的特写，锅里一团火焰升起，镜头转场，几个年轻人正围着火锅吃饭。其中一位美女一边用手呼扇着嘴巴，一边说："好辣！"

镜头组 2：产品王老吉出现。大家在开心地喝着王老吉。

画外解说：畅饮夏日冰爽。

镜头组 3：热油浇到美食上和肉串正在烤制发出嗞嗞声。

……

这则广告中，音效主要表现于人物在吃辣和喝产品的声音上，符合广告情节的需要，自然顺畅，也突出了产品"清爽下火"的特点。

## 三、人物语言的形式、作用及创作原则

人物语言是影视广告中声音的一个部分，对整个影视广告有不可忽视的作用。

### （一）人物语言的形式

人物语言的形式包括人物对话、独白、旁白以及解说词等，都是重要的声音元素。

1. 对白

对白指影视作品中人物之间的对话，是作品中的重要内容（见案例 5-31）。

案例 5-31

案例 5-31 视频

**君乐宝小小鲁班儿童奶粉广告**

镜头组 1：熊大熊二和嘟嘟在森林里。

熊大说：上幼儿园了，就喝小小鲁班儿童奶粉。

镜头组 2：熊二和嘟嘟疑惑；奶粉罐周围显示出各种营养成分。

熊二说：特别添加乳铁蛋白，PS（磷脂酰丝氨酸）ARA 等 36 种丰富营养，营养更全面。

镜头组 3：熊大搂着熊二，一起举起奶粉罐。

熊大说：成长关键期，营养不能缺，小小鲁班儿童奶粉专家，全国销量领先。

这则广告中的话语形式就是对白，清楚明白地传达了产品的信息，便于受众理解广告。

2. 独白

独白指戏剧、电影中角色独自抒发感情或表达个人愿望的话，一般由演员独自念出，表现此时此刻的心理、感情等（见案例 5-32）。

案例 5-32

案例 5-32 视频

**RIO 微醺广告 · 张子枫篇**

镜头组 1：张子枫在青梅园进行采摘。

独白：听说，梅子要在八分熟的时候采下才是最好。

镜头组 2：青梅泡在水里，张子枫洗青梅。往酒杯里倒 RIO 酒。

独白：刚刚好的酸，刚刚好的甜，刚刚好的自己。

镜头组 3：张子枫趴在席子上。

独白：微醺，就是把自己还给自己。

镜头组 4：张子枫坐在门口扔梅子玩，屏幕右侧出现产品。

字幕及独白：RIO 微醺，一个人的小酒。

这则广告中张子枫的心声是通过独白的形式表达出来的，强化了她闲适的情绪、悠闲的心理和悠哉的行为，突出了广告产品——RIO 微醺的定位：更关注这些来自心理的真切表达。

3. 旁白

旁白是由画面外的人声对影片的故事情节、人物心理加以叙述、抒情或议论。广告通过旁白，可以传递更丰富的信息，表达特定的情感，启发观众思考（见案例 5-33）。旁白也是画外音的一种。如电影开始前，由旁白来介绍故事发生的背景和主要人物关系等。

案例 5-33

案例 5-33 视频

**美团广告 · 水果篇**

……

镜头组 1：在群山掩映中，一个果园里，人们正在进行采摘工作。

旁白：你帮我们吃到更香甜的水果。

镜头组 2：果农将一箱箱刚采摘的水果搬上运输车。

旁白：我们帮你过上更好的生活。

镜头组 3：一颗颗新鲜的水果，在超市被售货员放进印着“美团优选”的购物袋中，递给顾客。

……

图 5-9 美国广告 · 水果篇截图

这则广告中，没有出现在画面中的人声一直向受众介绍产品，体现为一种旁白的形式，这也是声音在广告中常用的情况。

4. 解说词

解说词是对电视画面内容的解释和说明。其作用一是对视觉内容的补充，让观众在观看画面的同时，从听觉上得到形象的描述和解释，从而受到感染和触动；二是对听觉的补充，即形象化的描述，使听众感知故事里的环境，犹如身临其境，从而达到情感上的共鸣（见案例 5-34）。

案例 5-34

案例 5-34 视频

**华为广告 · Mate50 RS 篇**

镜头 1：深色的背景下，亮黑色的 HUAWEI Mate50 RS 呈现。

解说词：HUAWEI Mate50 RS 保时捷设计，创新双色陶瓷工艺，超微距长焦摄像头，细节纤毫毕见。

镜头 2：产品特效画面：手机内部镜头动态透视图。光束在透视图中穿梭引领视线。

镜头 3：手机内部的冰晶结构。

字幕：35 倍超级微距，100 倍数码变焦。

镜头 4：一条巨长光束向天空射去，一直连接到北斗卫星。

解说词：北斗卫星消息，畅连九霄。

镜头 5：三只不同颜色的手机翻转着出来。

字幕：HUAWEI Mate50 RS 保时捷设计致敬时代。

这则广告主要采用画外解说形式，这种方式传达信息简单明确，无太多声音的打扰，同时画面配合也顺畅，清楚地表明产品的品质，也强调了品牌的信息，达到了很好的传播效果。

（二）人物语言在影视广告中的作用

在影视广告中，人物语言与视觉元素（字幕）有机结合，配合画面及其他视听手段，充分体现广告创意，塑造广告形象，揭示广告主题，使信息内容实现全面、清晰、完善、鲜明的表达，吸引观众的注意，强化观众的记忆，引起观众的共鸣，并唤起观众的购买欲望（见案例 5-35）。

案例 5-35

案例 5-35 视频

**公益广告·妈妈的爱幸福的年**

镜头 1：小女孩摸了一下窗户玻璃上的“福”字，拉着行李箱边跑边喊：“妈妈！妈妈！快呀！”

镜头 2：小女孩依偎在妈妈怀里，在车上看全家福。

画外音：小时候，妈妈的怀抱就是天。

镜头 3：妈妈在阳台上晒床单，小女孩在妈妈的牵引下翩翩起舞。相框里摆着母女二人的合影。

画外音：长大后，天涯路远是思念。

镜头 4：老年的妈妈在屋子里缝制衣服。老人拄着拐杖在八仙桌前打电话。

画外音：灶台，桌边，现在的你守在电话前。

镜头 5：祖外婆拄着拐杖从屋子里出来和周围人问着：“新年好”，“之”字形路上，一辆回乡的车在暮色降临中前行。

画外音：他方，行囊，如今风景掠过是归乡。

镜头 6：祖外婆在村口等到了女儿，女儿给老母亲围上红围巾。祖外婆轻声说：“回家。”

解说词：守候相望，望不尽牵挂长。

镜头 7：外婆搀扶着祖外婆往家走，身后传来外孙女的喊声：“外婆。”

解说词：“万语千言，抵不过一句。”

镜头 8：团圆饭桌上，中年母亲在看手机，年轻女儿抱着孩子喊了声：“妈，我回来了。”

镜头 9：饭桌上，幼年小女儿奶声奶气地喊年轻女人：“妈妈！”年轻女人扭过头来幸福地喊中年女人：“妈～”中年女人扭过头去亲切地喊老年女人：“妈！”老年女人扭过头去大声喊拄拐杖的老人：“妈！”拄拐杖的老人温柔地回应：“唉！”

镜头 10：众人一起看烟花。

字幕：妈妈的爱，幸福的年。

这则广告中，用人物对话和画外解说两种方式来完成信息的传播，在设定的情境中，两种语言形式自然、清楚，所讲述的内容明确、突出，镜头与声音的配合顺畅，让受众很轻松地理解了公益广告的定位：妈妈的爱，幸福的年。

（三）影视广告中人物语言的创作原则

影视广告中人物语言的设计一定要符合创意和画面的要求，不能随心所欲，漫无目的。具体来说，要遵循以下几个原则：

1. 简明扼要，突出重点

由于影视广告时间极短，因此，即使是有故事情节，也不允许有太多的人物对白。人物语言要以服务广告目的为宗旨，提炼广告信息中的核心词语，突出产品或服务的特色，强调需要受众理解和记忆的内容，这是必须遵循的原则。

2. 符合人物身份和受众的特点

在影视广告中，人物要与产品或服务相关联，因此，在人物的语言设计上要考虑其特点，同时也要通过人物语言将受众与产品相联系，如儿童商品广告中可突出儿童的声音特色。

3. 贴近生活，自然亲切

影视广告中人物语言的使用是为了增强广告的生活气氛和感染力，因此，人物的对话也要符合日常的生活情景，这样才能使受众感到亲切可信，自然流畅，切忌故弄玄虚、做作不实（见案例 5–36）。

案例 5–36

案例 5–36 视频

**美的空调广告**

镜头组 1：作文本上写着“我的爷爷奶奶没有故事”。老师喊道（画外音）：“好，下一个，吴晓峰同学。”窗外传来知了声，阳光透过树叶。吴晓峰拿着作文上台，知了声越来越响，台下同学们热得喝水、扇风、擦汗。

镜头组 2：吴晓峰动作迟缓地拿起作文本，说：“我的爷爷奶奶，没有故事。”台下同学一阵哄笑，在台下取笑道：“没有故事！没有故事！”吴晓峰生气地大声喊道：“我的爷爷奶奶没有故事！”老师对着大家说：“嘘！同学们安静一点。”

镜头组 3：吴晓峰捏了捏作文本，小心翼翼念：“嗯，他们，他们平时只会动作很慢。”黑板上出现了粉笔线条画的爷爷奶奶互相搀扶打伞。粉笔线条画的爷爷奶奶从椅子上站起来一步一步顺着台阶往下走。吴晓峰的声音变成了画外音：“不会跑，只会走。”

镜头组 4：吴晓峰继续念：“爷爷说话很小声。”台下的小女孩在本子上看到了动画版的爷爷奶奶，画外音：“他告诉我米饭是怎么来的……”之后，吴晓峰念了很多爷爷奶奶的日常生活。

镜头组 5：卡通版的爷爷奶奶坐在美的空调上，吹着风车，画外音（吴晓峰声音）：“……没有故事是最好的故事。”爷爷奶奶发出嘿嘿的笑声。画面一转，美的空调上插着一个风车，爷爷奶奶吹着空调看电视。奶奶喂爷爷吃水果。

字幕：有些爱藏在家长里短，却能一辈子。如无风般的呵护，无声无息却一直都在。美的无风感空调，无风感，有情感，为你无风。

这则广告中，有人物对话、旁白和画外解说三种语言方式，都与镜头密切配合，生动地展示了产品的特色和功效，广告所设置的情境生活化，语言也表现得很恰当，角色分明，信息清晰，记忆效果好。

案例 5-37 和
案例 5-38 视频

**➔启发与思考**

### 公益广告中的语言魅力

独白是人物心灵的表达，真切、情感充沛，易引发关注。影视广告《勿忘历史·小小讲解员篇》充分运用独白的特色，通过讲解员的自述口吻，阐述了发自内心对历史、对英雄的敬爱之情，动人心弦，发挥了广告中独白最大的价值。

**案例 5-37**

### 勿忘历史·小小讲解员篇

独白：“我是一名小小讲解员，我叫杨双双，我特别喜欢关于战争的书，来到这里，讲一些我喜欢的部分，让更多人了解这段悲痛的历史。冯家峪战斗就特别打动我，没有想到，他们居然能用石头就做成石地雷，赢得了这场战斗，不是每个人都会像他们一样勇敢……”

解说词的形式设计表现出工整押韵的特点，公益广告《社会主义核心价值观》的解说词就很好地利用了这一特色，使内容易记、易传。

**案例 5-38**

### 社会主义核心价值观

解说词：“梦娃醒，太阳笑，中国梦，多美妙，国是家，勤为本，俭养德，诚立身，孝当先，和为贵，善作魂。百年梦，时代潮，齐努力，同奔跑，共祝愿，祖国好。和美吉祥，节节高。”

## 四、影视广告中声音配置的规律

一个影视广告中的声音元素往往不止一个，那么如何将它们与画面进行有效的结合，即如何根据影视广告创意来配置各种声音，主要有以下几种规律可循。

（一）主次律

主次律，即在影视广告中，声音的配置要分出主次来，如果不分主次地所有声音一起出现在画面上，只会造成混乱的效果。当然，这种主次的区分是要根据广告创意的目的要求，也要结合每个画面的具体情况而定，有时在这个画面中是主要声音，到另一个画面中可能就不是了。另外，即使是广告的主要声音也不会在每个画面中都是主要的，主次声音的区分要视具体情况而定（见案例 5-39）。

案例 5-39

案例 5-39 视频

**公益广告·器官捐献——心跳篇**

镜头组 1：一声婴儿的啼哭，父亲抱起婴儿哄着，清脆的钢琴音乐响起。父亲怎么也哄不好婴儿，婴儿越哭越凶。奶奶向婴儿伸出手。

镜头组 2：奶奶用手捂着婴儿头贴在自己胸前，婴儿继续啼哭。年轻女子接过婴儿，婴儿继续啼哭。年轻情侣抱过婴儿，但也怎么哄都哄不好。

镜头组 3：年轻女人抱起婴儿，婴儿依旧在哭。

镜头组 4：中年男子抱起婴儿，心跳声响起（“怦怦”），婴儿哭着哭着听见心跳声。婴儿停止啼哭，表情从好奇到亲昵。

字幕：妈妈的心脏在数月前移植给了他。

镜头组 5：婴儿熟悉这声音，以为见到了妈妈，嘿嘿地笑出了声音。抒情的钢琴音乐再次响起。

字幕：公益广告·器官捐献心跳篇，爱让心跳不止。

这则广告中，独白和背景音乐是两个主要声音，在一开始孩子出来时，婴儿啼哭声是唯一的声音，声音很大。而当心跳声出来时，心跳的声音就是主要声音，孩子啼哭则起到次要的陪衬作用，声音小了许多。在广告结束时，画面中只有字幕，背景音乐和心跳成为主体声，声音也大了一些。

（二）变化律

变化律，即根据画面和情节的需要，声音的配置随之发生变化，特别是在广告片的高潮时，或是要强调产品的特色和品牌时，声音一定要突出和个性化，从而达到吸引受众注意力的效果（见案例 5-40）。

案例 5-40

案例 5-40 视频

**抖音广告**

镜头 1：杨颖开门进入一个像集市一样的场景，抱着玩具兔子。兔子眨了一下眼睛（音效：嗡嘤），小兔子跑开（音效：扑啦啦），杨颖看着兔子跑开撒出来的红包尖叫。

杨颖：哇！兔子灯！来啦！给你看看我的新年玩具。上海人过年喜欢拉兔子灯迎新年，我小时候就是这样拉兔子灯走街串巷去迎福神。

镜头2：杨颖享受着红包雨转圈。

杨颖：红包就跟着进家门，团圆家乡年，分20亿上抖音。

镜头3：春晚标识和抖音标识，以及“春晚独家互动合作伙伴”“团圆家乡年，分20亿上抖音”的字幕。

这则广告中，声音有背景音乐和各种音效，背景音乐贯穿始终，而音效会随着画面的变化而不同，从而营造出逼真的效果。

（三）分立对位律

在影视广告中，画面和声音都有各自的规律、特色和表现方式，同时，它们又密不可分。根据创意的要求和受众的特点，画面和声音要进行合理配合，共同完成广告目标（见案例5-41）。

案例5-41

案例5-41视频

**韩束黑面膜广告**

镜头组1：拍戏打板落下，在聚光灯下，景甜从大门走出来上车。韩束黑面膜产品出现，字幕：“黑面膜。”

景甜的画外音：“一夜没睡，韩束黑面膜1片等于1整瓶精华液。”

镜头组2：黑面膜掉进水中。字幕：“日本备长炭纤维。”无数水滴滴落，字幕：“净·透，润·亮”，景甜从脸上撕去面膜，从车里光鲜亮丽地走出来。一群摄影师追在后边拍照。

画外音：“净透润亮，像睡了美容觉，明星光彩就回来。”

镜头组3：韩束黑面膜产品及标识。字幕：“韩束黑面膜。”

图5-10　韩束黑面膜广告截图

这则广告中只有音乐和画外解说两种形式的声音，都是与画面分离并对照上去的，主要是用以解说画面的内容，配合顺畅、准确，既给受众留下感性的印象，又把信息传达得清楚明确，广告效果较好。

（四）听觉的相对完整性规律

心理学研究认为，人的听觉对于语言和音乐有一种完整性的要求，不完整的声音会让人觉得不舒服，因此，在声音的配置上要注意它的完整性表现（见案例 5-42）。当然，在广告中为了引起注意、诱发好奇心、增强记忆效果，可以在声音的配置上打破这一规律，创造听觉特效。

案例 5-42

案例 5-42 视频

**康师傅绿茶广告**

镜头组 1：在夹杂着鼓点的音乐中，吴磊跑向茶园，纵身一跃，跳进茶园，手夹一片茶叶，说道："茶味好，功夫在茶叶。康师傅绿茶甄选高山云雾茶。"

镜头组 2：吴磊将茶叶飞进绿茶饮料中，饮料柱化身装在康师傅绿茶瓶中。画外解说："原叶萃取，释放天然茶多酚，给你每一'酚'活力。"

镜头组 3：吴磊举着绿茶喝了一口，看着饮料瓶，说："康师傅绿茶，健康活力每一'酚'。"

这则广告中，声音有背景音乐和画外解说，它们都完整地表达了广告的信息。

（五）淡入淡出律

淡入淡出律，即在广告片中声音的变换要有一个过渡的形式，如此起彼伏、此消彼长、前后相继等，这些形式也是符合人们的听觉习惯和规律的（见案例 5-43）。

案例 5-43

案例 5-43 视频

**公益广告·"张关理待"篇**

镜头组 1：伴随着十面埋伏的配乐，一个男人站在浓烟滚滚的洋楼外，大喊道："着火啦，着火啦！"室内男女老幼惊慌逃窜，小姑娘吓得哭喊："妈妈！"

镜头组 2：一个身穿坎肩的男人在楼道里边跑边喊："着火啦！着火啦！"一个阿婆抱怨道："不早说！"然后，将门关上。一个年轻女子开门问道："什么情况？浓烟有害，别乱跑！"男人咳嗽并摔倒："这烟有……毒！"

镜头组 3：阿婆教训道："浓烟有害，硬冲歇菜！"男人问："那应该怎么办呢？"女人大喊："再来！"……女人说道："张"，将头伸出门左右张望火情；然后关门堵缝，说道："关"；男人泼水，女人说道："理"；女人双手叉腰，看向男人，说道："待"。

……

这则广告中，一开始的音乐是十面埋伏的鼓点声，在说到着火时，人声淡入，之后又淡入了人们的逃窜声音，以及阿婆的教导声和年轻女子的声音。这种声音的变化增强了广告的可视性效果。同时，也配合了情节，提升了广告本身的吸引力。

总之，声音在影视广告中的作用和创作原则是解读影视广告的重要内容，而在实践中，只有符合创作的原则和创意的目的才能使声音产生更好的效果。

## 第三节　影视广告中的声音蒙太奇

在影视广告作品中，声音与声音、声音与画面之间对列组合的原则和规律就是“声音蒙太奇”，分为声音与声音的组合和声音与画面的组合两大类。

### 一、声音与声音的对列组合

声音与声音的对列组合指前后声音的组合方式，可分为声音的并列和声音的交替。

（一）声音的并列

声音的并列就是指两个或两个以上的声音同时存在，这时它们之间主要表现为以下三种关系：

1. 声音的相辅

声音的相辅即将几种声音搭配在一起，同时呈现，犹如乐队里的交响乐，各种乐器一起演奏，表现特定的心理和氛围（见案例 5-44）。如表现古时的集市时，叫卖声、讨价声、马嘶声、各种音响声等交织在一起，营造出特定的效果。

**案例 5-44**

案例 5-44 视频

**麦当劳广告 · 水墨篇**

镜头组 1：一声箫声，水墨画中，春寒料峭，两只喜鹊飞上梅花枝头，一瓣红色的梅花花瓣飞向远方。花瓣飞过黑白水墨大白菜，大白菜打个激灵，变成了彩色的熟制品，夹在了汉堡之中，字幕：“腊味菜菜堡。”

镜头组 2：两只喜鹊叽叽喳喳地追着花瓣翩翩起舞，花瓣落在了水里，水中的水墨虾跟着花瓣飞出来，变成了餐桌上汉堡的配菜。字幕：“神仙虾虾堡。”

镜头组 3：两只喜鹊越叫越欢，花瓣继续满天飞，鞭炮声噼里啪啦，水墨画淡出。字幕：“金运盛宴，等你开席。”出现满屏的炸鸡、汉堡、全家桶、麦旋风等产品。

这则广告中，箫的曲调声、喜鹊的叽喳声、鞭炮的噼里啪啦声等交叠呈现，相辅相成，构建了一幅年味浓浓的水墨画面，传达了春寒料峭、新年已至及有麦当劳加持的欢乐之意。

2. 声音的对比

声音的对比即把两个性质不同的声音混杂在一起，使它们在鲜明的区分中相互对照，彼此加强，形成反衬效果，这就是“声音对比”形式（见案例 5-45）。如在《泰坦尼克号》中，在船触冰山下沉的过程中，乐队的交响乐不断地演奏，夹杂着人声，呈现出特定的情景场面。

案例 5-45

百度 AI 广告

案例 5-45 视频

一个少林小男孩扛着木头跑，突然感觉身后有人，气势汹汹地边打边问：“来者何人？”一手砍到百度机器人头上，打疼了手，小和尚痛苦地喊：“哎哟！”他挠挠头看着百度机器人，问道：“这啥呀这是？”百度机器人用可爱的语气温声细语地回答道：“我是人工智能机器人小度，你是谁？”小和尚气势汹汹地说：“我是少林寺功夫最厉害的小和尚，三宝。”之后，小度机器人拜小和尚为师。回到少林寺，小和尚不好好背诗被师父惩罚，百度机器人陪着小和尚背诗、练功夫。最后，百度机器人帮助小和尚成了功夫最厉害的人，并使小和尚明白“天天下功夫，方是真功夫”的道理。

这则广告中男孩的气势汹汹声与百度机器人轻柔的声音形成对比，突出小和尚的气势磅礴及小度的温柔，一刚一柔体现出传统文化与人工智能两种力量相辅相成，从而表达了品牌值得期待的意义。

3. 声音的盖罩

在同一场景中，同时出现各种声音混合重叠在一起，其中一种声音逐渐突出于其他声音之上，从而削弱、压倒了其他的声音，即“声音盖罩”。影视广告中常用此法，一方面可以突出想要的声音，另一方面可以掩盖不必要的声音（见案例 5-46）。

案例 5-46

公益广告 · 要吃荔枝篇

案例 5-46 视频

镜头组 1：皇上坐在皇位上边看着台下的舞者跳舞，边喝酒。

画外音：“天宝年间，贵妃新编水袖舞。”

镜头组 2：贵妃甩袖子，接袖子，拧袖子，皇帝很是欣喜。

画外音：“甩，接，拧，行如流水，婉若游龙，帝甚喜之。”

对白：皇上说：“好！爱妃的舞天下无双，赏！”

镜头组 3：蜡烛将帘子点着，贵妃走到皇帝旁边，说着一口方言。

对白：贵妃说：“陛下，额（我）要吃荔枝。”太监惊恐：“火！着火啦！”

镜头组 4：火越烧越旺，众人惊恐地往陛下周围钻，有人大喊：“护驾！”

一个宫女冲出来，打开消火栓，甩开消防管，接上喷头，拧阀门，拿着喷头向火堆喷去。

对白："甩！接！拧到底！"

紧急的背景音乐。

镜头组 5：火灭了，水渐渐没了，皇帝大悦："赏！"宫女得意道："皇上，我也要吃荔枝。"皇上、贵妃惊讶。太监说："大火来了沉住气，一甩两接拧到底！"江西消防的标识出现，并出现字幕"大火就用消火栓，一甩两接拧开关。"

这则广告中，声音常是背景音乐和人物的声音同时出现，交替盖罩，营造了从失火的紧急状态到警报解除的氛围感。

（二）声音的交替

声音的交替指在广告片中前后声音的转换方式，具体可分为以下几种：

1. 对比式声音交替

不同性质的声音一前一后出现，形成鲜明对比，给人以突然变化的感觉（见案例 5–47）。

案例 5–47

案例 5–47 视频

**甄稀广告 · 鹿晗篇**

镜头组 1：鹿晗身着西装，在聚光灯及记者的包围下，神色匆忙地走下舞台。突然，他看到了自己手中攥着的冰淇淋勺子，上面写着"本真"二字。

镜头组 2：突然，鹿晗抬头神采奕奕地对周围人说："我还有事。"转身跳进粉色的云朵里，音乐变成了温柔舒缓的旋律，鹿晗从云朵中穿出来，抓住了粉色的甄稀冰淇淋盒子。

镜头组 3：一瓣一瓣被切开的桃子掉进白色的奶昔里。画外音："甄稀冰淇淋，清甜白桃"，一个金色的勺子挖粉色的冰淇淋，画外音："融入甄选生牛乳"，鹿晗很享受地吃了一口，画外音："纯（醇）正味道，尽享本真。"

镜头组 4：以鹿晗为背景，出现产品以及字幕"甄稀，本真，本就甄稀""只做生牛乳冰淇淋"。

这则广告中，声音因前后叙事的内容和主题的不同而产生明显的区别，从紧张的聚光灯记者会现场到悠然自得地享受美味，形成画面对比，音乐强调了这种对比的效果，从而也凸显了产品味道醇正、尽享本真的特色。

2. 接应式声音交替

声音此起彼伏，前后相继，接连不断，为同一事物或动作进行烘托、渲染（见案例 5–48）。如观众热烈的掌声，对应演员谢幕致谢。

案例 5-48

案例 5-48 视频

## 公益广告·提拔我呀篇

镜头组 1：军帐外，火把通明，将士和战马有条不紊地通行。

声音：战马嘶鸣声，战鼓声，号角声，兵马脚步声。

镜头组 2：士兵们举着兵器走过，将军喊道："都给我精神点儿！"主公稳坐军帐中提笔写奏折，军帐外传来人声："近来天干物燥，尔等须严防敌军火箭袭营。"

镜头组 3：将军来军帐中请示："启禀主公，今夜口令，请您定夺。"主公瞥了一眼旁边烛火，推开原来摆在面前的竹简，拿出新的一卷写下口令。将军接过口令一看，十分疑惑地走出军帐。

镜头组 4：将军喊旁边站岗的士兵，示意其读出竹简上的字，士兵念道："提、拔、握、压。"士兵将信将疑地问道："提拔我吗？"将军不屑地瞥一眼士兵后离开。

镜头组 5：将军疑惑着找不同的士兵看，不同的士兵用不同的口音分别念出"提拔握压"。

镜头组 6：主公走出军帐，问大家："汝可知，今夜口令为何？"站岗的士兵们疑惑不解："提……"此时，敌方飞来一支火箭，主公提起灭火器，喊道："提"，拔掉安全栓，喊道："拔"，握紧手柄，喊道："握"，压出灭火干冰，喊道："压！"将面前的火堆喷灭。

字幕：小火不怕，提拔握压。

图 5-11　公益广告·提拔我呀篇截图

这则广告中，声音除了背景音乐外，主要是对话的内容，这些内容虽然由不同的角色来表达，但声音是接应式的，顺畅流利，便于理解。

3. 转化式声音交替

转化式声音交替指利用两种声音在音调节奏上的近似，从一种声音变化为另一种声音（见案例 5-49）。

案例 5-49

**奥妙新酵素洗衣液广告·守护篇**

案例 5-49 视频

镜头组 1：奥妙标识，字幕："京东超市，奥妙新酵素洗衣液。"刘诗诗说："奥妙守护，让爱的人在一起。"刘诗诗和萨摩耶抱在一起互动，又和小朋友及家长坐在海洋球中玩耍。旁白："无惧细菌、污渍。"

镜头组 2：奥妙产品出现在红色背景前，字幕和旁白："新升级奥妙酵素洗衣液，长效抑菌。"细菌的动画形象在纤维里猖狂活动，洗衣液将其击毁。旁白及字幕："去污、除菌。"镜头中不断有防护光往衣物中飞去，细菌被击碎。旁白及字幕："更能 72 小时长效抑菌。"

镜头组 3：一件整洁如新的白衬衫出现在保护光环中。旁白："一步到位。"刘诗诗说："奥妙新酵素洗衣液。"

这则广告中，声音出现转换的地方有两处，一是在叙事中插入了介绍产品的情节时，人物对白转换为画外解说。二是在结尾时又回到正常的叙事中，声音从画外解说转化为人的对白。这就是声音交替的使用，也能强化产品的信息，给受众留下印象。

## 二、声音与画面的对列组合

在影视广告中，声音与画面密切相关，而它们的顺畅结合是整个广告片成功的保证。

### （一）声画合一

声画合一指在片中声音与画面同时出现的形式，具体可分为以下几种情况：

1. 声画同步

声音的进行完全同步地重复或解释画面及其变化，即声画合一，也是前文所提到的同期声、同步声和平行声。这种声画合一的形式在影视广告作品中最为常用（见案例 5-50）。

案例 5-50

**公益广告·丞相别慌篇**

案例 5-50 视频

镜头组 1：戏台上，伴随着密集的锣鼓声，将士来报。

声音：戏台锣鼓的声音，将士来报的声音："报！"

镜头组 2：将士向丞相汇报情况。

对白：将士 1："中军起火。"丞相："哦！"将士 2："来将诈降，满营起火！"丞相："呀啊啊啊呀！"

音响：锣鼓点的声音。

镜头组 3：丞相焦急询问："大火四起，浓烟滚滚，如何脱身？"

镜头组 4：将士上前安慰："丞相别慌，弯腰，低姿，捂口鼻。"并以身示范。

镜头组 5：丞相发布命令："众将官！弯腰，低姿，捂口鼻，速速逃生。"众将官前来领命，跟随丞相做动作。

字幕：江西消防，火场要防浓烟袭，弯腰低姿捂口鼻。

图 5-12　公益广告 · 丞相别慌篇截图

这则广告中，声音和画面同步的内容主要是表现在情节叙事上，以显示其真实性和生活化。

2. 声画对位

声画对位是在对立统一的基础上的变化，即指前文所提到的对照声。声音与画面都是单独录制的，它们在各自独立的基础上，再进行有机组合。此法可以起到烘托环境、营造气氛和深化主题等作用。

在影视广告中，若声画对位恰当准确，可使观众充分地理解信息内容，强化对广告的记忆（见案例 5-51）；如果声画错位，就会造成视听混乱，理解困难，从而有损广告效果。当然，影视广告不同于一般的影视作品，它也可以通过打破这个规律来达到更好的效果。

案例 5-51

案例 5-51 视频

**白酒广告 · 陈年味鲁雅香篇**

镜头组 1：一只手拨动古琴琴弦，天空风云变幻，一只提着毛笔的手出来，一张写满毛笔字的纸出现。一滴酒滴进水中。

解说词：作为中国博大精深的文化元素之一，白酒具有强烈的地域性。

镜头组 2：古代地图出现，齐鲁之地被圈画出来，古画中的人活了起来，现代古风穿着的柔美女子，在白色的背景中端着酒出来。

解说词：发源于齐鲁大地的孔孟雅学，历经 2500 年，沉淀出齐鲁文化的高雅血统，成就了正统鲁酒的柔雅气质。

镜头组 3：男子们互相斟酒敬酒酌酒。

解说词：传承鲁雅古法，秉中庸之道。

镜头组 4：五谷，牡丹花树，手捧一朵牡丹放入五谷之中。

解说词：持古今鲁人纯良心性，取牡丹花，其高不傲，其雅不妄，之品性入曲，芬芳馥郁，此为雅曲。

……

图 5-13　白酒广告 · 陈年味鲁雅香篇截图

这则广告中，整个广告片从头至尾都以古琴调子铺满，声音和画面是能对照上的，每个动作、每个画面内容都有不同的声音相配合，使本来毫不相关的情境产生联系，这样的声画结合方式，一方面可以表现意象化内容，如正统鲁酒的柔雅气质等；另一方面使广告效果更生动灵活。作品中的声音配置也突出了广告中的重点信息，能给受众留下深刻印象。

（二）声画分立

声画分立即声画不合一、不同步。画面上的影像与声音内容各不相同，二者相互配合，彼此策应，最终都是为创意服务。

声画分立的形式不止一种，根据画面与声音的关系具体可分为：

1. 声画对比

声音与画面内容不同，性质相反，二者形成对照或映衬（见案例 5-52），如“朱门酒肉臭，路有冻死骨”的声音对照。画面是大雪纷飞的道路旁躺着被冻死的穷人，而声音配以酒席中推杯换盏的热闹喧哗声。

案例 5-52

案例 5-52 视频

**“老爸的谎言”影视广告**

广告中的声音一直都是背景音乐下一位老父亲接到女儿的电话时不停说话的声音。他总是说，一切都很好，让女儿放心工作，自己常和老朋友出去玩，老伴则出去跳舞，两人的身体都很好等，而画面中呈现的则是老人一人在家的孤寂身影，老伴在医院病床上，家里冷冷清清，两位老人很孤独无助的样子。画外音：“老爸的谎言，你听得出来吗？”

图 5-14　“老爸的谎言”影视广告截图

这则广告中，声音与画面形成鲜明的对比，从而强化了广告主题：老人的孤独和无奈，但又充满对孩子们的关爱，体现出亲情的伟大和无私。

2. 声画的策应与补充

如果讲话人在画外说话，而画面中是听者的表情和反应，这就是声画的策应与补充（见案例 5-53）。

案例 5-53

**喝开水广告 · 喝开水不潜水篇**

案例 5-53 视频

镜头组 1：中学生穿着校服在水中憋气潜水，用手指点游来游去的鱼。突然，水中飞来一个黑板擦，砸中中学生的脑袋。中学生从潜水状态回到现实课堂，黑板擦落在课本上。

镜头组 2：老师梳理一下头发，中学生站起来，拧开“喝开水”字样的饮料瓶。画外音：“课前喝开水，上课不潜水，开学就要喝开水。”

镜头组 3：学生和老师一起站在讲台上喝开水。

画外音：“喝开水，才能开学。”

字幕：“开啥，都要喝开水。”

镜头组 4：学生在黑板上狂算出数学题，做出胜利的姿势，并将粉笔扔出去。老师露出惊讶的表情，接住飞来的粉笔。

……

这则广告中，声音与画面是对应与互补的关系，画面内容丰富地阐述了声音中的内容，声音又强化了画面的意义，声画密切配合，形成对受众的冲击力。

综上所述，声音在影视广告中意义重大，只有依据创意的需要才能实现这一价值。声音本身也是创意的重要元素，充分发挥声音的作用，广告定有事半功倍的效果。

**➔启发与思考**

**借用动人歌声，让广告充满爱国情怀**

广告歌曲似广告之灵魂，牵动整个作品，渲染气氛，深入人心。爱国诉求的表达常常借用熟悉而有爱国意义的歌曲达到效果。如《新时代爱国主义教育实施纲要》系列广告中，借用了人们耳熟能详的动人歌曲《让我们荡起双桨》《我的祖国》等，使该系列作品爱国情感浓郁，强化了爱国教育的效果。

案例 5-54

案例 5-54 视频

**《新时代爱国主义教育实施纲领》系列公益广告·歌唱篇**

镜头组 1：一群小学生在齐唱《我的祖国》。

歌唱：一条大河波浪宽，风吹稻花香两岸……

镜头组 2：黄河奔涌，崇山峻岭绵延起伏。

字幕：爱你，大好河山。

镜头组 3：湖中天鹅在嬉戏，山脚下绿树环绕，一潭湖水中立着一块大石头，上面写着："绿水青山就是金山银山。"

字幕：爱你，绿色发展。

镜头组 4：农田里劳作的人们、城墙、长城、教室里上课的师生、唱戏的演员……

字幕：爱你，璀璨文明。

镜头组 5：齐聚欢喜的人群、城市的夜景和建筑。

字幕：爱你，开放包容。

镜头组 6：各个民族的人们欢歌齐舞、耕作，共同举杯，共同欢笑。

字幕：爱你，56 个民族一家亲。

……

尾镜：小学生在合唱。

字幕：爱你，我的祖国。

字幕：深入实施《新时代爱国主义教育实施纲要》，热爱祖国，同心共行。

这则广告中，以小学生合唱《我的祖国》的声音作为主线，串联起各种爱国、强国的情景画面，传递出各族人民在不同的岗位上为祖国奋斗及祖国不断强大的广告主题，激发了受众的爱国情怀。作品在主题曲的气氛渲染下顺畅演进，渐次升华，将爱国之情推向高潮，感人至深。

**思考题**

1. 影视广告中声音的类型、作用及创作原则是什么？
2. 影视广告中的声音蒙太奇有哪些表现形式？
3. 找出5个影视广告案例，分析和说明其中声音的表现、作用及蒙太奇表现特色。

# 第六章　影视广告的构架形式

**本章重点**

- 朴素表现类影视广告的各种具体形式及优劣势
- 艺术表现类影视广告的各种具体形式及优劣势

影视广告的构架就是其骨架和形式，服务于创意，两者恰当的结合才能成为有效的广告。影视广告的构架形式很多，一般把它分为两大类，即朴素表现类和艺术表现类。

## 第一节　朴素表现类影视广告

朴素表现类影视广告就是不加粉饰地传递信息，没有艺术的成分，或艺术成分不是很多，这是从早期的播报员式广告发展而来的，但这并不意味着没有好的作品。有人曾讲："真实的颁奖场面就比导演的新闻发布会效果好。"朴素表现类影视广告也有许多的类型，具体来说主要有以下几种：

### 一、证言型广告

证言型广告即在企业和消费者之间设定一个第三方的证言人，让他以亲身的感受在影视广告中说服消费者。证言型广告具体可分为名人证言广告和凡人证言广告。

（一）名人证言广告

名人证言广告即以明星人物为证言人向消费者传递产品信息的广告（见案例6-1）。

**案例6-1**

案例6-1 视频

**农夫山泉广告**

广告开始于长白山下的第一场雪，由朱一龙配音的画外音："2020年

9月18日，长白山下了第一场雪，此后的9个月，这里将被冰雪覆盖，公元前7世纪，古希腊哲学家泰勒斯说，水是一切生命的起源。”接着，他说，“在长白山，雪，是所有生命的起源。”镜头中展现了花朵的盛开、冰雪融化后河水流动、玄武岩上的冰雪消散，长白山上的稀有植物、动物。他说：“……你喝到的水，是长白山松软雪花的味道。”最后，全景展示白雪皑皑的长白山、长白雪天然雪山矿泉水，广告语：“什么样的水源孕育什么样的生命，长白雪，天然雪山矿泉水。”

**图6-1　农夫山泉广告截图**

该则广告记录了长白山的自然风光，通过明星朱一龙介绍了雪与水的关系，将核心产品“水”与自然产物进行了深度的贴合，增强了受众对长白雪天然矿泉水的感性认识。

在名人证言广告中，影视广告的优劣势表现得最充分，优势很突出，但劣势也很明显。

1. 优势

商品的知名度会很快提高，有利于长期的广告促销策略活动，能很快取得消费者的信任等。如果一个名人长期代言一个品牌的广告，如张曼玉代言玉兰油、蒋雯丽代言盼盼食品、任贤齐代言统一冰红茶等，则更容易形成长期效应和提升消费者的忠诚度。

2. 劣势

名人可能会对商品信息有削弱的影响，比如，若名人出问题，那么名人的知名度、影响力、形象特点等可能会与商品内容不符而导致广告效果不好，名人代言太多，可能导致失信等。近年来，有关名人代言广告所产生的消费纠纷案例越来越多，特别是在许多相关的法律和法规还不健全的情况下，市场还处于一个发育时期，企业在做名人代言广告时对其劣势还应当有所考量。

➔**示例：**

**盘点明星代言的虚假广告**

近年来，“明星代言”的负面影响愈加凸显，很多明星因其代言产品的质量和安全问题而陷入风波。如范冰冰代言的“曲美”；侯耀华代言的近十个产品，涉及药品、食品、医疗器材等；赵本山代言的“蚁力神”；成龙代言的“霸王”中草药洗发露；邓婕代言的“三鹿”；葛优代言的“亿霖木业”等，这些产品都存在着质量问题，甚至危害社会和影响人民健康。明星为其代言扩大了它们的影响力和危害，这是很可怕的事情。其中存在的问题非常复杂，但最终受害的是消费者。

选用名人做广告的原因不外乎是他们的知名度高，能直接提升代言产品的关注率。同时，名人的影响力大，特别是能在目标消费者中产生极大的影响，但要真正让名人产生更好的广告效应，同时又尽可能地规避其劣势影响，就要从挑选名人入手，严把原则关。

3. 挑选名人的原则

企业挑选名人要有原则可依，主要有以下几个方面：

（1）量力而行

这里所说的量力而行不仅仅是说企业在财力上要对聘用名人计算成本，同时还指要考察企业和产品的知名度及影响力是否与名人的知名度及影响力相符合，如果不相称，也一样不会产生很好的广告效果。如产品已经很有知名度，而广告代言人很一般，或是代言人很有名，但产品知名度不高，都会影响广告的效果。

（2）名人的形象特点应该与广告产品的定位特点相一致

从年龄上说，如果名人是老年人，就可以宣传老年人的用品；从个性上说，如果名人是时尚前卫的，就可以宣传时尚类产品等。如宋慧乔代言 OPPO 音乐手机，代言人和产品都是时尚的象征和体现，对产品的目标受众——青年人有一定的影响力。

（3）切忌名人在影视广告中产生喧宾夺主的效果

影视广告的根本目的就是宣传商品或服务，名人是为此目的服务的，所以名人如果影响到受众对商品的关注，也就意味着广告的失败。

（二）凡人证言广告

凡人证言广告指用普通大众来做广告代言人，这种形式具有一定的影响力，但表现的策略更为重要，特别不容易把握。因此，影视广告中所说的凡人代言大都是由普通演员来代替的，一般不会直接用无表演经验的普通人。目前这种凡人证言广告在公益广告中较为常见（见案例 6-2）。

案例 6-2

### 蓝臻奶粉广告

案例 6-2 视频

广告的第一幅画面是“春节比娃大赛，你赢了吗？”伴随着喧闹的人声，故事的开始是一个男孩儿在对比下没有及时跟爷爷奶奶打招呼，在众人的嬉笑中抱着妈妈的腿哭了起来。第二个故事是第二位男孩儿在爷爷的“个子高矮”的比较中低下了头。第三个故事是男孩儿在跑着玩耍的过程中，同时出现了大人的声音，“你不能像弟弟妹妹一样乖一点吗？”第四个故事是一位小姑娘在对比中被要求去进行弹钢琴的展示。接下来的画面从第三叙事视角解说道：“妈妈们，你看见孩子的独一无二了吗？”广告最后展示了生活场景中孩子们多种情感的表达样态。最后，广告打出字幕：“放下比较，看见天生美好，祝妈妈宝宝新年都快乐”“倾注臻爱，绽放天生美好”。

这则广告取材于人们的日常生活，围绕“别人家的孩子”这一在妈妈们的口中经常被无意间提到的主题展开，从幼儿阶段的比身高、比体重，到青少年阶段的比才艺、比学习，再到成年阶段的比工作、比收入等，将“比较”这一主题提炼出来，更易引起人们的共鸣。

1. 优势

这类广告的优势在于成本低，真实自然，贴近生活，且亲和力强、说服力强。

2. 劣势

这类广告的制作过程不易把握，注目率低；关注度差，冲击力小；真实性让人生疑，影响其效果。特别是新产品问世，使用这类广告推广就不如名人代言能更快地提高注目率。

3. 凡人代言广告的创作原则

凡人代言广告并不是随便选择什么样的人都行，它也是有原则的。

（1）选择合适的代言人

选择合适的代言人主要是指从年龄、地域、身份、社会角色等方面进行考量。

（2）代言人的表演要自然

前面说过，大多数的凡人代言也是由演员来代言的，所以在广告中的表演要自然、妥帖，不要有太多的做作、演戏的痕迹，否则易让人反感。

（3）设置贴近现实生活的广告情节

凡人代言的最大特点就是要用平凡人的生活来影响平凡的受众，所以广告在构思创意时，所选择或创作的情节一定要贴近生活实践，不要有太多虚假、虚拟和夸大的情景，即不要产生那种过于远离平凡生活的情节，否则会让人质疑，影响广告效果（见案例 6-3）。

（4）广告创意要出奇，以达到较强的吸引力

平凡的生活情节、平凡的代言人不一定产生不了新奇的创意作品。国外广告更多是这种贴近生活的平凡广告，常以新奇的创意让人记忆深刻，效果不凡。目前，我国影视广告中正是缺乏这种有创意的作品，而如何让创作由平凡变神奇，不落俗套，是广告人最需要学习和实践的方向。

案例 6–3

案例 6–3 视频

**王老吉广告**

镜头组 1：一对年轻人走在到处挂满灯笼的大街上和人们说："新年好！"

镜头组 2：他们买了很多王老吉回家。

解说词：过年啦，回家带上王老吉，团圆吉祥，拜年带上王老吉，喜庆吉祥。

镜头组 3：全家老少团圆在一起聚餐，共同举起王老吉说："新年大吉！"

解说词：聚会带上王老吉，欢乐吉祥。

镜头组 4：璀璨烟花下，舞狮的热闹场景。

镜头组 5：一对年轻人一起喝王老吉。天空中出现产品，以及"过吉祥年，喝红罐王老吉"的字样。

广告语：过吉祥年，喝红罐王老吉。

这则广告中的人物都不是很知名的明星，叙述的也是百姓过年的情节，更容易引起共鸣。

（三）动画形象代言型广告

动画形象代言型广告指通过想象和加工，设计出具有独特的性格和气质并能给人以美好印象的虚拟动画形象（见案例 6–4），如药品广告中的动画人物，也有的是直接从动画片中借用的动画形象，如喜羊羊、一休、阿童木等。

案例 6–4

案例 6–4 视频

**公益广告 · 梦娃美德篇**

镜头组 1：梅花开，燕儿来，梦娃醒来。

镜头组 2：梦娃站起来，燕儿拉下一副对联："吉祥如意"。对联内出现一扇大门，鲜花围绕。

儿歌及字幕：梦娃醒，太阳笑。中国梦，多美妙。

镜头组 3：梦娃在跳舞。

儿歌及字幕：国是家，善作魂，勤为本，俭养德……

……

图 6-2　公益广告 · 梦娃美德篇截图

这则广告以梦娃的形象来传递优秀的美德内容，生动形象，憨态可掬，引人注目，也提醒人们道德教育从娃娃抓起。

1. 优势

这类影视广告（见案例 6-5）的优势主要表现在以下几个方面：

（1）趣味性和好感度高

动画形象往往活泼可爱，容易引起观众的兴趣和好感，极易得到观众的认可和关注，从而提高广告的注目率。

（2）创意表现空间大，普适性高

动画形象一般不存在阶级、民族、种族等差异，也不太区分年龄、性别、生活方式等，所以设计一个动画形象，可以适用于不同的产品、地域、消费者等，它的创意空间不太会受到限制。

（3）节省费用，风险性小

动画广告只在创意和制作的过程涉及费用，不存在聘用名人涉及的各种费用，因此能够节省不少的费用。同时，动画形象一般不会出现问题，从而规避了使用名人存在的风险。

（4）拥有创作版权，形象发展空间大

为广告独创的动画形象，拥有版权，形象专用，因而，也可以为它设计一系列的营销活动，甚至促成一个话题引起社会关注，提高营销效果，从而为形象发展创造广阔的空间。

**案例 6–5**

案例 6–5 视频

## 公益广告·遵守秩序不乱插队篇

画面中，几个白色的带小腿的长盒子按照先来后到的顺序在排队。一会儿，其中一个开始从后面走到最前面插队。这时盒子排成一行字：“不遵守秩序乱插队。”一会儿，后面又有两个跑到前面插队，它们组成一行字：“秩序不遵守乱插队。”最后，这些字重新组合排队，变成：“遵守秩序不乱插队。”

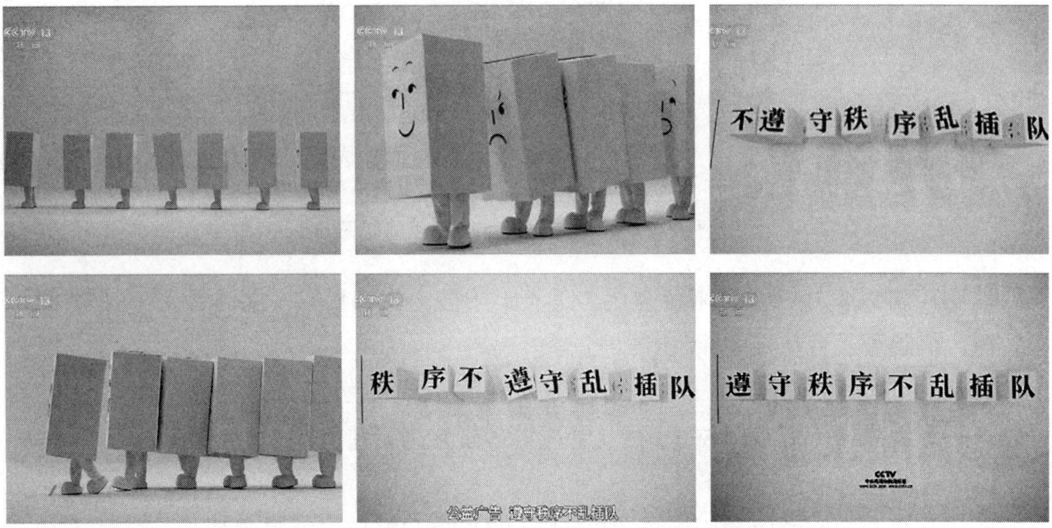


**图 6–3 公益广告·遵守秩序不乱插队篇截图**

这则广告运用动画的形式，以鲜活的样态表现出插队的不道德行为，强调了“遵守秩序不插队”的主题。

2. 劣势

任何一种形式的影视广告都有它的劣势，即不足之处：

（1）制作水准要求高，如果不能制作出很好的动画作品，反而会影响广告效果。

（2）一成不变的动画形象，时间长了容易让人失去兴趣。

（3）产品与动画形象之间的关系容易做得牵强或不伦不类。

以上是各种不同形式的代言广告，各有特色、各有优劣，在运用时要根据企业和产品的特色、广告的目标、受众的情况来选择。

3. 动画形象代言型广告的创作原则

（1）与产品或品牌的核心理念匹配

广告产品的形象代言形象，必须表达出产品或品牌的核心价值观，形成顺畅的关联性，才能引发受众的美好联想。如科技型产品或品牌就使用简洁、科技感强的动画形象，儿童产品或品牌就用萌趣风格的动画形象。这样，广告的设计也会比较自然有趣。

（2）保持长期型

使用动画形象一定要使用一段时间，形成印象，使产品的亲和力增强。如米其林轮胎宝宝、蜜雪冰城的冰娃娃、京东的 Joy 狗等，如果频繁更换就会导致受众印象混乱，不利于明确传播信息。

（3）注重独特性和创新性

结合自身产品或品牌的定位，打造独特的设计理念和规划，追求创新，切忌同质化。如三只松鼠产品的动画形象，设计风格独特，识别度高。

## 二、示范型影视广告

### （一）示范型影视广告的概念

示范型影视广告即利用影视媒介的优势把产品使用的真实情况、过程和效果直观地呈现在受众面前，让受众有亲眼所见的感觉，以满足“眼见为实”的心理需要的影视广告，也叫验证型广告（这类广告更注重实验的结果）。

此类广告对于可操作性的商品，如洗衣机、照相机、工程车等商品较为合适。

### （二）示范型影视广告的特点

示范型影视广告的特点就是以最直接、最形象的画面展示产品使用的过程和结果。它的形象性、直接性明显，充分利用了影视媒体的最大优势——视听综合特色。相比之下，其他媒体在这方面就很难做到了。同时，它的特点还体现在这类广告不需要太多的解释性说明，更强调示范的过程和结果（见案例 6-6）。

案例 6-6

案例 6-6 视频

**新碧浪广告**

镜头组 1：小女孩躺在床上一边说：“妈妈，我痒。”一边用手挠身上。

解说词：床品让人感觉身体不舒服，可能是细菌螨虫的影响。

镜头组 2:（动画）细菌螨虫在衣物上爬。

字幕：细菌螨虫危害健康。

镜头组 3：产品及字幕：“新碧浪抗菌除螨洗衣液。”

解说词：新碧浪抗菌除螨洗衣液，高效配方，深入纤维，强烈去除螨虫和细菌，专业抗菌，高效除螨。

镜头组 4：洗衣液倒在衣物上，螨虫和细菌被消灭了。妈妈和孩子在床上很开心。

解说词：新碧浪，除螨抗菌，安心常在。

这则广告以动画来示范产品功效，具象地呈现出产品高效除螨专业除菌的特色，引人注目。

## 三、解说型影视广告

### （一）解说型影视广告的概念

解说型影视广告指整个广告以解说为主，解说的内容主要是介绍产品特点、销售策略、企业定位等，是理性诉求类广告的一种。

### （二）解说型影视广告的特点

解说型广告具有声画并茂的特色，画面和解说词相配合，能更真实、形象地展示广告信息，特别是可以通过一些特技手法来表现和解释许多不易想象的内容，如微观世界、事物的内在结构、事物运作的原理，等等（见案例 6–7）。

案例 6–7

案例 6–7 视频

**公益广告·中华优秀传统文化传承不息篇**

镜头组 1：大山、云雾缥缈、森林茂密。崎岖弯转的盘山路上有一辆车在行驶。

解说词：以为你很远。

镜头组 2：传统的戏剧演出。

镜头组 3：月亮下，一位穿着水袖古装的美女在表演。

解说词：一转身就能看见。

镜头组 4：一对新人，来到家族祠堂，参加家族的仪式。

解说词：以为你很陌生，其实一直都在身边。

镜头组 5：几个女人在研究布料和衣服的款式。

镜头组 6：孩子们在上课，诵读古诗《游子吟》。

解说词：你是绚烂千年的容颜，你是黑白无声的诗篇。

……

图 6–4　公益广告·中华优秀传统文化传承不息篇截图

这则广告的镜头和语言都很简明，通过画外解说的方式清楚地阐明了广告主题：传统文化就在身边，就在人们的日常生活中，传承不息。解说词加深了受众对传统文化的感知和记忆效果。

（三）解说型影视广告的分类

解说型影视广告基本上可分为三种，即第一人称解说广告、第二人称解说广告和第三人称解说广告。

1. 第一人称解说广告

第一人称解说广告就是演员面对观众以第一人称的口吻介绍产品。它是一种初级的、常见的广告形式，与证言型广告相似（见案例 6-8）。

案例 6-8

**黛安芬广告·热依扎篇**

案例 6-8 视频

镜头组 1：热依扎在做各种摆拍。

画外解说：我喜欢在工作中展示这样的自己。当灯光摄影准备就绪，镜头前的我因自信而散发魅力。

镜头组 2：热依扎在和一只白色的猫嬉戏。

画外解说：我也喜欢在生活中回归自然。彻底放松自己……无论征服魅力，还是回归自然，感谢黛安芬。陪伴我一起，活出不一样的精彩。

这则广告以第一人称的解说方式推出产品，热依扎的明星身份与品牌特性相符，使广告效果得以强化。

2. 第二人称解说广告

第二人称解说广告即以“你”或“你们”的人称进行解说，这种形式易制造代入感，消除隔阂和陌生感，更好、更快和更通畅地传递广告信息（见案例 6-9）。

案例 6-9

**得力广告**

案例 6-9 视频

镜头组 1：在偌大宇宙的背景下，一根得力牌水写笔画出一道顺滑的痕迹，水写笔拆解开后是工艺精致的零部件。

解说词：你看见的是书写时的游刃有余，看不见的是细致入微的精益求精。

镜头组 2：一台得力牌打印机打印出色彩亮丽的图画，打印机背后展现了数名科研人员在潜心研究复杂的图纸、模型。

解说词：你看见的是打印时的清晰亮丽，看不见的是日以继夜的攻坚克难。

……

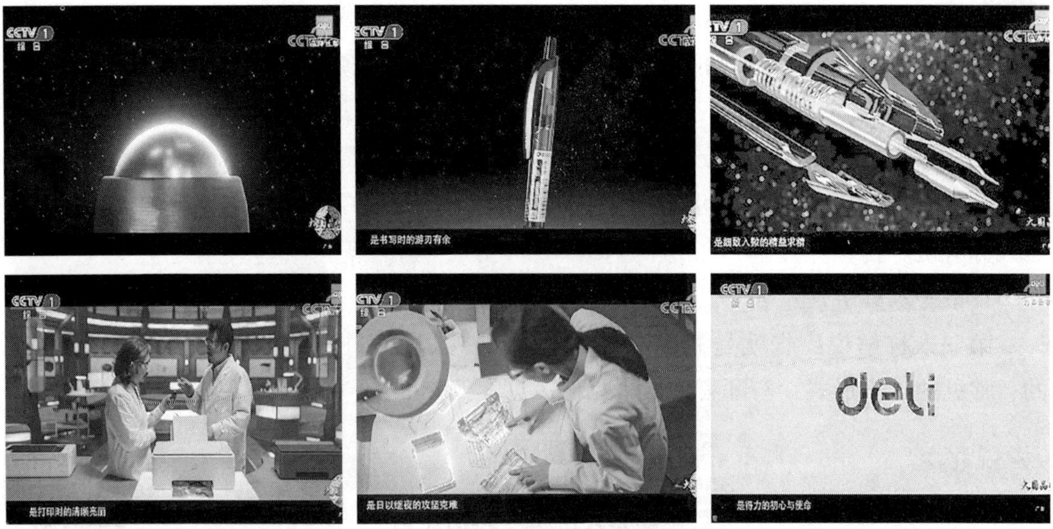


图 6–5　得力广告截图

这则广告运用第二人称视角叙述，指示性强，代入感明确，使受众更有意识地理解和接受信息。

3. 第三人称解说广告

第三人称解说广告即用旁观者的视角拍摄，解说词源于隐身的播音员，类似隐身式报道（见案例 6–10）。

案例 6–10

案例 6–10 视频

**金龙鱼广告**

镜头组 1：金龙鱼标识。

字幕：金龙鱼米面油。

解说词：金龙鱼米面油。

镜头组 2：金龙鱼标识及各种产品。

解说词：中国美食申遗合作伙伴。

镜头组 3：火红的背景下，金龙鱼标识及一位厨师。

字幕：鲁、淮扬、浙。

镜头组 4：一群厨师。

字幕：携手八大菜系大师，助力中国美食申遗。

镜头组 5：国家品牌计划标识。3 月 15 日京东国品日。

字幕：国品专场，品质共聚。

这则广告采用了第三人称解说的方式，对商品信息进行介绍，清晰明确，表现简洁。

综上所述，朴素表现类影视广告以其真实、质朴的特点，被许多广告主看好，特别是在表现一些较严肃、严谨的内容时，这类广告更有优势。当然，随着广告业的不断发展，朴素表现类影视广告中也会渗透一些艺术表现的因子，这种灵活多变的构架形式正是广告发展的一种趋势。

## 第二节　艺术表现类影视广告

艺术表现类影视广告是指艺术性很强的广告，采用艺术的手法来传递广告信息。艺术表现类影视广告又分为叙事型广告和抒情型广告两种。

叙事型广告指按一定的线索对事情进行描述的广告，或是在具体描述事物或情节中传达广告信息，也叫叙述型广告（见案例 6–11）。使用此类广告时要注意以下几点：

第一，叙述的内容和情节要简单明了。因为 30 秒的广告时间，不容许存在太多曲折的故事情节。

第二，叙述的内容要连贯且符合逻辑。叙述的内容要完整、可信，并有一定的逻辑关系，避免出现太过离谱的内容。

第三，叙述的内容要与广告商品发生联系。叙述的目的是要完成广告促销的目标，所以叙述的内容一定要与广告商品有关系，如果没有关系，它的叙述再完美也不会产生广告效果。

**案例 6–11**

案例 6–11 视频

### 腾讯广告·忙些什么

镜头组 1：写字楼里大家忙碌的身影。

画外解说：妈妈问我，在忙些什么？我想了一下，似乎从未清楚地向她解释过我的工作与我的生活。我在忙些什么？

镜头组 2：一位老者坐在电视前打盹，电视正播放电影。

画外解说：忙着让老爸看上更多他喜欢的电影。

镜头组 3：小孩在家用平板上课学习。

画外解说：忙着帮侄子解决在家上课的问题。

……

这则广告以第一人称的口吻，将腾讯拟人化，讲述它与人们生活密切相关的故事和情节，阐明它的意义和价值。文案亲情、温馨，将技术和科技信息服务内容转化为易于常人理解的视频信息，给人以深刻印象。

抒情型广告则是指以情感的表达来传递信息的广告。它常常会以多个镜头来积累和表达一种情感，从而达到造势和渲染气氛的效果，并在这个过程中将广告信息融入其中。

## 一、世俗型影视广告

### （一）世俗型影视广告的概念

世俗型影视广告指以普通的世间生活和情感体验为线索来传递广告信息，也就是在广告中演绎的都是百姓的生活、普通人的故事，在这其中把广告的信息传达出去。这类广告较少有做作或虚构的内容，常以普遍性来体现其真实性，从而影响受众的接受心理（见案例 6-12）。

案例 6-12

案例 6-12 视频

**聚划算广告**

镜头组 1：一位农民坐在木头上，拿起地上的南瓜在思考。

解说词：他叫李卫红，住在这个叫青山的农场，人们问，一个种不出果实的农民在盘算什么。

镜头组 2：李卫红拿着南瓜很高兴地站起来向前走去。他走进写着“聚”字的地方，端出一大笸箩的南瓜。

解说词：他就是想算算，种多少南瓜才能把沙漠变成绿洲。

镜头组 3：他把南瓜都给了一个男青年，自己拿着印有南瓜标识的纸壳子和青年人合影。

解说词：他在聚划算用南瓜换绿洲。

……

这则广告通过真实的生活故事表达聚划算的品牌特色和价值。

### （二）世俗型影视广告创作的原则

世俗型影视广告在创作时要强调两点原则：

（1）故事应关系到人们的切身利益，如容貌、仪表、饮食、起居、健康等方面。

（2）事实和环境要生活化，即真实而可信。

### （三）世俗型影视广告的分类

按照具体表现方式的不同，世俗型广告又可分为以下几种：

1. 解决问题式广告

解决问题式广告应用非常广泛，基本格式是：问题 + 药方 + 结果。它以在生活中常见的问题引出话题，之后拿出解决的方案，即广告产品的使用，最后展示使用后的效果。这种方式常用在药品、化妆品、洗涤用品等广告当中（见案例 6-13）。

案例 6-13

案例 6-13 视频

### 太极藿香正气口服液广告

镜头组 1：啤酒倒入杯中，年轻人聚会，开心举杯。

镜头组 2：（分栏镜头）一位女生吃火锅、喝啤酒。女生不舒服的样子。

画外音及字幕：辛辣冰饮易湿气重。

镜头组 3：产品排队在火锅边上转圈唱歌。

画外音及字幕：（引起）肠胃不适，祛暑祛湿来一瓶。

……

这则广告通过展现年轻人日常聚会中喜欢吃生冷辛辣食物的情节，提出问题，即湿气重，然后推出产品作为药方来解决。

在使用这种形式广告时要避免落入俗套，尤其要注意如下几个方面的问题：

（1）问题的提出不要唐突生硬

在广告中提出问题时，一定不是那种如从天而降般的感觉。问题的提出要很合理，很顺畅，如在合适的背景、恰当的话语情景、符合的身份形象等条件下提出问题，切忌唐突和生硬，那样会让受众感觉问题不现实或与自己无关。

（2）问题的核心一定是关系到消费者的切身利益

问题的提出要切中消费者的某个切身利益，如产品的价格、使用方法、用后的反馈等，而不应是消费者根本不关心的问题。当然，同一种商品，不同的消费者所关心的问题是不一样的，如同样是买鞋，年轻人关心它的时尚，中年人关心它的价格，老年人关心它是否舒适等，所以一定要在构思广告创意之前，对消费者所关心的产品利益点有所了解，否则会使广告中精心设置的问题达不到理想的效果。

（3）不能夸大产品的功效

消费者最忌讳广告中夸大产品的功效，即使是使用这种强调产品能解决一定问题的诉求方式，也不能过于夸大它的功效，那种妇孺皆宜、老少适宜的商品，常被人们质疑。

总之，在使用解决问题式广告时，要做好前期准备，要对消费者有充分的认识，对所提出的问题有所了解，对广告中表达的功效有所掌握。只有这样，这种形式的广告作用才会发挥得更好。

2. 生活片段式广告

生活片段式广告即选取现实生活的一个片段或将现实生活的某些瞬间剪接在一起，使其有一定的逻辑关系，或用以表达一种意境（见案例 6-14）。

案例 6–14

**百度广告·我想篇**

案例 6–14 视频

镜头组 1：女面试官：“同学，最后你有什么问题想要问的吗？”

镜头组 2：一位女学生问面试官：“我想问一下，您当时为什么选择百度？”

镜头组 3：女面试官重新整理一下头发，说：“因为，我想……”

镜头组 4：几位工作者一起查看水治理情况、水智能监管系统图示。

画外音（女面试官）：百度不只能回答关于水的问题，也能解决治水难题，为水环境提供全方位的智能监管系统，让水质更清澈，用技术，守护绿水青山。

……

图 6–6　百度广告·我想篇截图

这则广告，运用治理水务、开发自动驾驶出行平台、智能机器人开发使用等几组生活、工作的情境，表达百度与生活的密切关系，从不同的层面和视角强化人们对百度技术的全面认知。

在广告中，通常表现出以下几种内在逻辑关系：

（1）相同的时间点

相同的时间点即在同一个时间的不同空间中发生的事情（案例 6–15）。

案例 6–15

**一声爸妈就是过年**

案例 6–15 视频

镜头组 1：一名驻村干部在山村里给村民送灯笼和新年用品，电话响了，是妈妈打来的。干部望着村里忙碌的人们，沉默了。

字幕：你是大山的孩子。

镜头组 2：外卖小哥正骑车送货。客户送他一盒年货。

字幕：你是城市的孩子。

镜头组 3：一位女职员，正在门口的石台上边吃边写文案，并和妈妈打电话。旁边的大厦上有“留厦过年”的广告屏幕。

字幕：你是懂事的孩子。

镜头组 4：一名海外学子看着照片，站在平台上远望。

字幕：你是在异乡的孩子。

镜头组 5：一位退休的老人站在家门口，孩子们都来看望他，他和大家一起进家看望老母亲，老母亲给他一个红包。

字幕：你是白发苍苍的孩子。

镜头组 6：外卖小哥手拿很多礼物回家看父母，与全家人一起团圆聚餐。

字幕：无论在身旁，在远方。

镜头组 7：人们对着手机给爸爸妈妈拜年。

字幕：我们都是爸妈的孩子。一声爸妈，就是过年。

这则广告中，每一组故事都是发生在春节前，都是关乎回家过年的主题，通过累积故事情节，突出了春节异地过年的人们对家的思念，强调了各种不同的“孩子”在自己的岗位上舍己为人的工作精神。

（2）相同的动作或表情

相同的动作或表情，即在不同的时间、不同的空间中发生着相同的动作，如微笑、拍手、赞美等，如许多电视台做的贺岁广告等。（见案例 6-16）。

案例 6-16

案例 6-16 视频

**银联卡广告**

镜头组 1：一位美女在柜台前刷卡住宿，和朋友们欢快相聚。

镜头组 2：一位男士在新加坡的消费场所刷卡消费。

镜头组 3：一位男士在蒙古包里和大家一起欢乐舞蹈，刷卡消费。

镜头组 4：一位美女在国外的一辆出租车里刷卡消费。

歌曲：（童声）青山一道同云雨，明月何曾是两乡。莫愁前路无知己，天下谁人不识君。

解说词：全球发卡量最大的银行卡品牌，让 178 个国家和地区紧密相连。银联卡，中国人信赖的银行卡品牌。

镜头组 5：产品及广告语（字幕）——懂中国，懂世界。

这则广告中，刷卡消费的动作由不同的人在不同的地点做出，强调了银联卡使用范围的广泛和人们广为信赖的现实。

（3）相同的空间

相同的空间即在广告中将相同的空间中、不同时间内发生的事情编辑到一起，让受众从中感觉到产品的魅力（见案例 6–17）。

案例 6–17

案例 6–17 视频

**日本 ORAL PEACE 牙膏广告**

一支浅蓝色的牙刷插在洗手台上，背景光显示斗转星移，时光流转，洗手台上又多了一支粉色牙刷，随着一声婴儿啼哭，又出现了一支儿童牙刷，三支牙刷在一起度过美好时光……洗手台上的洗漱物品也在变化。儿童牙刷逐渐长大，又找到另一支牙刷快乐地生活在一起。旧牙刷不断衰老，新牙刷不断增多……

字幕：生活是有机的，爱是生生不息的。

广告语：ORAL PEACE 牙膏，百分之百纯天然。

这则广告通过表现洗手台上牙刷成长、增多、衰老等变化，比喻人的一生变迁。ORAL PEACE 的品牌理念是“守护家庭健康”。广告在同一个空间内（洗手台）表达信息，清晰明确，意境优美。

（4）相同的人物

相同的人物即广告中讲述同一类人或同一个人，在不同的时间、空间内所做的事情（见案例 6–18）。

案例 6–18

案例 6–18 视频

**公益广告 · 你好，2022**

镜头组 1：绿水青山。城市夜空，出现“致敬时代楷模”的字样。

解说词：你好 2022。

镜头组 2：冬奥会运动员在滑冰、滑雪。

解说词：一起开始新的奋斗。

镜头组 3：高铁飞驰，卫星升空。

解说词：激荡吧，拓荒太空的誓言。

镜头组 4：一位老人正在认真工作。卫星在太空中穿梭。

字幕：“共和国勋章”获得者孙家栋。

镜头组 5：一位科研工作者正在看材料。

字幕：“七一勋章”获得者崔道植。

解说词：坚守吧，忠诚的卫士。

……

这则广告中，时代楷模们都在不同岗位上尽心工作，为国奉献。

（5）人物、时间、空间均不相同

人物、时间、空间均不相同，但它们之间有一种内在逻辑关系（见案例6-19）。例如，人物从小到老，天气四季的变化，一天从清晨到晚上，空间上由远及近、由南到北等。

案例6-19

### 伊利广告·北京第九分钟篇

案例6-19视频

镜头组1：一个孩子在睡觉前晃动水晶球玩具。

画外音：准备一场雪。

镜头组2：奥运现场的雪地和冰面设施正在准备中。

镜头组3：一位小学生穿着舞蹈服在家中学着电视里的人跳舞。

画外音：准备一位偶像。

镜头组4：一位运动员远去的背影。

画外音：准备一个号码。

……

这则广告展示了不同的人在准备不同的事情，都是围绕着奥运赛事的不同内容展开，描述了大家为奥运的召开进行的准备工作。

## 二、传奇型影视广告

### （一）传奇型影视广告的概念

传奇型影视广告是运用传奇人物或事情所创意的广告。广告的情节离奇或人物行为不同寻常，它可以指一个传奇的人物，也可指一件传奇的事情。

### （二）传奇型影视广告的特点及创作原则

传奇型影视广告的特点就是时间相对长一些，因为要保证叙述传奇型人或事的完整性。另外，结尾的设计要有出人意料的效果。如果结尾平平，那就无法体现出传奇的特色。

从创作原则上说，传奇型影视广告在创作时要注意以下几点：首先，要强调它的传奇性，避免平淡。其次，要使广告产品与传奇的情节发生关系。如果没有促使受众形成联想、记忆或购买产品的欲望，或是让他们觉得产品与传奇无关，那么再传奇的广告也是无效的。最后，传奇不是肆意夸大或虚构，最好是在平凡中去表达传奇的意义。传奇不一定非是奇人怪事，唐代的白话小说和明代的戏剧就叫传奇，它们充满了浓厚的世俗意味，如果不具备这样的特点，便会遭到人们的质疑和否定。

### （三）传奇型影视广告的分类

1. 写实式

写实式是指用镜头从容地叙述生活，是对生活中“真实”传奇的记录（见案例6-20）。它的优势在于能较好地掩盖广告商业动机，淡化商业气息，直接写的是人间真情、真事，间接写的是广告商品，情节生活化而非戏剧化。劣势是在对情节进行创作时，很难把控平淡生活与真实感情间的尺度，既不能过于平淡又不能过于夸大。

**案例 6-20**

案例 6-20 视频

**公益广告 · 死亡不是终点而是新生**

镜头组 1：一个婴儿在啼哭。

镜头组 2：爸爸、奶奶及很多亲人抱他、哄他都不行，他依然大声哭闹。

镜头组 3：一位外国人抱他，强烈的心跳声传来，孩子在他怀里不再哭闹，在大人的抚摸下，孩子开心地笑了。

字幕：妈妈的心脏，在数月前移植给了他。

广告语及字幕：器官捐献，爱让心跳不止。

这则广告主要表现了在不同的情境下婴儿的哭闹行为始终如一，只有听见母亲的心跳才安静下来，看似传奇的情节，反映出器官捐赠使爱心传承的主题。

2. 想象式

想象式是一种普通意义上的传奇，它通过想象的情节来表现传奇的效果，从而吸引受众，推销商品（见案例6-21）。它的常用手法是夸大和趣味性，这是它的优势。劣势是过于夸大容易失去受众的信任。

**案例 6-21**

案例 6-21 视频

**安踏广告 · 关晓彤篇**

镜头组 1：关晓彤在和一位女士用自拍杆相互击打。她的衣服随风摆动。

字幕：自拍杆击剑。（上衣）轻薄透气，进退从容应对。

镜头组 2：关晓彤领着一队女生在跳舞。在打印机上压腿。

字幕：打印机芭蕾。（裤子）拉伸随意，张弛自我定义。

镜头组 3：大家围在桌旁，将文件互相抛甩。

字幕：文件飞盘。（上衣）超弹不变形，不为谁而改变。

镜头组 4：关晓彤接过抛来的文件夹。独白：“不放过每一个想运动的冲动。”

镜头组 5：品牌标识。字幕——全天不倦。

这则广告充分运用了各种想象：自拍杆与剑、打印机与舞台、文件与飞盘等，叙述了各种环境下都可以运动的便利情境，突出了品牌支持随心运动的特色。

总之，传奇型影视广告有很广阔的想象空间，只要在使用时做好前期市场分析，就可能创作出不凡的创意作品。

### 三、噱头型影视广告

#### （一）噱头型影视广告的概念

噱头本来是指花招、点子，或是引人发笑的话或举动。商家的噱头是指商家促销的一些点子。噱头型影视广告则是指以故弄玄虚、制造悬念为基点的广告创意手法，它多用于新产品广告（见案例 6-22）。

案例 6-22

案例 6-22 视频

**天猫广告 · 双 11 篇**

镜头组 1：一位男士在行驶的出租车后面哭喊着："燕子燕子燕子，你 1111 定要幸福。"一位女士坐在出租车里很淡定。

镜头组 2：女士自语道："好啊！"然后拿手机搜索"杏脯"，下单购买。

解说词：生活一定要幸福，也 1111 定要杏脯。生活就要猛扣 1111，10 月 24 日晚 8 点，天猫双 11 预售开启，超多美味零食，要的扣 1111。

图 6-7　天猫广告 · 双 11 篇截图

这则广告利用了 1111（一）和幸福（杏脯）的谐音，制造出噱头，突出双 11 优惠活动的信息。

#### （二）噱头型影视广告的特点及创作原则

噱头型影视广告的特点是利用画面语言的残缺来吸引受众注意，这类广告往往是不全面、不完整的。在创意这类广告时应遵循的原则是：

（1）广告中的噱头在设计时要把握分寸，不要过分虚夸，更不能欺骗。

（2）明确广告中哪些元素内容可以夸张，或是可以作为噱头的点子。这需要经过精心设计和安排，关键是在结尾与前面的衔接上，如果过于夸张，容易让人从吊胃口变为倒胃口。因此，在设计噱头时不能太随意，以免让观众觉得太离谱，导致广告不能达到预期的效果。

（3）噱头在设计时要考虑文化背景和道德约束。有时噱头在某个地域或民族中传播是可行的，也能被人们理解。但要换一个地域或民族就不奏效，甚至会遭到人们的反对。如在泰国这样的佛教国家，就不能拿佛教中的人物来作为噱头使用，否则会引起当地人的反对。

**（三）噱头型影视广告的分类**

根据噱头型广告设计方法的不同，可以将它分为以下三种：

（1）断裂式：是指广告有头无尾。有“欲知后事，且看下回分解”的意思（见案例6-23）。

案例 6-23

案例 6-23 视频

**《蒙面焊将》预告片广告**

镜头组 1：工地上，放着电焊时用的手套、电焊枪、电焊帽等。

镜头组 2：黑屏及字幕：如同一场修行。

镜头组 3：各种悠长的建筑巷道里，正在前行的工人的背影。

镜头组 4：黑屏及字幕：黑暗中，寻找光明。

镜头组 5：工人们正在不同的岗位上进行焊接工作。电焊时的火花四射。

镜头组 6：黑屏及字幕：刹那中，闪耀梦想。

……

尾镜：工地和工作中的两个工人。

字幕：向每一位劳动者致敬！蒙面焊将。

这则广告中，焊接工人就是“蒙面焊将”，他们的故事会是怎样展开的？将有哪些精彩和不同的瞬间？这些都成为人们期待的内容，也是纪录片宣传把握的噱头。

（2）模糊式：是指广告中充满了神秘感，一般在结束时才推出广告的核心信息（见案例6-24）。它能让受众始终保持着对广告情节的关注，广告效果显著。

案例 6-24

案例 6-24 视频

**天猫广告·任素汐篇**

镜头组 1：任素汐在舞台中间，看向上面的聚光灯。幕布拉开，出现一个厨房。

镜头组 2：灯光下，她在厨房里做饭，揉面、撒面粉、装烤盘、做烘焙。

镜头组 3：她端出做好的面包，拍照，将照片放进自己的笔记本中。

画外独白：我信任这个舞台。幕布拉开，灯光、形体、不同的妆容，真实与松弛，不必刻意拿捏，自可以一气呵成。在生活的舞台上，做好每一个自己。我，就耀多彩。

……

这则广告，以画外独白贯穿始终，镜头内容展现做面包的几个动作，有很明显的表演和设计样态，给受众以模糊感，不知道主题是什么。直到最后才出现天猫的标识，塑造出一种模糊式噱头的广告效果。

（3）悬念式：多利用惯性思维或定式联想，以热点、趣味、模糊的话题引起强烈的关注，并把这种惯性思维演绎成"错觉"，以引起受众兴趣（见案例 6-25）。

**案例 6-25**

案例 6-25 视频

**天猫广告**

镜头组 1：几个人在一起打麻将，当有人打出"北风"时，一位女士忽然说："糊（煳）啦！"

旁边的男士说："第一把就胡（和）啦？"

镜头组 2：女士站起来说："我说厨房里的菜糊（煳）啦！"旁边男士按下她说："哎呀糊不了的，女儿不是刚给咱买自动炒菜机嘛（吗）！没问题啦！"

镜头组 3：厨房里自动炒菜机正在工作。

解说词及字幕：新年更有新年味。

……

这则广告，利用"糊（煳）了"和"胡（和）了"的谐音梗，用趣味、模糊的话题引起关注，突出产品省心省力的特点。

总之，噱头型广告是广告中的一个主要种类，只要能很好地把握受众的心理就能保证其有较好的效果。

## 四、说唱型影视广告

### （一）说唱型影视广告的概念

说唱型影视广告即歌舞式广告，是明显的舞台表演型，载歌载舞，这也是对影视媒体优势的一种充分利用，其场面欢快热闹，气氛浓郁且感染力强。

### （二）说唱型影视广告的特点及创作原则

说唱型影视广告的主要特点就是气氛活跃，曲调欢快，这种氛围使广告的商业气息弱化（见案例 6-26）。

说唱型影视广告的创作一定要使说唱以产品为中心，以促销为目的，切忌偏离主题。即使再动情的说唱形式，也要遵循为广告产品服务的根本原则。

案例 6-26

案例 6-26 视频

**妙可蓝多奶酪棒广告**

广告中，孙俪举着奶酪棒和孩子们一起唱歌、表演："妙可蓝多，妙可蓝多，奶酪棒，奶酪棒，高钙又营养，陪伴我成长，奶酪就选，妙可蓝多"。

**图 6-8　妙可蓝多奶酪棒广告截图**

这则广告运用演唱的方式传递广告信息，针对少年儿童受众，风格亲切可爱，易记易传。

## 五、场面型影视广告

### （一）场面型影视广告的概念

场面型影视广告是指用大型的场面作为基本元素来完成信息传达的广告，它适用于表现企业形象或企业理念（见案例 6-27 和案例 6-28）。

案例 6-27

**华为 Mate 系列广告**

案例 6-27 视频

镜头组 1：一片胡杨林。字幕：Mate40 见证胡杨。

镜头组 2：昆仑雪山。字幕：Mate50 跨越昆仑。

镜头组 3：一片江河。字幕：Mate60 再次出发。寻找大地新生。

……

这则广告运用大场面镜头叙述了华为 Mate 系列成长的不同寓意，展现了品牌的发展气势和不断创新前行的魄力。

案例 6-28

案例 6-28 视频

**公益广告·在希望的田野上**

镜头组 1：夏收，万顷良田麦浪滚滚，收割机在田野上隆隆作响，农民在辛勤劳作，到处是丰收的景象。

镜头组 2：夏种，秧苗青绿，农民操作各种机械在地里插秧水稻、播种种子。

镜头组 3：夏管，飞机播撒农药、化肥，各种机械设备在洒水灌溉。农田里一片旺盛景象。

……

这则广告中都是拍摄田野的大场面，视野开阔，一望无际，一起构建着三夏时节的叙事：农耕的辛苦和收获的喜悦。

（二）场面型影视广告的特点及创作原则

场面型影视广告的特点主要是场面大，它依靠场面的宏大、壮观强化广告的感染力，画面中多是中远景镜头和空镜。

这类广告的创作原则是尽量避免虚夸性和同质化的情况。即使是场面型的广告也要强调企业、产品、服务等特色，如果只是简单地以场面来表现，则很容易产生虚夸和同质的结果。如目前我国的银行广告中，这种情况特别突出，受众很难分辨农业银行、工商银行、中国银行、交通银行之间的区别，并且这些银行的广告都很讲究文化元素，大多数受众根本看不明白这些广告要说什么，广告的市场效果肯定会受到影响。

（三）场面型影视广告的分类

场面型影视广告按画面性质分，有精神象征式、产品主导式和品牌再现式。

1. 精神象征式广告

精神象征式广告是指在广告中用一种与产品好像无直接关系的画面，或是关系不太密切的画面，但却是在隐喻企业形象、烘托产品的个性和体现品牌的价值。

2. 产品主导式广告

这类广告以商品为主角，用大场面的镜头来展示广告商品。

3. 品牌再现式广告

这类广告主要是强调品牌效应，以品牌形象在影视广告中的突出表现来达到广告的效果。

## 六、幽默型影视广告

### （一）幽默型影视广告的概念

幽默是指某事物所具有的荒谬荒唐的、出人意料的，而在表现方式上又是含蓄或令人回味深长的特征。以幽默的方式来传达信息的广告就是幽默型影视广告（见案例 6–29）。

案例 6–29

案例 6–29 视频

**滴滴广告 · 中国式安全篇**

镜头组 1：一对男女在饭店相亲。男士拿出手机，对比照片中的女士，照片里的女士脸上没有痘痘，对面的女士满脸痘痘。

镜头组 2：女士拿出手机，对比照片中的男士，照片里的男士很瘦，对面的男士很胖。

镜头组 3：两人先同时说：“哦”，接着，男士说：“我还有点事……”，最后，两个人赶紧起身说：“bye（拜拜）。”

解说词：网络世界，能不能少点假象。在滴滴，司机上岗须通过人像认证，检验司机是否为注册本人。

镜头组 4：人像识别的过程。

……

图 6–9　滴滴广告 · 中国式安全篇截图

这则广告巧妙运用网络世界的假象和现实真相的对比，制造了幽默的效果，强调了滴滴人像认证的规范性和品牌的可信度。

### （二）幽默型影视广告的特点及创作原则

幽默型影视广告的显著特点就是有幽默的元素。广告发展到今天，其娱乐化趋势越来越明显。这一趋势首先源于娱乐经济的影响和冲击，也是时代发展的需要。其次，在产品同质化日趋严重的情况下，品牌差异化的塑造需要创新，以增强品牌的个性特点和内涵。最后，这类广告可以提高收视率和关注度，引起观众的兴趣，满足大家放松心情的收视需要。因此，这类广告正逐渐成为今后发展的一种趋势。

创作幽默型影视广告的原则，主要有以下几个方面：

（1）以广告目的为最终准绳。这一根本原则和目标始终是要严格遵循的。

（2）考虑幽默元素的文化背景。由于文化背景的差异，在设计和利用幽默元素做广告时，要对此有一定的认识和了解，以免引起不必要的麻烦。

（3）考虑幽默元素与广告产品或广告情节的关系。幽默元素的使用是为了增强广告的效果，因此，幽默元素与产品之间的关系就显得十分重要。如果与产品没有关系或关系不是很紧密，即广告的幽默效果和产品效果之间缺乏内在关联性，那么，广告的目标就无法达到。

**（三）幽默型影视广告的分类**

对幽默型影视广告的方法进行分类，它可以分为：

（1）以夸张的手法制造幽默，即在广告中故意夸大某个情节，以此来达到幽默的效果（见案例 6-30）。

**案例 6-30**

案例 6-30 视频

**耐克广告·新年不承让篇**

镜头组 1：过年了，家里好多人在聚会，这时，姑姑给小女孩一个红包。

女孩：我妈说不能收。

姑姑：已经放你兜里啦。

镜头组 2：新年，大家在欢聚，姑姑又给女孩红包。

女孩：谢谢姑姑，但我不能要。

姑姑：乖，拿着。

女孩：不用啦。

镜头组 3：新年，长大的女孩再次看见姑姑来给红包，于是赶紧跑出去了。

……

镜头组 N：姑姑在河边追赶着女孩，最后两人一起回家。

镜头组 N+1：姑姑又来到女孩家，女孩拿红包给姑姑，看见姑姑穿着耐克的鞋。姑姑在河边开始跑，女孩在后边追。

字幕：新年不承让。

这则广告，以夸张的手法，讲述了一位女孩和她姑姑关于新年红包的故事，表现了耐克产品耐跑的特色，同时，以女孩给姑姑红包的故事来反转，增强了幽默的成分。

（2）以偷换概念的手法制造幽默，即在广告中打破生活常规和人们的视觉习惯，把本该顺理成章的事情偷换成另一种结果，从而制造出幽默的效果（见案例 6-31）。

案例 6-31

中国银联广告

案例 6-31 视频

字幕：谨以此片献给每一位努力付出的中国人。

镜头组 1：全球金融中心——上海陆家嘴，大厦林立。

画外音：中国工商很行。

镜头组 2：抗旱作物育种让万年沙漠变成万顷良田。

画外音：中国农业很行。

镜头组 3：中国天眼——“看”得最远的射电望远镜隐世于万山之中。

画外音：中国建设很行。

镜头组 4：全世界最长的跨海大桥港珠澳大桥气势恢宏。

画外音：中国交通很行。

镜头组 5：新时代的国家名片中国高铁在大地飞驰。

画外音：中国很行。

镜头组 6：万里长城上飘扬着“中国邮政储蓄很行”“中信很行”“招商很行”“中国光大很行”等文字。

画外音：因为，中国人民很行。

……

图 6-10　中国银联广告截图

这则广告将“银行”偷换成“很行”，对每个银联成员都给予“很行”的评价，利用错觉效应，形成一种喜剧感，给人以深刻印象。

（3）以借用的手法制造幽默效果，即用以此代彼的方式，借用一些人们常见的行为表现来制造出幽默效果（见案例 6-32）。

案例 6-32

案例 6-32 视频

**台湾淘宝双 11 广告**

镜头组 1：一栋楼着火了，一位女士正扒着墙外的电缆线，悬在半空。

镜头组 2：消防员已经在楼下准备好接她的设施，一位消防员说："小姐，不要怕，我会接住你的，你下来，你下来看看。"女士惊恐地向下张望。

镜头组 3：这时一个声音从楼顶上传来："不如你上来看看。"女士抬头向上望去。

镜头组 4：一位男士举着手机，上面显示淘宝双 11 活动。他说："淘宝台湾双 11 全球狂欢节。重磅补贴，狂洒上亿。千万商品 0 元免运，淘宝商城满额 79 折，还有机会一元清空购物车。这才双 11。"女士听后马上奋力向上爬。

镜头组 5：楼上的男士拉上女士，两人开心地在一起。

……

这则广告，借用了"上"楼的概念，来表达"上淘宝"的主题，利用消防救援的场景，制造出幽默的效果。

（4）以联想的手法制造幽默效果，即用联想的手法，表现出意想不到或匪夷所思的境况，从而达到幽默的效果（见案例 6-33）。

案例 6-33

案例 6-33 视频

**红星美凯龙广告**

镜头组 1：名画《戴珍珠耳环的少女》中的少女，将耳环摘下，放在她所躺的浴盆旁边。

画外音：珍珠点亮暗夜，艺术装点生活。

镜头组 2：名画《创世纪》中的一位男士（饰亚当）将首饰递给旁边的女士（饰夏娃）。

画外音：创造世界前，先创造舒适的家。

……

这则广告运用了联想的手法，将名画进行生活化处理，给人出奇的感觉，构建出幽默效果，展现了品牌的高品质和美好寓意。

综上所述，影视广告的框架结构形式多样，许多广告可能是用到不止一种表现形式的综合式广告。根据创意的要求，灵活运用不同的方式达到广告效果才是最终的目的，这是选择影视广告框架形式时必须遵循的根本原则。

**思考题**

1. 朴素表现类影视广告的各种具体形式及优劣势是什么？
2. 艺术表现类影视广告的各种具体形式及优劣势是什么？

# 第七章　影视广告的创意

**本章重点**

- 定位策略及方法
- 影视广告创意的心理理论
- 影视广告主题的策划
- 影视广告创意的原则和方法

影视广告有效与否，创意很重要，而创意的成功取决于前期所做的大量市场调查和研究工作。这些工作中有一个重要的环节就是给产品定位。因此，要做好影视广告，就要先有产品定位策略，然后根据这一策略进行广告的主题策划，即创意。只有这些都做得既充分又合理，影视广告的效果才有保证。

## 第一节　影视广告中的定位策略

影视广告中的定位策略就是指确定产品在市场中位置的策略，这是进行下一步广告创作的重要依据。

### 一、定位策略概说

#### （一）定位的含义

定位是指确定某一事物在一定环境中的位置，如产品在市场中的定位、人物在组织中的定位、物品在某一地理位置的定位等。商品定位就是商品在市场中的位置。根据市场调查结果和行销组合策略给广告商品定位，是广告创意的依据和前提。在广告中明确指出商品定位极为重要（见案例 7-1）。

定位的内涵有三个方面：

（1）确定所要宣传的商品在市场中的位置，即确定产品的市场区隔。

（2）从众多的商品概念中，找出广告产品不同于其他产品的独到之处，即找到产品的独特个性。

（3）将独特的、有利于消费者的品牌形象刻入消费者的心中，即宣传产品的品牌形象。

案例 7–1

**胡姬花古法花生油广告**

案例 7–1 视频

镜头 1：饱满、金黄、干脆的花生。

镜头 2：屏幕中央四个金黄色大字“传统古法”。

解说：传统古法不同于现代工艺。

镜头 3：画面中心是一桶胡姬花花生油。

镜头 4：去壳的红皮白肉的花生从画面上飘起，一颗花生裂开，金黄色的花生油从裂开的花生里飘出。

镜头 5：古法榨油工具。

解说：胡姬花古法花生油，慢火炒，香透了，再小榨。

镜头 6：金色的花生油滴从饱满的花生上滴下，榨油师傅舀起一提油，放在鼻前闻嗅。

镜头 7：画面主体是两桶胡姬花古法花生油，以及“胡姬花古法花生油”字样。

解说：嗯，老油坊的香，胡姬花古法花生油。

这则广告明确指出胡姬花花生油的定位——传统古法榨取，广告通篇采用金黄色的主色调，配合花生以及古法榨油工具和古代榨油师傅的画面，突出了产品的古法工艺。

**（二）定位的作用**

定位的作用表现在以下几个方面：

（1）定位有利于制定正确有效的广告策略和营销策略。

（2）定位有利于建立品牌个性，引导竞争，发掘市场。

（3）定位有利于突出产品优势，增强消费者对品牌的识别和认知（见案例 7–2）。

（4）定位有利于反映企业的市场价值观，展现企业形象。

（5）定位有利于吸引目标消费者。

（6）定位有利于赢得忠实消费者。

案例 7–2

**农夫山泉广告**

案例 7–2 视频

镜头组 1：大自然中欣欣向荣、不断生长的绿色植物。

解说：水是生命之源。水的质量，决定生命的质量。

镜头组 2：山间溪流中奔流不息、清澈的天然水。

镜头 3：晶莹剔透的水滴从绿色的叶子上滴下。

镜头 4：农夫山泉矿泉水产品，以及字幕：农夫山泉饮用天然水。

广告语：我们不生产水，我们只是大自然的搬运工。

图 7-1　农夫山泉广告截图

这则广告中，农夫山泉在着力传达品牌的定位——我们不生产水，我们只做大自然的搬运工。广告用大自然中生命力蓬勃的植物和溪流中奔流的、清澈的溪水来说明优质天然水对生命的滋养，有效地突出了产品的个性和优势。

总之，定位在广告创意之前是必须考虑的，这也是保证广告市场效果的必要前提。

## 二、定位的原则和工作内容

### （一）定位的原则

脚踏实地地研究市场，以市场调查作为依据是定位的原则。借用电通的观点就是：定位是用脚做出来的。

**➔启发与思考**

**科学的广告精神**

广告是营销的工具，需要遵循科学的方法和理论。例如，基础社会科学中的心理学、统计学、文化学、社会学、管理学等为广告策划提供了理论支撑，而在方法上，需要依据如调研法、归纳总结、定量定性分析等科学的方法。广告策划绝不是“拍脑门”、凭一时热情就能完成的。广告创意和表现方式这些看似很玄的东西，正是建构在基础的、扎实的理论和实践积累的前提之上的。学习广告专业的理论知识，扎根生活实践才会创作出好的广告作品。这也是职业操守和敬业精神的体现。

### （二）定位的工作内容

定位的工作内容如下：

（1）彻底认识产品——它是什么？如了解用途、价值、价格、工艺、材料等（见案例 7-3）。

**案例 7-3**

案例 7-3 视频

**舒肤佳广告 · 12 小时长效抑菌篇**

镜头 1：几个孩子戴着头盔，骑着滑板车在快乐地玩耍。

镜头 2：当孩子们经过空调室外机时，皮肤上沾染上了空气中的脏东西。特写镜头显示孩子胳膊皮肤上的脏东西。

解说：孩子在户外，难免遇到空气中的脏东西，危害肌肤健康。

镜头 3：孩子用舒肤佳沐浴露洗澡，身上满是雪白的泡沫。

镜头 4：孩子用舒肤佳洗澡前放大的皮肤图片。

画面文字：空气脏东西伤害皮肤。

镜头 5：孩子用舒肤佳洗澡后放大的皮肤图片。

画面文字：长效保护。

镜头 6：孩子用舒肤佳洗完澡后，被蓝色的舒肤佳抑菌光圈环绕。

解说：全新舒肤佳，不仅仅是清洁，更给孩子 12 小时长效抑菌保护。

镜头 7：全新舒肤佳系列产品组图及广告语——健康更安心。

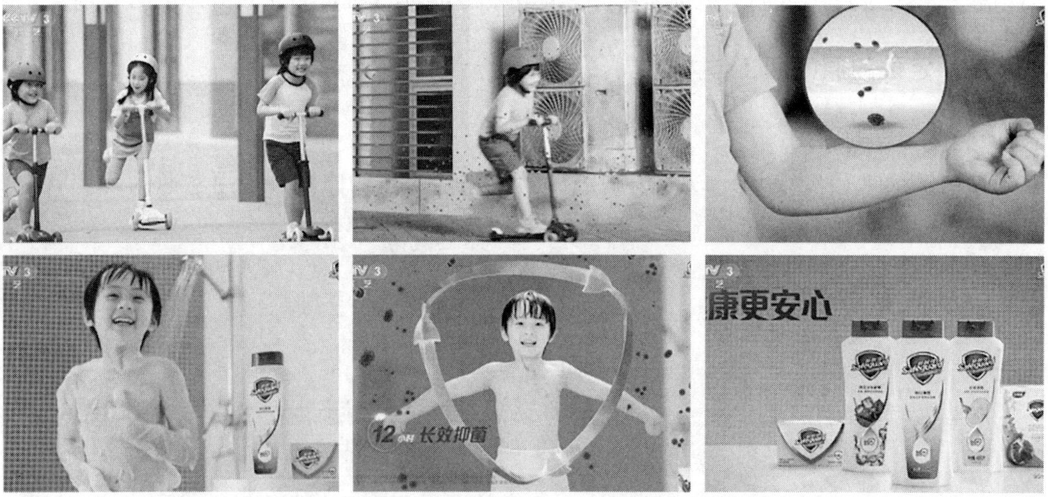


**图 7-2　舒肤佳广告 · 12 小时长效抑菌篇截图**

这则广告旗帜鲜明地提出全新舒肤佳的定位就是 12 小时长效抑菌，强调除了清洁皮肤，全新舒肤佳还可以给孩子提供 12 小时的长效抑菌保护，保护孩子健康。

（2）研究竞争商品——目前市场上在与什么商品竞争？如了解同类的、不同类的、竞争的情况等（见案例 7–4）。

案例 7–4

案例 7–4 视频

**大众纯电汽车广告**

一辆红色大众纯电汽车在白雪覆盖的马路上奔驰。画面转换，一辆白色的汽车因没电抛锚在冰雪覆盖的马路上，两人一狗正在雪地里使劲推车。红色汽车疾驰而来，与抛锚的白色汽车形成鲜明对比，坐在红色汽车里的狗从车窗露出脑袋，露出得意的表情。正在推车的狗追了上来。在红色汽车的显示屏上，剩余电量显示为 80%。画面切换，红色汽车拖着白色汽车在雪地里前行，三个人两条狗坐在车里气氛欢乐。

这则广告通过大众纯电汽车可以在冰天雪地中拖着抛锚汽车前行来体现大众纯电汽车的续航能力。而这恰是电动汽车的一个痛点，也是竞争产品存在的一大问题，而这则广告将这点凸显为大众纯电汽车的优势。

（3）研究目标市场和目标消费者——产品适合哪些人使用？如了解消费者及其生活习惯、需要、文化等（见案例 7–5）。

案例 7–5

案例 7–5 视频

**云南白药清热解毒广告**

镜头 1：一对恋人在吃火锅，男士给女士夹菜，女士吃了一口以后用手捂着脸。男士递给女士一杯水，女士服用了云南白药清热解毒系列产品。

解说：咽喉肿痛、牙齿疼痛、口鼻干燥，请用云南白药清热解毒系列产品。

镜头 2：云南白药清热解毒系列产品画面。（黄连上清片、蒲地蓝消炎片、玄麦甘桔颗粒）

解说：一生呵护，云南白药。

这则广告直接介绍了云南白药清热解毒系列产品的功效和能够解决的上火问题，信息传达简明、清晰、直接。当消费者出现这些上火问题时，可以选用云南白药清火系列的产品。

（4）研究市场消费趋势——消费者有何新需求？如了解未来的发展态势、怎样引导消费等。

## 三、定位的类型

定位的依据不同，会出现不同的种类。主要有以下几种：

（一）品质定位

品质定位即通过突出商品与众不同的质量、价值、材料、工艺、产地和服务等方面的特点，来确定其在市场中的位置（见案例 7-6）。

案例 7-6

案例 7-6 视频

**北京同仁堂阿胶广告**

镜头 1：记载着阿胶古方的纸张。

镜头组 2：依次出现驴皮、熬制好的阿胶、包装好的阿胶礼盒画面。

解说：同仁堂阿胶，选料上乘，古方炮制，工艺精湛，补血滋阴。

镜头组 3：北京同仁堂品牌名称和标识。

解说：润燥止血，北京同仁堂阿胶。

图 7-3　北京同仁堂阿胶广告截图

这则广告以理性的传达方式强调了产品的品质——选料上乘、古方炮制、工艺精湛，从而告诉消费者，产品的品质和功效是值得信赖的。

（二）价格定位

价格定位即以不同档次的价格为主要定位元素，突出产品在价格上的优势，并以此作为打入市场和与对手竞争的重要武器。这种定位主要是强调其在价格上的合理性、优惠和可比性（见案例 7-7）。中低档产品多用这种定位策略。

案例 7-7

案例 7-7 视频

**高德打车广告**

镜头 1：一群火烈鸟走来，白鹅站在火烈鸟中间，身材矮小。

字幕：上方显示：低的显“鹅”易见。下方显示：打车先比价，高德有低价。

镜头 2：长颈鹿仰着长长的脖颈在吃树叶，一匹斑马使劲跳也够不上长颈鹿的高度。斑马站在长颈鹿中间，同样显得身材矮小。

字幕：上方显示：低的立“马”看得到。下方显示：打车先比价，高德有低价。

镜头 3：两只老虎仰天长啸，小猫“喵”的一声，老虎都在低头看。画面上，一只猫站在老虎中间，显得又低又小。

字幕：上方显示：低的“喵”一眼就看到。下方显示：打车先比价，高德有低价。

镜头 4：广告语：“打车先比价，高德有低价。”

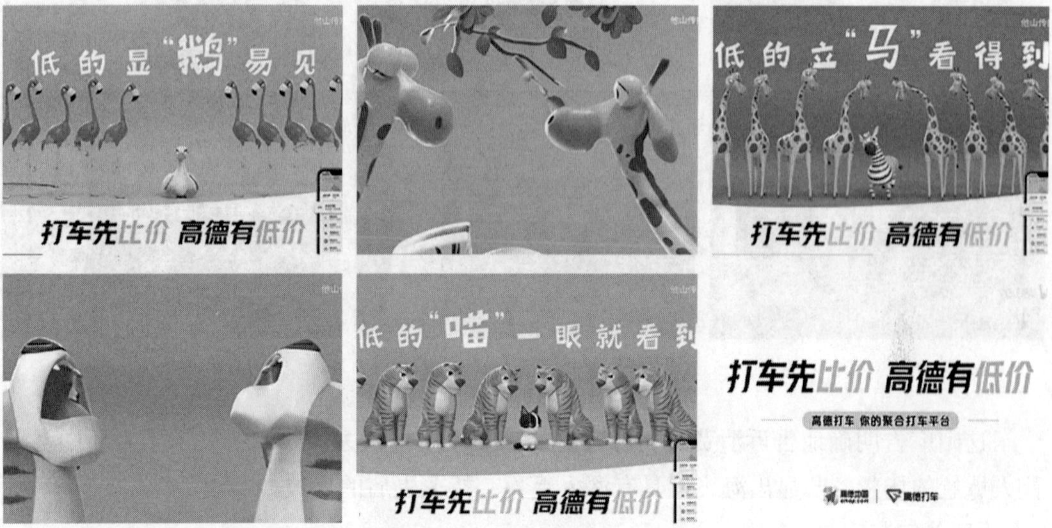


图 7–4　高德打车广告截图

这则广告用动物身材的高矮对比和谐音的方式，传达了高德打车价格低的信息。

（三）功效定位

功效定位即强调广告产品卓尔不群的功能和效果，使之与其他商品区别开。当然，从一定意义上讲，品质也包含功效，但为了强调效果和消费体验，功效定位还是必须单独说明的，如海飞丝倡导专业去头屑（见案例 7–8）、小护士防晒霜倡导“晒不黑”等。

案例 7–8

案例 7–8 视频

海飞丝广告

镜头组 1：一位帅气阳光的小伙子迎面走来，旁边的服务生却用异样的眼神看着他。原来他的头皮屑掉到了 T 恤上，头皮屑就像箭一样插在肩膀上。

镜头组 2：小伙子和两个朋友坐在一起愉快地聊天，这时头皮屑又像箭一样插在了肩膀上。两个朋友也露出异样的眼神。

镜头组 3：小伙子 T 恤肩膀的位置出现了文字——没品位、不干净。小伙子尴尬地看向自己的肩膀。

画外音：头屑总说你坏话？

镜头 4：海飞丝产品像橡皮擦一样擦去了“不干净”的字样。

画外音：海飞丝，深入毛囊，持久去屑。别让头屑说坏话。

图 7-5　海飞丝广告截图

这则广告明确地告诉消费者，海飞丝的功效就是持久去屑。广告展示了生活中头屑让人尴尬的场景，凸显出海飞丝具有深入毛囊、持久去屑的功效。

（四）包装定位

包装定位即以包装的特色来确定商品的市场地位，其中包括包装的材料、方式、包装的标识等（见案例 7-9）。这种定位策略常常会与其他定位策略一并使用，以保证广告的影响力和效果。

案例 7-9

案例 7-9 视频

**安井锁鲜装广告**

镜头组 1：绿色的画面背景下，一个年轻女孩拿着安井的产品。画面上出现“锁水”字样。紧接着出现“锁鲜”字样。

画外音：不要锁水，丸子要锁鲜。

镜头组 2：安井产品形象展示，右侧出现文字传达安井锁鲜装的特点。随后出现女孩注视着手中安井产品的画面。

画外音：安井真空锁鲜装，好吃看得见。

镜头组 3：女孩面前的桌子上摆放着安井锁鲜装的产品，女孩伸手表示推荐。

镜头组 4：女孩一手拿安井产品，另外一只手把“空气”两个字推开。随后出现女孩以不同姿势拿着安井产品的画面。

镜头组 5：画面依次出现“真空锁鲜装”文字以及安井标识。

画外音：真空袋、透明装，隔绝空气，锁住美味，安井真空锁鲜装，选择更安心。

这则广告主要的展示内容就是包装，传达的主要信息就是产品的锁鲜装可以更好地锁住美味。

以上四种定位，都是从商品自身因素考虑的。另外，还有从消费者和市场状况角度考虑的分类，对商品定位也很重要。

（五）心理定位或观念定位

心理定位或观念定位是以消费者的心理活动，如感受、需要、欲望、想象等来进行定位的，或是以某种观念为依据进行定位的。

1. 心理定位

心理定位主要是根据感觉、情感、需要、欲望、想象等心理活动来进行定位的（见案例 7-10）。

案例 7-10

案例 7-10 视频

**酒鬼酒广告**

酒鬼酒广告以水墨风格画为背景，广告中所有形象均为动画形象。画面中首先出现一个在山水中背着酒鬼酒行走的古代男性的形象。接下来的画面中，有乘舟破浪而来的古人，有在岸边山坡或站或坐的古人，有闻着酒香而来的人。他们围坐在一起，共同品评酒鬼酒……

伴随画外音和字幕：酒鬼背酒鬼，千斤不嫌赘。酒鬼出湘西，涓涓传万里。无上妙品，酒鬼酒。

这则广告使用水墨风格的背景画面以及古人动画形象，极具历史感和文化气息，以此展现酒鬼酒的文化内涵。消费者在感受文化符号的同时，更容易在情感上接受产品。

2. 观念定位

观念定位是根据受众的新旧观念对比进行定位。它在广告中突出宣传产品新的意义和新的价值取向，建构消费者的心理定式，重塑消费者的心理习惯，培养新的价值观念，从而引导市场消费的变化或发展趋向（见案例 7-11）。

由于产品的基本功能和消费者对产品的习惯性认识，在通常情况下消费者都有其确定的价值判断，这种固定的价值判断成了消费者选择或放弃某种产品的依据。有时某种产品由于种种原因，形成了消费者观念上的某种障碍。采取观念定位，有助于推动产品为消费者所接受。如七喜饮料推出的“非可乐”观念和美国艾维斯的“老二定位”观念都是经典案例。

案例 7-11

案例 7-11 视频

### 农夫山泉婴儿水广告

镜头组 1：一位妈妈抱着婴儿站在窗前，婴儿伸出小手摸妈妈的脸，镜头又转向肉嘟嘟的婴儿。

镜头组 2：成人和婴儿单位体重需水量图示。婴儿用水矿物元素含量推荐值图示。

画外音：作为妈妈，我知道宝宝的肾脏还很稚嫩。单位需水量却是成人的 2.5 倍。过高矿物元素的水会给宝宝的肾脏增加负担，不含矿物元素的水也不适合宝宝。

镜头组 3：大自然中水流潺潺的场景。

画外音：农夫山泉婴儿水，取自长白山莫涯泉，低钠淡矿化度，呵护宝宝稚嫩的代谢系统。

镜头组 4：产品以及产品线灌装画面。

画外音：采用更为严苛的生产标准和无菌生产工艺，标准可以达到 Log6，即一百万瓶里不允许出现一瓶有菌的水。

镜头组 5：使用农夫山泉婴儿水冲泡婴儿配方食品。宝宝抱着奶瓶，喝得心满意足。

画外音：更好溶解配方食品，保障宝宝饮水安全。

镜头组 6：以一家三口的剪影为背景，画面主体是婴儿水产品形象。

画外音：农夫山泉婴儿水，人生的第一口水。

这则广告强调选择婴幼儿用水应该更加慎重，应该为宝宝选择更加适合宝宝的专用婴幼儿水，将婴幼儿水的产品观念传递给消费者。

总的来说，各种定位方式都有自身的特点。产品在制定定位策略中，往往会结合多种定位方式，以确保定位策略的完善与效果。

## 四、产品定位的方法

产品定位的方法有很多，这里主要介绍以下几种：

（1）“人无我有”——就是在广告中强调产品独特的存在价值，如低价位、高科技、新材质等，以在影视广告中凸显产品独有的特色为主旨（见案例 7-12）。

案例 7-12

案例 7-12 视频

### 养立方金三七广告

镜头 1：一位老年男士、一位中年女士、一位中年男士和一位老年女士先后面带惊讶表情说：“高！”“真高！”“实在是高啊！”“三七总皂苷含量这么高啊。”

镜头 2：四个人脚下是“有效成分”四个大字，四个人一起仰视中间茁壮的植物三七。

镜头 3：画面左侧是养立方金三七的巨大包装，右侧是“专利种苗，核心科技”八个大字。一位戴眼镜的中年男士从左向右走过，镜头转换中八个大字越来越大，占据了整幅画面。随着他的走动，画面切换成“有效成分高”五个大字。

画外音：养立方金三七，专利种苗，核心科技，有效成分高。

镜头组 4：广告开头的四个人每人一杯金三七，脸上露出满意的表情。

画外音：每一口都香浓回甘，每一口都健康满满。

……

**图 7-6　养立方金三七广告截图**

这则广告着重突出产品拥有专利种苗和核心科技，其中的有效成分“三七总皂苷”含量很高，这是其他产品所没有的优势。

（2）“人有我优”——就是在商品同质情况下，强调自身的优势（见案例 7-13）。

**案例 7-13**

案例 7-13 视频

### 君乐宝旗帜奶粉广告

镜头 1：坝上草原连绵的绿色牧场。一对母子在草地上野餐玩耍。

画外音：中国黄金奶源带，坝上草原。

镜头 2：草原建起全球创新“零距离一体化”模式工厂，包括奶牛牧场、挤奶大厅和奶粉工厂。

画外音：全球创新“零距离一体化”模式。

镜头 3：奶牛在奶牛牧场里惬意地吃草。在草原和牛奶虚化的背景下，旗帜奶粉所含的营养物质出现在画面上。

画外音：鲜奶无需运输，直接加工成品质更高的旗帜奶粉。

镜头 4：代言人拿起旗帜奶粉，画面右侧是奶粉产品形象展示。随后镜头切换到旗帜系列产品组图。

画外音：旗帜奶粉，中国奶粉旗帜。

在这则广告中，旗帜奶粉以有更好的牧场，有全球创新的一体化生产模式，具有更高的品质等优势，将自己和其他产品区别开。

（3）“人有我无”——就是指其他商品存在的劣势而自身没有，如感冒药不含 PPA、速成食品非油炸等（见案例 7-14）。

案例 7-14

案例 7-14 视频

### 简醇酸奶广告

镜头 1：白色调背景下，镜头由远而近，一位年轻男士在许多运动器械中间健身。镜头转换，男士手举酸奶。

画外音：想自律，又想自由？

镜头 2：男士在桌子上拿起一瓶简醇酸奶，仰头喝起来。画面上出现产品卖点文字——简醇，超好喝的 0 蔗糖酸奶。

镜头组 3：男女代言人展示了喝简醇的不同场景——早餐喝简醇、运动喝简醇、餐后喝简醇。

镜头组 4：女代言人喝简醇和运动的场景。

画外音：简醇，超好喝的 0 蔗糖酸奶。

镜头 5：简醇系列产品形象展示。

画外音：全国销量遥遥领先。

镜头 6：君乐宝的标识、广告语及字幕——科学营养，鲜活力量。

在这则广告中，简醇酸奶着重传达了一个信息，即简醇不含蔗糖，简醇和其他酸奶的不同之处在于简醇是零蔗糖的超好喝酸奶。

（4）“人各有志”——就是商品只强调自己的特色，如夕阳红旅游、儿童专用牙膏、男人的衣柜等，都属于这类定位方式（见案例 7-15 和案例 7-16）。

案例 7-15

案例 7-15 视频

### TCL 无水离子空气洗洗衣机广告

羽绒服绒毛和羽绒服依次出现在洗衣机的滚筒背景中，洗衣桶在旋转，但是滚筒中并没有水，画面出现字幕“离子空气洗，娇贵衣物无水护理”……接下来的画面中，污渍从衣物上分解出来，画面文字“负氧离子深层净护，消菌净螨祛除异味”。衣服在洗衣桶中变得洁净，同时画面出现文字“离子深层氧护，衣物焕若新颜”。洗好的衣服从洗衣机中飞出，画面上出现洗衣机产品形象，字幕为“无水离子空气洗，高端衣物专属洗护”。

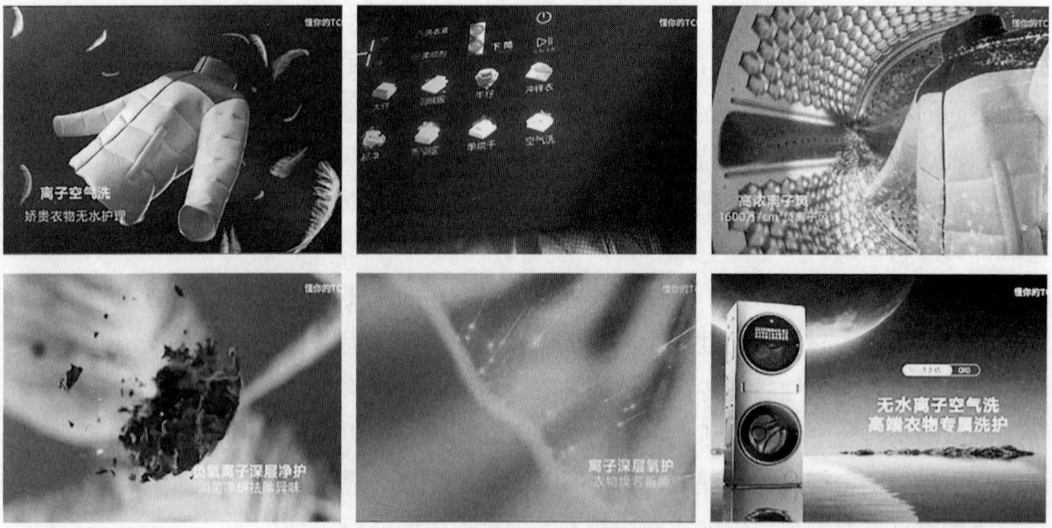


图 7–7　TCL 无水离子空气洗洗衣机广告截图

在这则广告中，TCL 无水离子空气洗洗衣机强调了自己的独特之处，即洗衣不用水，而是采用高浓度离子风，在深层清洁的同时还能杀菌和养护衣物，塑造了产品的独特形象。

案例 7–16

**美国吉利公司“雏菊”牌女用刮毛刀**

定位方案：

1. 弧形握柄易抓又安全
2. 雏菊爱我
3. 双刃刮毛
4. 完全配合妇女的需要
5. 女孩不用操心
6. 不伤玉腿
7. 不到五十美分

最终，公司采用了第六个定位方案。因为这个方案更注重消费者的心理感受，能从她们的角度去理解产品，给予女性极大的心理关注。一个“玉”字暗合了女性爱美、自尊的心理，所以它更容易被消费者接受。

（资料来源：李谋 .CF 大透视——影视广告创作指南［M］. 北京：中国摄影出版社，2000：99.）

另外，在这里还要特别强调，定位一定是在了解市场的基础上，引导和创造消费需求，而不是盲目顺从。定位必须抓住一点——突出特色。

## 第二节　影视广告创意的心理理论

创意是影视广告的生命，也是影视广告策划与制作中的核心问题。影视广告创意有两个不同的词性：作为名词，是指使广告达到其目的的创造性主意，在商业广告中是指能使广告达到促销目的的独特主意，包括广告主题及其表现主题的形式；作为动词，它实质上是寻找一个说服目标消费者的理由并予以形象化包装，即创作影视广告时萌生灵感和优秀意念。

消费心理学理论是影视广告创意的重要依据，它的主要内容涉及以下几个方面：

（1）消费者的心理活动过程：包括认识过程、情感过程、意志过程。

（2）消费者的个性心理特征：包括气质、性格、兴趣、能力等。

（3）消费行为中的心理活动：主要有需求、动机、欲望等。

（4）影响消费行为的心理因素：学习、记忆、注意、想象、态度等。

下面对这些与影视广告创意密切相关的内容作简要介绍。

### 一、注意理论及其在影视广告创意中的运用

如何强化影视广告中受众的注意力是创意的关键。国外研究认为人眼扫描一下电视画面的时间约为 0.3~0.4 秒。因此，广告创作者要在这么短的时间内完成对受众的吸引，就需要充分地理解和运用注意理论，从而增加广告创意对受众瞬间吸引的功效。

#### （一）注意的概念及特征

注意是指心理活动对一定事物或活动的指向和集中。它的基本特征就是指向性和集中性。指向性是指选择一定的事物作为心理活动的对象，并比较长久地保持在所选择的对象上。集中性是指人的心理活动离开与所选择的对象无关的一切事物，深入到所选择的对象中去，并将抑制与对象无关的甚至有妨碍的活动。当人发生注意时，他所有的心理活动都会指向和集中到这个注意对象上。心理学研究表明，生活在客观世界中的有机体会面临各种各样的刺激，有的源自内部，有的源自外部。而在特定的时刻，有机体并不能接受所有作用于其感官的刺激，而是有选择地注意少数的对象。

#### （二）影视广告创意中吸引注意的方法

影视广告中吸引注意的方法有很多，但要想真正达到在极短的时间内吸引受众注意的目的，就必须依据心理学上的注意理论来设计创意。

1. 加大客观刺激物本身的特点

心理学研究认为，刺激要达到一定的强度才能引起有机体的反应。在一定的强度范围内，强度增加，反应也随之增加。因此，在设计广告创意时，就要适当地增大刺激物的强度，如刺激物本身的感染力、与其他物体的对比度、刺激物本身的变化、刺激物本身的新异性等，即在影视广告中让产品足够醒目、足够新奇独特（见案例 7-17）。

案例 7–17

### 日本航空公司广告·精准篇

案例 7–17 视频

音乐中，一个身穿白色厨师服的厨师站在大料理台前，用刀把一块新鲜的肉切成片。接着厨师用切成片的肉把其他食材包裹，做成一份餐食，把这份餐食放在料理台前的计量秤上，计量秤上显示出“27 克”。厨师重复这个操作，做出的每一份餐食都是“27 克”。厨师完成餐食制作后鞠躬致意。字幕：“精准传承于我们的文化中。”背景变换为满屏放着做好的餐食和显示“27 克”的计量秤。一架飞机正要起飞，画面上出现字幕“5 次被评为世界上最准时的航空公司”。最后，出现日本航空公司的标识和广告语——别人飞行，我们在翱翔。

这则广告要传达的信息是准时、精准，广告将飞行时间的精准和厨师准备餐食分量的精准联系在一起。让计量秤上显示 27 克的画面多次重复出现，刺激受众记住“精准”这一信息，并将其和飞机的准时产生关联。

2. 针对人的主观心理状态

有机体是否会产生注意心理，除了与外界刺激物的刺激强度有关，与接受刺激的主体自身的特点也有一定的关系，即面对同样的刺激，有人会产生注意，有人则不会。因此，在设计影视广告创意之前，对受众的心理活动要有充分的认识，这样才能保证广告刺激能达到吸引其注意的目的。这些心理活动主要有兴趣、情绪、需要、知识和经验等。也就是说，在影视广告中要注重表现一些受众有兴趣听、喜欢看、很需要的内容（见案例 7–18）。

案例 7–18

### 多乐士油漆广告

案例 7–18 视频

镜头组 1：欢快音乐声响起，出现一家人在湖边野餐的场景，一家四口和宠物其乐融融。男孩在吹泡泡，女孩在向蝴蝶吹气。随着女孩吹气的动作，出现了一个透明的大气泡。随着气泡的飘动，出现了多乐士森呼吸天然植本漆的产品形象。

画外音：放心呼吸的空气，在大自然，更要在家里。

镜头组 2：产品形象展示。同时画面出现“美国农业部认证”字样。

镜头组 3：在产品形象周围，飘出玉米、木薯的图像。带有“甲醛”“苯”字样的气泡消失在油漆后。

镜头组 4：画面转换到家中的场景，一家四口坐在沙发上吹出透明洁净的大气泡。孩子在家里自由奔跑玩耍。

画外音：多乐士森呼吸天然植本漆，萃取玉米、木薯等天然植物成分。净化甲醛、苯，让家中空气更纯净安心，多乐士，多彩开始。

镜头 5：虚化的家庭背景上，出现产品形象、标识和名称。

镜头 6：蓝色背景上出现多乐士的标识和广告口号。

画外音：多乐士，多彩开始。

图 7-8　多乐士油漆广告截图

这则广告抓住了人们选择油漆时担心污染空气的心理，告诉消费者产品萃取植物成分，可以净化有害物质，让家中的环境就和在大自然里一样纯净，令人安心。

3. 广告作品本身的刺激强度

广告中除了要在刺激物上下功夫外，广告作品本身也是对受众的一种刺激，它要有感染力、魅力、幽默感、新鲜感和人情味（见案例 7-19）。如果广告本身缺乏创意的新奇性和感染力，只是雷同、模仿，那就不会对受众产生吸引力。

案例 7-19

案例 7-19 视频

**京东 618 广告·2023 年篇**

欢快喜庆的音乐中，绽放的烟花幻化出“618”字样。一个小伙子身着喜庆的红色衣服在激昂地擂鼓。一群身穿红衣的人欢聚在一起，画面的中间出现红色字幕“618 京东 20 周年庆”。场景转换，穿红衣的年轻人们手里拿着买到的产品，跳跃、击掌、欢呼，画面中出现显眼的大字“60 元额外补贴”。画面转换，出现四个表情兴奋、身穿红衣的小伙子擂鼓的欢庆场面，后面一群红衣年轻人手举京东标识在高声欢呼。最后，画面出现京东标识，以及其下的“多·快·好·省”字样。

字幕：今年 618，够省才京东。

解说：欢迎参加 618 揭幕赛。今年 618，京东 20 周年庆。全场直降，每天还有 60 元额外补贴。5 月 31 日晚 8 点，全面开启。今年 618，够省才京东（京东）。

图 7–9　京东 618 广告 · 2023 年篇截图

这则广告以红色为主色调，用烟花、擂鼓、欢呼、跳跃、击掌等场景来营造欢乐喜庆的气氛，广告中的欢乐喜庆气氛对受众有着非常强的感染力，同时也把京东 618 省钱的信息传达给消费者。

综上所述，只要认真研究了受众的注意心理，就能有的放矢地去设计能够引起其注意的内容，从而保证广告的效果。

## 二、兴趣在影视广告创意中的运用

人的兴趣是使人对某种事物或活动给予特别的关注与注意，并且具有向往的心理。因此，在设计广告创意时，要对受众的兴趣有所了解，以求在广告中表现更多让受众感兴趣的内容，保证达到最终的目的。

### （一）兴趣的概念和特点

兴趣是指人们积极地探究某种事物或爱好某种活动的一种认识倾向。兴趣具有倾向性、持久性、差别性和效果性。倾向性是指人们的兴趣总是指向某种客观事物，有具体的内容和对象，即兴趣不是虚无的、无具体目标的。持久性是指人们的兴趣会持续一定的时间，甚至会养成某种习惯，也就是人们对有兴趣的东西会产生具有一定稳定性的喜好。差异性是指人的兴趣范围大小不一，对不同事物的兴趣程度也不一样。效果性是指兴趣对一个人的活动所产生的实际效果或效能的大小，即人们把兴趣转化为行动并产生效果的情况。

### （二）影视广告创意中对兴趣的运用

影视广告在设计创意时可以从多角度、多方面去考虑受众的兴趣点。这里以性别差异为例，从不同性别的兴趣区分以及在广告创意中的运用来进行分析和说明。

心理学研究认为，一般来说，男性最感兴趣的内容是男性、男性与女性、机械、酒、竞赛、狩猎、战斗等（见案例 7-20），而男性兴趣的特点是理性多于感性。相比之下，女性最感兴趣的内容有女性、孩子、衣服、装饰品、家居等（见案例 7-21），女性的兴趣特点是感性多于理性。根据这些理论，在广告创作时就要对不同受众的兴趣内容进行区分，以求达到更好的效果。

案例 7-20

案例 7-20 视频

**国缘酒广告**

背景音乐中，镜头从国缘酒产品形象展示开始，配合解说和字幕："中国人，讲究缘分"。两位男士笑着手握在一起，同时出现解说和字幕："相信成大事必有缘"。镜头转换，几位男士抬头看着国缘酒的大幅户外广告。随后出现两位男士拥抱在一起的画面，配合解说和字幕："中国人，珍惜缘分"。一群人聚在一起谈笑风生，共同举起了国缘酒，配合解说和字幕："重要时刻，就喝国缘"。大家或坐或站，手拿酒杯，窗外是国缘酒的大幅产品展示。接着场景转换为一群人坐在沙发上，配合解说和字幕："成大事，必有缘，国缘，中国新一代高端白酒"。最后，广告画面上出现字幕以及产品展示。

白酒的主要消费者是男性群体，这则广告从男性视角出发，主要人物的选择均为男性，广告的主色调和广告场景的选择也均为男性视角，"讲缘分""成大事"的广告诉求也更容易打动男性消费者。

案例 7-21

案例 7-21 视频

**娃哈哈营养酸奶饮品广告**

在广告歌中，两个儿童飞翔在蓝天上，表情欢乐，还做出飞翔的动作。他们一个穿着蓝色卡通服装，衣服上写着"锌多多"，另一个穿着黄色卡通服装，衣服上写着"钙多多"。两个孩子飞翔在蓝天绿树的背景中，钙和锌围绕着两个孩子。一位年轻妈妈站在围栏边，弹着吉他，和孩子们对视欢笑，接过了孩子递过来的娃哈哈营养酸奶饮品。三个人满足地喝娃哈哈营养酸奶饮品。两个孩子做出碰杯的动作。

广告歌词：娃哈哈锌多多、钙多多，伴我快乐成长。多锌多钙，天生可爱。哇，来一瓶！

这则广告中，产品的使用者是儿童，购买者是年轻女性。广告中出现的清新自然的环境、快乐的儿童、多锌多钙的产品，都是能够吸引女性注意的信息点。

### 三、需要、动机在影视广告创意中的运用

消费者的需要和动机是其决定购买的重要因素。如何在广告中激发人们的需要和动机是进行创意时要考虑的重要内容。因此，认真研究需要和动机理论是做好广告创意的

基础和前提。

（一）需要、动机理论的概述

需要是个体的一种主观状态，是产生行为的原动力。它是在一定生活条件下，有机体对延续和发展生命所必需的客观事物的需求的一种反映。动机是激发和维持个体进行活动，并导致该活动朝向某一目标的心理倾向或动力。当刺激引起需要时，会伴随着心理紧张的状态。个体由于学习体验和认知过程的提示，会指向能够满足需要的具体目标。于是，就形成了一种推动个体去满足需要目标的动力（动机），由此成为一种内驱力，产生指向目标的行为，推动个体行为以满足需要。随着需要对象的获得，即需要得到满足，原有的紧张状态予以解除，动机过程随之结束，同时又可能产生新的需要。如此循环往复，人的思想行为不断向前发展。

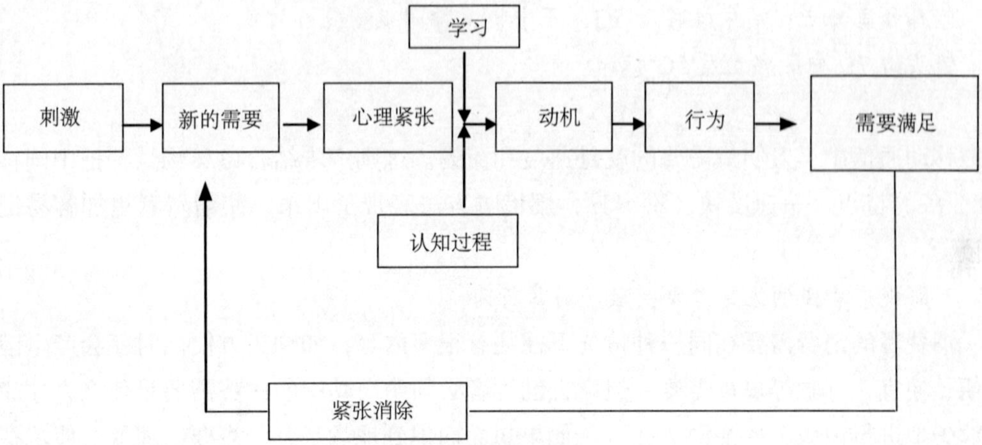


**图 7–10　动机过程**

资料来源：马谋超. 广告心理学基础［M］. 北京：北京师范大学出版社，1992.

（二）影视广告创意中对需要和动机的运用

需要和动机是消费者重要的心理活动，影视广告要注重针对这种心理进行广告创意。

1. 影视广告要注重表现商品在需要中的定位

消费者为什么要购买这个商品？也就是他对这个商品的需求点是什么？这是消费行为产生前必须解决的问题。如果能在影视广告中为他提出并解决这个问题，消费行为就会变得自然和顺畅，即要在影视广告中注重表现商品定位与消费者需要之间的必然联系（见案例 7–22）。如购买洗发用品，海飞丝是能去除头屑的，飘柔是能让头发柔顺、飘逸的，潘婷是对头发产生滋养呵护功效的，等等，它们都有明确的定位，并能在广告中明显区分开，让消费者明白自己需要的是哪种商品，这就使广告产生了明确的效果。

案例 7-22

### 中国移动 5G 广告·2022 年篇

案例 7-22 视频

镜头组 1：手机上传来提示“冰壶比赛即将开始”。老太太拿着墩布在冰壶前面擦，引导冰壶顺畅前行。

镜头组 2：一声信号枪响，一位速滑运动员在冰面上奋力滑行。

镜头组 3：一位满头都是彩色发卷的老太太拿着墩布滑行在冰面上，运动员转头看到追上来的老太太，满脸惊讶。

镜头组 4：运动员更加努力地向前滑，老太太也用墩布快速地撑在冰面上滑行。

镜头组 5：老太太领先到达终点。后面是沮丧的运动员。

镜头组 6：老太太右手拿墩布，左手拿手机露出满意的表情，并高兴地左右扭动。

字幕和画外音：用中国移动 5G，不卡顿，神同步。

镜头组 7：中国移动及 5G 标识。

移动通信中，人们最需要的就是速度和流畅。这则广告结合冬奥场景，把中国移动 5G 业务的特点——速度快、不卡顿，用借喻方法表现了出来，使消费者更加容易记住和接受。

2. 影视广告强调优势需要，激发消费行为

消费者的消费需要在同一种情况下往往有很多内容，如购买方便面时就会产生诸如方便、便宜、好吃等多重需要，但广告创意者必须明白其中的优势需要是什么，才能有的放矢地进行说服（见案例 7-23）。如果想面面俱到地满足各种需要，那就会使消费者感到困惑或怀疑信息的可信度而无法选择。如有的方便面广告既要说口味独特，又要说价格便宜，还想强调品质超群，反而让消费者不知如何选择。相反，有的方便面就强调一点反而突出了自己的特色，如华龙面强调价格、五谷道场强调“非油炸”的品质。因此，一定要在众多的需要中找到那个优势需要，这是需要前期市场调研和进行消费者分析的，如果靠广告人自己凭空想象，那也不会产生好的效果。比如方便面的消费，其实最重要的是它能满足人们及时、方便的需要，这就是优势需要，其他都是次要的。但近年来我国的方便面广告大都偏离了这个方向，要么说口味，要么说健康，要么说高贵，这都是不准确的。

案例 7-23

### 加多宝广告·2022 年篇

案例 7-23 视频

镜头组 1：亲朋好友欢聚在一起烧烤，烤架上的食物看上去味道浓郁、香气诱人。大家边吃着烧烤，边拿着加多宝碰杯畅饮。加多宝产品形象展示。

镜头组 2：广告歌响起，几个年轻人在熬夜看球，进球时，几个人举起加多宝畅饮

欢呼。

镜头组 3：一群人围坐吃火锅，鲜红的火锅汤咕嘟咕嘟冒着香气，画面上鲜红的辣椒飘起。大家举起加多宝畅饮。

广告歌歌词：不用担心什么，尽情享受生活，怕上火喝加多宝。

镜头 4：加多宝产品形象和标识展示。

画外音：怕上火，喝加多宝。

这则广告展现了聚餐吃烧烤、吃火锅和熬夜看球赛等容易上火的生活场景，这些场景虽然能带给人快乐的感受，但容易上火是一个明显的问题。广告通过欢乐场景、欢乐体验和“容易上火”的对比，更加明显地呈现了加多宝能解决上火问题的优势，能够对受众产生较好的劝服效果。

3. 影视广告诉求点不断变化以适应需要的动态性

需要的一个重要特点就是它具有动态性，即需要的内容会随着时空的变化而变化。如 20 世纪 80 年代结婚时的“三大件”——自行车、手表、缝纫机；90 年代则成了电视、冰箱、洗衣机；世纪之交时则是钻戒、汽车、房子等。社会在发展，需要在变化，这是客观的必然。因此，广告在诉求点上也要有所改变，特别是要有一定的市场前瞻性，也就是对人们新的心理需求要有一定的把握，这要通过大量的市场调查和研究来确定。只有这样，产品才不会因时代的发展而被淘汰。

同时，即使是对同一个产品，人们的需求点也会不断地发生变化，如手机消费市场，人们最初的需求只是方便通话，到后来又增添了彩信、音乐、视频、下载、游戏、照相等多种功能的需求，这就提醒我们进行广告创意时，要考虑广告诉求点的设计要不断适应消费需要的变化（见案例 7-24）。

案例 7-24

案例 7-24 视频

**苹果广告 · 2023 年保护个人信息篇**

在公司的办公区域，一个女孩在使用苹果手机，有一个中年男人凑过来窃取信息；在超市，两位女士购物时，有人凑上来窃取信息；一位男士在跑步时，有人跟上来窃取信息。这时，甄子丹身穿黑衣出现，上衣上印着显眼的苹果标识。甄子丹武功高强，将窃取信息的人都给赶走了。场景转换，一位女士拿着苹果手机行走时也遇到了信息窃取。伴随着“别在我身边转”的广告歌，苹果手机屏幕上出现“允许‘聊众社区’跟踪你在其他公司的 App 和网站上的活动吗？”，女士选择“要求 App 不跟踪”后，窃取信息的人都被挡在了门后。接下来，黑色背景上出现白色大字“隐私保护深植于 iPhone 设计中”。作为信息保护者象征的黑衣甄子丹出现，镜头转换，一位女士手拿苹果手机的背景上，出现白色大字“力保个人信息安全。这很 iPhone”。

从苹果发布第一款手机开始，每一款苹果手机广告都有自己的核心诉求。现代社会中，手机普及所带来的个人信息泄露问题成为社会关心的焦点问题。这则广告把各种可能泄露信息的情况进行了场景化表现，将苹果保护个人隐私的设计拟人化为功夫高强的甄子丹，巧妙地传达了符合现代社会关切的广告主题“力保个人信息安全”。

4. 影视广告促使受众实现从需求到欲望的转化

从需求到欲望的产生有一个过程，这个过程的时间和复杂程度会受到许多因素的影响，并且呈现出复杂多样的情况。要想促使受众的需求向欲望转变，广告是一个很重要的因素。在影视广告中运用各种说服手段来打动消费者，使其很快地完成从需求到欲望的转变。如在广告中提供方便购买的方式、促销的价格和时间、使用后的效果展示等，这些策略对消费行为的完成有积极的促进作用（见案例 7–25）。

案例 7–25

案例 7–25 视频

**必胜客宅急送广告 · 2021 年新年篇**

镜头组 1：必胜客宅急送送餐员（刘昊然）骑着摩托车疾驰而来。他推开红色的大门，一群身穿红衣的孩子拿着红色的伞在院子里排练。送餐员说：“您的必胜客到了。”孩子们接过必胜客餐盒，一起吃起来，画面上出现四个金色大字“牛大欢喜”。

镜头组 2：送餐员来到下一个地点，四个阿姨正在打麻将，两位大叔在围观。送餐员递上餐盒说：“阿姨，你的牛排到了。”阿姨摸起一张麻将牌，是一张“發”，阿姨正好和了。在欢笑声中，大家一起品尝牛排，画面上出现四个金色大字“牛开得胜”。

镜头组 3：送餐员接着来到街上，大街上擂鼓舞狮，热闹喜庆。送餐员把餐盒放到球里，球升起，舞动的狮子用嘴一顶，从球里垂下一副对联。大家一起吃必胜客牛排比萨，画面出现四个金色大字“牛气生财”。

镜头组 4：一家人正在电视机前聚精会神地看着火箭发射直播，送餐员将餐送到，火箭发射成功时刻，大家一起欢呼庆祝享用必胜客，画面出现“牛飞冲天”。

镜头 5：在红色的背景上，出现必胜客牛排和比萨以及外送的餐盒，画面出现大字“指定牛排比萨，两件 99 元”。

画外音：上必胜客 App 点外送，牛排比萨两件 99。

这则广告传达了“在各种欢乐喜庆的场景中，都有必胜客和必胜客宅急送”的广告信息，加上“牛排比萨两件 99”的促销信息，有助于消费者实现从需求到欲望的转化。

### 四、态度与说服在影视广告创意中的运用

态度是很重要的心理内容，也是影响人们生活和行为的重要因素。当然，态度也不是不可改变的，广告就是要通过说服的方式来改变人们的态度，促成消费行为的完成。

### （一）态度与说服概说

#### 1. 态度的概念和功能

态度是一个人对特定对象以一定的方式做出反应时所持的评价性的、较为稳定的心理倾向。一般认为态度包括三个方面的内容：认知、情感和行为倾向。

态度的功能主要有以下几个方面：

（1）调节功能

调节功能指人的态度是在适应环境中形成的，形成后起着更好地适应环境的作用。态度的这种功能使人们尽力发展出能给自己带来最大利益的态度。

（2）自我防御功能

自我防御功能即态度可以使人们倾向于选择有利于自我防御的态度。心理学家认为，人都有维护自身价值不受侵害的心理需要。因此，人往往需要选择有利于自我形象和价值确立的态度来进行自我防御，以减少焦虑，并使情绪冲突转移方向。

（3）价值表现功能

价值表现功能指态度使人们可以主动表现自己。人们在日常生活中常常需要通过表明自己的态度来显示自己的社会价值。

（4）认识或理解功能

认识或理解功能即态度使人们认识周围的世界，也引导着人们如何认识未知的世界，体现出个人与周围世界的关系。

（5）过滤功能

过滤功能即态度在一定程度上决定着人们对所认识对象和所接受刺激的因素的取舍倾向和处理状况。

态度的这些功能表明了它在人们心理上的重要意义。因此，态度一旦形成，会对人们的行为和心理产生持续而深远的影响。

#### 2. 说服及广告说服的概念

说服是人际交往过程中一种非常有力的手段，是施加人际影响的一种直接形式。它是指说服者通过有意识地发出信息，使被说服者理解和接受劝说内容的过程。广告说服则是让消费者形成对某种商品的积极态度或改变其过去对商品的消极态度。影视广告说服就是通过影视媒体来传递广告信息并影响消费者态度的说服手段。

#### 3. 广告说服的因素

影响广告说服的因素很多，主要有以下三个方面：

（1）说服者因素

说服者因素包括说服者的威信、技巧、个性品质、动机等多方面内容。影视广告中的说服者必须具有权威性和可信度，也必须与产品和目标消费者有一定的关联，以保证其能以自身形象和人格魅力来引导消费者形成对产品的需求态度（见案例 7-26）。

案例 7-26

案例 7-26 视频

## 格力广告·董明珠代言篇

在背景音乐中，董明珠出现在镜头中，她身后背景字幕在格力家用空调十年包修（2021 年 3 月 1 日起购买）、王者空调、臻·新风空调、十年承诺、明珠空调、月亮女神空调之间切换。同时董明珠独白：格力，十年免费包修，是一个自我的挑战，也是给消费者的一个承诺。推动行业进步，共同助力高质量发展。品质生活，格力创造。

图 7-11　格力广告·董明珠代言篇截图

在这则广告中，格力总裁董明珠亲自为格力空调代言，她作为广告的说服者，在格力空调质量和信誉保障上是非常有说服力的。

（2）说服技巧

影视广告中所运用的说服技巧有很多种，但不能过度依赖它，要能找到最适合目标消费者的才是最好的（见案例 7-27）。

案例 7-27

案例 7-27 视频

## 士力架广告

一群年轻人穿着滑雪服，拿着滑板出现在雪道出发点，大家高喊：“燃起来。”这时传来嗡嗡的声音，顺着声音看过去，一个穿着兽皮的原始人在钻木取火，一边有气无力地说：“燃不起来。”穿蓝色滑雪服的青年说：“一饿就犯晕，饿货，来条士力架。”原始人接过士力架，咬了一大口，瞬间变成了一个穿红色滑雪服的活力年轻人。蓝衣年轻人问：“怎么样？”红衣年轻人说：“嗯，来劲了。”红衣年轻人做出了漂亮的空中动作，和其他年轻人击掌欢呼。士力架产品及字幕：“横扫饥饿，燃动冰雪季。”

图 7-12　士力架广告截图

这则广告用有气无力的原始人和身穿红色滑雪服、充满活力并做出漂亮的空中动作的年轻人进行对比，生动、幽默地强调士力架能够快速补充体力的产品特点，体现了清晰的目标受众的需求。

（3）说服内容因素

影视广告信息就是说服的内容，它们必须真实可信，明确清晰，同时又不能直接与受众原有的心理态度形成冲突，以免引起逆反心理或反感情绪，因此要在适应受众接受度的前提下，试图改变他们的态度（见案例 7-28）。

案例 7-28

案例 7-28 视频

**沃尔沃广告·2021 年篇**

镜头组 1：沃尔沃的代言人高圆圆出现在画面中，边走边看。

画外音：我想演个像沃尔沃一样的人。

镜头组 2：镜头摇动展现沃尔沃汽车线条，画面停留在沃尔沃的水晶换挡杆上。字幕：“斯堪的纳维亚设计。”背景转换，高圆圆出现在画面中。

画外音：她的审美，简单明了，这才是生命的本真之美。

镜头组 3：沃尔沃汽车奔驰在山坡草地中间的马路上。字幕及广告语：“唯爱与生命不可辜负，沃尔沃 XC90。”

镜头组 4：画面上出现沃尔沃的标识。

这则广告通过代言人高圆圆的叙述，将沃尔沃汽车的特点娓娓道来，以此来表达出品牌特色：审美简单明了和生命的本真之美，高圆圆的气质和叙述与沃尔沃汽车的品牌特色相契合，明确清晰。

（二）影视广告中的说服方式

影视广告中的说服方式有很多种，常见的主要有以下几种：

1. 流泻式

流泻式即以一种很顺畅、很自然的说服条理来引导受众接受信息，这是广告说服中最常用的方式。它一般只有特定的说服者而没有明确的被说服者，没有强烈的、冲击性的信息，但有“润物无声”的作用，其目的是将潜在的消费者转化为现实的消费者（见案例 7-29）。

案例 7-29

案例 7-29 视频

**国窖 1573 广告**

镜头 1：悠扬的音乐声中，极具历史感的留声机画面出现。

字幕：1877 年留声机发明。

镜头 2：老照相机画面。

字幕：1839 年照相术诞生。

镜头 3：在很有年代感的背景上，国窖 1573 的标识出现。

字幕：1573 年国窖窖池始建。

镜头组 4：镜头在产品包装瓶上“1573”的金色大字、酒瓶近景大图和酒瓶全景画面之间转换。在酒瓶全景旁边出现白色大字“你能品味的历史 450 年”。

镜头 5：产品标识及企业信息。

画外音：你能品味的历史 450 年，国窖 1573。

这则广告以时间为线索叙述了两件非常有标志性的 200 多年前的历史事件，又用这两个历史事件和 450 年前国窖窖池的始建做对比，突出国窖 1573 的悠久历史，使消费者自然而然地接受了国窖 1573“450 年的历史”的信息传达。

2. 冲击式

冲击式即针对一定的说服对象，使其对某一商品的态度发生变化的说服过程。这种说服方式的对象和意图非常明显，信息的针对性和冲击力都很强（见案例 7-30）。它要解决的是在避免冲突的情况下，改变消费者已有的态度，使其“弃旧从新”。影视广告常用实验法、验证法、示范法等来完成这一说服目标。

案例 7-30

案例 7-30 视频

**华为广告·鸡同鸭讲篇**

镜头组 1：音乐响起，一只鸡跑过来，一只鸭也跑过来。一鸡一鸭面对面，鸡咯咯地叫，鸭嘎嘎地叫，气氛紧张。

镜头组 2：鸡和鸭开始对话，咯咯咯、嘎嘎嘎！你来我往，场面非常热烈。

镜头组 3：鸡腾起，踢腿，亮翅，做出了一个武术动作。

镜头组 4：鸡鸭继续对话，鸭也腾起，亮翅。在鸡和鸭中间，出现了一个华为手机，手机屏幕上出现文字：“HUAWEI Mate 10 系列，有 AI 翻译，不再鸡同鸭讲。”

画外音：华为 Mate10 系列，有 AI 翻译，不再鸡同鸭讲。

镜头组 5：鸡和鸭相向而行，擦肩而过。镜头随后转换为黑色背景，华为的标志和名称出现在屏幕上。画面再次转换，鸡鸭同框，开始舞蹈，动作整齐划一。

图 7–13　华为广告 · 鸡同鸭讲篇截图

在这则广告中，鸡和鸭的对话和对话中的动作非常具有冲突性，视觉和听觉的冲击力很强，能够给受众留下深刻印象。因为有了 AI 翻译，所以冲突得以化解，鸡鸭的动作最后变得同步和谐，突出了产品的特色。

3. 主张概念式

主张概念式即提出一个新概念来使受众接受（见案例 7–31）。如七喜提出的“非可乐”概念、美国的出租车艾维斯提出的“老二宣言”、五谷道场提出的“非油炸”等，影视广告通过宣传这些新的概念和主张来说服受众接受这些新产品。

案例 7–31

案例 7–31 视频

**中华抗糖牙膏广告**

明星代言人王源夹着一块红烧肉，一只白色的小狗眼馋地看着，出现字幕：“蔗糖”。镜头转换，王源喂一个小朋友吃饺子。字幕：“淀粉”。画面变换为一桌丰盛的菜肴，字幕：“糖分。”巨大的“中华”二字，以及一只中华抗糖牙膏出现，画外音：“全新中华抗糖牙膏，含雪莲精华……”一朵雪莲花出现，解决了牙齿上的各种问题。王源拿着一串糖葫芦，放心大口地吃起来。

在这则广告中，品牌提出了自己的独特的新概念——抗糖，产品能够解决糖分对牙齿的不良影响。通过这则广告，受众能够感受到产品带来的好处，有助于激发其购买欲望。

4. 塑造形象式

塑造形象式即通过塑造自身的形象来取得受众的信任，强化产品消费的意义和价值，特别是一些服务性行业比较常用这种方式，如银行、保险、电视台等形象宣传片都属于这一类（见案例 7-32）。

案例 7-32

案例 7-32 视频

**中邮保险广告**

镜头组 1：小姑娘笑着跑向妈妈，不小心摔倒了。妈妈扶起正在抹泪的小女孩，一位身穿中邮制服的女士将一把印有“中邮保险”字样的伞撑在母女头上。

镜头组 2：下雨了，女孩外出没有带伞，只能把包顶在头上。身穿中邮制服的女士将一把印有“中邮保险”字样的伞撑在女孩头上。

镜头组 3：一对白发老人要从公园长椅上起身，身穿中邮制服的女士伸手搀扶老人并将印有“中邮保险”字样的伞撑在他们头上。

镜头 4：中邮保险标识和名称。

画外音：守护每一份希望，每一份奋斗，每一份美好。守护千家万户，中邮保险。

这则广告用伞来象征守护，通过展现在生活中的不同场景守护安全，来传达中邮保险致力于守护千家万户的商业理念，从而塑造中邮保险守护者的形象，让消费者对其产生信赖。

5. 情感渗透式

情感渗透式即在广告中不直接说产品信息，而是用情感故事或情节来打动受众，以此引导受众将情感转移到产品上，这也是一种“迂回”说服术（见案例 7-33）。

案例 7-33

案例 7-33 视频

**奔驰广告**

镜头组 1：朝阳升起，林立的现代化高楼大厦沐浴在阳光中。人们步履匆匆，走向四面八方。

画外音：世界不断向前，也时刻面临新的挑战。

镜头组 2：一群飞鸟队列整齐地翱翔在天空上，一个人独行的空旷场景中，拖着长长的背影。

画外音：我们凝聚一心，迎战未知。

镜头组 3：钟表和指针的画面出现，镜头切换为日食的场景。

画外音：分秒必争，直面风云变幻。

镜头组 4：镜头在奔驰车标、奔驰名称和广告口号“心所向，驰以恒”之间转换。

画外音：奔驰，心所向，驰以恒。

这则广告通过不同场景的转换传达了面对挑战时“凝聚一心、分秒必争、不断向前”的精神，广告中没有传达产品信息，而是将世界、社会、个人和鸟类等不断面对挑战、坚持前行的精神转移到产品上，这也正好切合奔驰“心所向，驰以恒”的广告主题。

总之，影视广告中的说服方法有很多，在使用时要根据具体的市场和消费者情况进行选择，以保证说服的效果。

（三）影视广告中说服的原则

概括地说，在影视广告中进行说服要遵循以下几个原则：

1. 适应受众习惯，不要直接批判

受众的习惯是已经形成的某种固定的态度，如中国老百姓习惯用洗衣粉时能看到很多泡沫，如果新的洗衣粉为了宣传产品对“手”无伤害而少了或没有了泡沫，则很难让人接受。美国的速溶咖啡和日本的尿不湿在推销时也都曾遇到过类似的问题。影视广告中如果采用直接批判，那么，即使是用科学的道理来解释也很难让人们接受，反而会引起人们的逆反心理。

2. 不要过于夸大和强调全新

过于夸大产品功效和强调全新产品形象会让人产生陌生感，消费者需要经过一段时间才能接受该产品，但在这个过程中，消费者有可能会接受其他产品，所以不能在广告中过分夸大或强调全新，以免失去原有的市场。

3. 不要有玩世不恭的态度

广告说服的态度往往会在广告中表现出来，如严谨的、认真的、轻松的等，而如果是玩世不恭的态度就会让人不信任。

4. 不要过于重复地刺激

重复是影视广告必须使用的手法，但不考虑技巧而随意、呆板、简单地重复只会引起受众厌烦，另外，也会让受众有“熟而不闻”的感受，反而会削弱说服的效果。

5. 针对受众需要，有的放矢地进行说服

受众的需要是其进行购买的基础，在广告中要针对其需求点诉说才能有效果。最关键的问题是要找准需求点是什么，然后围绕它去诉说，以求达到预期效果。

6. 用积极的语言引导，尽量少用消极的

心理学认为，积极的语言会使人心胸开放，更易接受说服信息。因此，在广告说服中要尽量少用消极的语言，以免受众产生抗拒和抵制心理。

7. 注重引起受众美好的情感体验，并强调商品所带来的快乐

美好的情感体验会使受众心情放松，更易接受说服信息。因此，要注重在广告中多

用美好的情感，多体现商品，能令受众感到快乐。

只有在设计影视广告创意时多考虑这些原则，才能确保说服的最终效果。

## 五、记忆在影视广告创意中的运用

影视广告的时间都是在 5 至 30 秒内，要想让受众不仅注意到广告内容，还能记住其购买信息，以达到最终完成消费的目标，就必须研究受众的记忆心理，强化广告的记忆效果。

### （一）记忆理论概述

记忆就是在头脑中积累和保存个体经验的心理过程。

根据记忆保持时间的长短，分为感觉记忆、短时记忆和长时记忆。当进入感觉器官的刺激停止作用后，感觉信息在一个极短的时间内保存下来，这种记忆就是感觉记忆，也叫瞬时记忆。它是记忆系统的开始阶段，具有鲜明的形象性。感觉记忆的储存时间大约是 0.25 至 2 秒。图像记忆就是感觉记忆的一种，是指视觉器官能识别刺激的形象特征，能保持一个生动的视觉图像。听觉通道也存在感觉记忆，即声响记忆。国外研究认为，声响记忆的容量要比图像记忆小，平均只有 5 个左右。声响记忆的保持时间要比图像记忆长，可以达到 4 秒之久。受众对影视广告的记忆既有图像记忆，也有声响记忆。

短时记忆是感觉记忆和长时记忆的中间阶段，保存信息的时间一般也不超过 1 分钟。长时记忆则是指信息经过充分和有一定深度的加工后，在头脑中长时间保留下来的过程。信息在长时记忆中的保存时间大约为 1 分钟以上，可持续许多年甚至终身。在设计影视广告创意时，要考虑如何让受众从感觉记忆走向短时记忆，并最终转化为长时记忆。

### （二）影视广告中增强记忆的方法

影视广告中增强信息记忆的方法很多，概括地说，有以下几种：

1. 适当减少记忆材料的量

一般来说，在同样的时间内，材料越少，记忆水平越高。影视广告的时间短，转瞬即逝，内容更应该简洁扼要、突出重点（见案例 7-34）。切忌文字冗长，信息过杂，中心过多。

案例 7-34

案例 7-34 视频

**今麦郎一桶半广告**

镜头组 1：明星代言人贾玲身穿蓝色衣服，意犹未尽地从方便面桶中挑出仅剩的一根面。穿黄衣服的贾玲从面桶中挑出满满一叉子面。一大桶方便面放在镜头前，方便面量足、料足，非常诱人。

画外音：现在流行吃大面，同样价格多一半。

镜头组 2：黄衣贾玲满足地吃面的场景。

画外音：大面认准一桶半、一袋半。

镜头组 3：由远到近排列的今麦郎一桶半方便面上方出现大字“五年卖出 5000000000”。

画外音：5 年累计卖出 50 亿份。好品质，更多人喜欢。

这则广告突出了产品的一个信息“量大”，蓝衣和黄衣代言人吃面的对比、产品的展示以及字幕都在围绕“量大”一个点进行传播，让人印象深刻。

2. 适当重复和适时提醒

重复是增强记忆的最好方法，特别是在记忆的开始阶段，适当重复是很重要的。著名心理学家艾宾浩斯通过实验发现，人们的遗忘进程是先快后慢，即在记忆一开始最容易被遗忘，达到一定时期后，遗忘的速度才逐渐减慢。因此，必须在记忆刚开始时对其内容进行重复、强化，以防止遗忘。影视广告时间短，要达到好的记忆效果，就要适当地重复并适时地提醒，如在不同的时间内、不同的频道上、不同的媒体上进行重复和强化，让人们在电视台看到的广告，又会在购买现场看到；在中央台看到的广告，在地方台也常常看到；在白天看到的广告，在晚上也能看到；等等。这会达到不断提醒受众的作用，从而增强记忆的效果。当然，也可以在设计广告创意时，考虑在广告作品内进行适当的重复和提醒，如不断出现产品商标和品牌名称等（见案例 7-35）。

案例 7-35

案例 7-35 视频

**妙可蓝多奶酪棒广告**

镜头组 1：代言人孙俪与一个小男孩和一个小女孩手拿妙可蓝多奶酪棒一边唱歌一边跳舞。歌词：“妙可蓝多，妙可蓝多，奶酪棒，奶酪棒。”

镜头组 2：孙俪拿着一个奶酪棒，说：“妙可蓝多时间到。”男孩背着书包回到家，孙俪递给他一个奶酪棒。女孩玩轮滑回来，孙俪递给她一个奶酪棒。在家里，小女孩和小男孩分享奶酪棒。

画外音：放学回家来一根，运动补充来一根，快乐分享来一根。

镜头组 3：两个孩子在玩耍，孙俪手拿妙可蓝多产品走来。

画外音：作为妈妈，每天我都给孩子准备妙可蓝多奶酪棒。

镜头组 4：一袋妙可蓝多被放在桌子上，随后出现被牛奶包围的奶酪。小女孩咬了一口乳黄色的奶酪棒，镜头转换，两个孩子和孙俪拿着奶酪棒在玩耍，两个孩子坐在孙俪身边吃奶酪棒，一边说：“好好吃哦。”

画外音：妙可蓝多奶酪棒，浓缩牛奶精华，高钙美味，助力成长。

镜头组 5：妙可蓝多 logo 及广告语出现。

画外音：奶酪就选妙可蓝多。

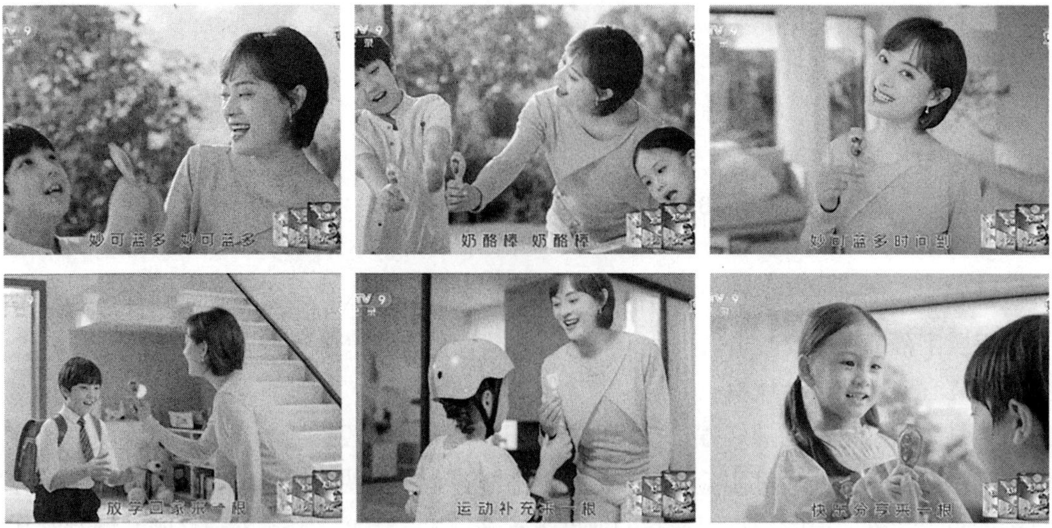


**图 7-14 妙可蓝多奶酪棒广告截图**

这则广告中重复出现妙可蓝多的产品，广告词中也反复提及妙可蓝多奶酪棒产品名称，有助于消费者记住产品。

3. 充分利用形象记忆的优势

心理学研究发现，形象记忆比抽象记忆更容易让人们记住。以感知过的事物形象为内容的记忆，通常以表象形式存在，所以又称“表象记忆”。它是直接对客观事物的形状、大小、体积、颜色、声音、气味、滋味、软硬、温冷等具体形象的记忆，直观形象性是其显著的特点。形象记忆按照主导分析器官的不同，可分为视觉的、听觉的、触觉的、味觉的和嗅觉的，等等。影视广告是属于听觉与视觉综合的形象记忆。因此，要充分利用这一媒体优势，加强形象化的刺激，以给人留下深刻印象，如个性化的企业商标、独特的背景、奇妙的声音、亮丽的颜色，等等，都会对记忆有极强的影响（见案例 7-36）。

案例 7-36

**康师傅番茄鸡蛋牛肉面广告**

案例 7-36 视频

镜头组 1：明星代言人杨紫穿着黄色的衣服手举产品出现，镜头切换成方便面的近景。

画外音：我爱的康师傅番茄鸡蛋牛肉面。

镜头组 2：一个长在绿色枝干上的红色番茄出现在画面中，杨紫闻嗅番茄，番茄飞起，周围出现红色的汤汁。

画外音：融入新疆番茄。

镜头组 3：番茄、鸡蛋、牛肉炖在一起，色泽红黄相间，冒着香气，看上去非常诱人。

画外音：好浓郁的番茄汤包。

镜头组 4：杨紫吃面，露出满足的表情。最后把面汤也喝光了。

画外音：哇，酸甜鲜浓，就爱这一口。

镜头组 5：杨紫手拿产品，做出推荐的手势。

画外音：康师傅番茄鸡蛋牛肉面。

这则广告通篇采用的都是红黄结合的色调，代言人的衣服颜色、方便面桶的颜色和黄色的鸡蛋，令人产生联想，红色是番茄及牛肉的颜色。广告中红色和黄色的恰当搭配既能刺激消费者食欲，又能使消费者记忆深刻。

4. 尽量用有意义的材料

心理学研究表明，有意义的材料比无意义的材料更容易识记。据此，影视广告中的信息一定要通俗易懂，并有一定的意义，以使受众印象深刻（见案例 7–37）。切忌使用过于专业、不常用的词语或外文，否则只能给受众带来困惑并最终引起厌烦情绪。

案例 7–37

案例 7–37 视频

**苏宁易购广告**

镜头组 1：一家三口跷着二郎腿惬意地坐在沙发上看电视。这时电视机坏了，三个人同时把腿放下来，身体往前凑，脸上露出惊讶的表情。

镜头组 2：苏宁易购工作人员出现，收走了旧电视，送来了新电视。三个人又开始愉快惬意地看电视。

画外音：旧的帮你收，新的同时到。

镜头组 3：小伙子趴在桌子上戴着无线耳机在手机上听音乐，手机突然坏了。苏宁易购工作人员收走了旧手机，送来了新手机。

画外音：旧的卖得值，新的马上用。

镜头组 4：一家三口在画面上同时出现，喊出广告语：“‘旧’要换新，说换就换。”

这则广告选用了生活中很多人都有类似经验的场景——旧电器或旧电子产品以旧换新，令消费者知晓苏宁易购以旧换新服务的优势。广告利用生活中的共同经验，使消费者很容易理解广告传达的信息。

5. 提高信息的有序度

广告中信息的排序同样对记忆有影响。首因效应和近因效应的理论表明，开头和结尾的内容更容易被记住，所以在广告中一定要把核心的、重要的信息放在这样的位置上（见案例 7–38）。

案例 7–38

案例 7–38 视频

**舍得酒广告**

音乐声中，出现地貌变化、种子萌发、粮食酿酒等画面，用来表现时间的流逝和时光的久远。画外音同时响起：“43 年，贮藏 12 万吨老酒，在静静地等待他（它）的主人。”随后三瓶舍得酒出现在画面中心。镜头转换，黑色的背景画面上出现舍得酒的广告语：“舍得酒，每一瓶都是老酒。”

图 7-15　舍得酒广告截图

在这则广告中，产品把广告要传达的最主要的信息放在了广告开篇，强调舍得酒用 43 年时间贮藏了 12 万吨老酒，这有助于在一开始就让消费者牢牢记住舍得酒最主要的优势就是“老酒”。

6. 激发联想

一个成功的影视广告，一定善于利用各种事物之间的联系来激发受众联想，从而加强记忆效果。联想是指在现实刺激的影响下，人脑对以前的形象进行加工改造，形成新形象的心理过程。它是回忆的基础，是人们在感知当前事物时引发的对其他事物的一种关联性的回忆。影视广告通过激发人们的联想，增进其对广告信息的记忆，这一点非常重要（见案例 7-39）。

案例 7-39

案例 7-39 视频

### 今麦郎弹面广告

明星代言人张卫健端着一桶今麦郎弹面出现在画面中，伴随画外音：“吃面就要吃弹面。优质小麦出好面，面好才能弹弹弹。”这时画面上，电视机屏幕中的张卫健非常渴望地盯着正在吃今麦郎弹面的他。张卫健夹起一筷子弹面，面条上下抖动，看上去非常 Q 弹。画面转换，电视机屏幕里的张卫健和刚才端着面的张卫健嘴里咬着面条互相拽动，仿佛拔河的样子，面条依然有弹性而且保持不断。画面切换到沙发上，穿着不同颜色衣服的张卫健边吃面，边在沙发上被高高地弹起、落下。画外音：“还记得它有多弹吗？弹得好弹得妙，弹得味道呱呱叫。今麦郎弹面。”

这则广告在面的“弹”和弹跳的动作之间建立联想，利用简单的元素激活受众的联想，配合广告语，充分突出了面“弹”的特性。

### 六、想象在影视广告创意中的运用

想象是人类重要的心理活动，是推动人类发展的重要心理因素，也是创意的原动力。想象在广告创意中的影响可以分为广告创作者的想象活动和广告中如何激发受众的想象力两个问题。在这里，仅讨论后一个问题。

#### （一）想象的概念

想象是人脑对已有表象进行组织加工并创造新形象的过程。人能够根据他人口头或文字的描述在脑中产生没有感知过的事物的形象，这就是想象活动。

#### （二）影视广告对想象心理的运用

根据反映事物间联系的不同，联想主要分为：相似联想、对比联想、接近联想和因果联想。相似联想是指人们由对一件事物的感知所引起的，对与该事物在性质、形态等方面相似的事物的联想，如由鲜花想到美女、由阳刚想到男人等。对比联想是指人们由对某一事物的感知所引起的，对与该事物有相反特点的事物的联想。接近联想是指由一事物联想到空间上或时间上与之相近的事物，如由黑夜想到白天、由痛苦想到快乐等。因果联想是由于事物之间存在某种因果逻辑关系，容易由于某一事物的出现联想到具有因果关系的另一事物，如由天寒想到地冻、由白毛女想到旧社会等。

在影视广告中要利用各种表现元素来激发受众的想象，从而引发其消费欲望（见案例 7-40）。例如，饮料广告为了突出产品的清凉效果，就会把产品使用前的背景设置得十分炎热，从而激发人们对这种产品的记忆效果。

案例 7-40

案例 7-40 视频

**养乐多广告**

在红色的背景上，出现了许多拟人化的养乐多瓶在跳着舞。舞动的过程中，养乐多变化成过山车穿行，变化成火箭发射上天。

画外音：个人一小步，人类一大步。活的养乐多，富含益生菌。活力为不凡。今天养乐多了没？

这则广告将养乐多想象成过山车在快速穿行，想象成火箭发射升空，再配合欢快的背景音乐和字幕，给人充满活力、积极进取的感觉。这正好传达出产品“活力养乐多”的特色。

总之，研究消费心理学的意义就在于创作影视广告时一定要把握受众的心理，一定要发挥广告人自己的想象力，一定要以心理科学为指导，才能确保广告的市场效果。

## 第三节　影视广告主题策划的方法

影视广告主题的策划，是指对广告作品蕴含的中心思想进行策划。在确定了产品定位后，对广告主题进行策划，是广告成功的重要保证。

### 一、什么是广告主题

广告主题，或称广告主张、广告中心意念，就是广告信息所包含的中心内容。广告主题是广告的中心思想，是广告内容和目的的集中体现、概括，是广告诉求的基本点和广告创意的基石。广告主题在广告的整个运作过程中处于统率和主导地位。广告设计、广告创意、广告策划、广告文案、广告表达均要围绕广告主题进行。广告主题使广告的各种要素有机地组合成一则完整的广告作品。

广告主题在很大程度上决定着广告作品的格调与价值。它是广告策划、设计人员经过对企业目标的理解，对产品个性特征的认识，以及对市场和消费者需求的观察、分析、思考而提炼出来的诉求重点。广告主题必须是真实的、可靠的，必须服务于广告目标，必须蕴含商品和服务的信息，必须保证消费者的利益，必须鲜明而具体，一目了然。广告主题有三个基本组成部分：广告目标、信息个性和消费心理，三者相辅相成。广告主题是广告的核心与灵魂，所以广告主题要深刻、独特、鲜明、统一，要防止广告主题同一化、扩散化、共有化。

在广告主题的策划中，可以从受众心理、企业形象、市场营销等方面入手去思考。

### 二、影视广告主题的构成要素

影视广告的构成主要有三个方面：信息个性、广告目标和消费者心理。

（1）信息个性：影视广告所要宣传的商品、劳务、企业或观念主张等信息内容，与同类事物相比，具有与众不同的个性和优越性，可以给消费者带来利益或承诺。如红牛饮料的广告主题：“渴了喝红牛。困了，累了，更要喝红牛！”影视广告的主题要把诉求点定在强调某种商品具有的个性上，才能吸引观众的兴趣和注意，使观众产生好感和购买欲望。

（2）广告目标：指影视广告要达到的目的。目标不外乎是树立形象、打造品牌、扩大市场、促进销售、战胜对手、赢得知名度等。

（3）消费者心理：主要指消费者的心理欲求、消费特点和购买动机。

广告主题必须针对目标受众才能取得其认同和接受，即广告主题＝广告目标＋信息个性＋消费者心理或销售重点＋人性的东西＋灵感。

总之，影视广告的主题只有体现明确的广告目标、鲜明的信息个性，并完全符合消费者的心理需求时，才能引起共鸣，实现理想的广告效果。

## 三、影视广告主题的分类和策划原则

### （一）影视广告主题的分类

影视广告主题按选材来分，可分为：

1. 快乐

生活得快乐，这是每个人追求的目标，也是现代人类的重要心理现象。谁愿意生活得痛苦？快乐，是人类生活发展高层次的必然需求。饮料、旅游、家电等产品广告多以此作为广告主题（见案例 7-41）。

案例 7-41

案例 7-41 视频

**可口可乐广告**

在欢快的音乐中，出现了一家人新年团聚的欢乐场景。奶奶端上了一盘可乐鸡翅，男孩问："还有可口可乐吗？"这时一男一女两个新年娃娃从瓶子上跳下来，用滑板车把可口可乐送到大家面前。可乐倒进杯子，在欢乐的广告歌中，大家碰杯高呼："新年快乐！"

图 7-16　可口可乐广告截图

这则广告通篇充满了快乐的元素，欢乐的音乐、欢乐的广告歌、欢乐的场景、欢乐的卡通形象等多种元素共同突出了可乐的欢乐主题。

2. 经济

经济实用、物美价廉是当代社会人们购物的标准。高消费只是一部分人的生活，而对于普通百姓和工薪阶层来说，购买商品的档次总在中、低档上。产品在价格上占据明显优势，就会刺激消费者的购买欲望。家电、食品、经济型汽车等常以此作为广告主题（见案例 7-42）。

案例 7-42

案例 7-42 视频

**拼多多广告**

广告歌："拼多多，拼多多，拼得多，省得多。拼就要就要拼多多，每天随时随地拼多多。"在广告歌中，镜头中反复出现产品以及产品拼单前后的优惠价格对比，最后一个镜头是红色背景上出现字幕及画外音："拼多多 11 · 11 年度大促，满 300 减 50。"

这则广告通过拼单前后的价格对比，以及广告歌的配合，展示"用拼多多购物，经济实惠"的广告主题。

3. 质量

在商品质量、售后服务等方面向消费者作出承诺、保证，这是商家成功之处。在广告中作出承诺，可增强消费者的信任感，树立品牌形象。家电、建材、名牌服装等常以此作为广告主题（见案例 7-43）。

案例 7-43

案例 7-43 视频

**东古一品鲜广告**

在一个酱油作坊里，匠人们正在用黄豆酿造酱油。一位身穿长袍马褂的老者注视着他们，同时响起画外音："原料实在。"镜头中酿造好的酱油被倒出来，画外音："工艺实在。"一位小男孩出现在作坊背景中，他拿手蘸酱油，把手指放到嘴里品尝酱油的味道，并露出满意的表情，同时出现画外音："鲜味自然更实在。好酱油，东古一品鲜。百年传承，东古酿造。"

这则广告从用料、工艺、香味几个方面来说明东古一品鲜是质量上乘的好酱油。东古一品鲜使用百年传承的实在工艺，选用实实在在的黄豆原料，这两点成为衡量产品质量的重要方面，展现了品牌的特色。

4. 情感

情感在影视广告主题中扮演着核心驱动角色。情感是品牌与消费者建立深度连接的桥梁。例如，可口可乐的广告通过"分享快乐"的主题，将品牌与积极情绪绑定，使消费者在购买时产生情感认同（见案例 7-44）。

案例 7-44

案例 7-44 视频

**农夫山泉鼠年贺岁广告**

镜头从晃动的福字中国结开始，广告歌同时响起，一只憨态可掬背着背包的小老鼠出现在画面中。顺着小老鼠视线方向，动物们也都向家的方向而去。小老鼠奋力赶路，但没有赶上船，小老鼠眼含泪光，露出失落的表情。这时，农夫山泉化为小船，小老鼠努力划桨向前。烟花升起，小老鼠也终于和家人温暖地团聚在一起。

广告歌："回家，我要回家。不管艰难困苦也要团圆，只为这一刻。团圆！"

过年时，对家和团圆的向往是人们共同的情感。农夫山泉的这则广告，把人们克服各种困难也要回家和家人团圆的情感表现得淋漓尽致，而农夫山泉也在小老鼠回家的途中变成了交通工具，受众在对这种情感感同身受的同时，也接受了产品。

5. 荣誉及身份

荣誉是一种赞誉性的评价。人们平时在事业上获得成就，对社会做出贡献，总希望得到社会的尊重和赞赏，得到价值上的承认和心理上的满足。这种心理上的满足感，是一种荣誉感。荣誉感是人类道德、文化、名誉上的精神需要。高档商品和时尚用品的广告文案宜以此作为主题（见案例 7-45）。

案例 7-45

案例 7-45 视频

**衡水老白干广告**

镜头出现 1915 年各国产品参展巴拿马万国博览会的场景。衡水老白干参展并获得万国博览会甲等金奖。镜头切换，画面主体出现衡水老白干，酒瓶上刻有非常显眼的字样"1915 年""1915 年巴拿马万国博览会甲等金奖"。画面接着从老白干酒依次切换为老白干酿造过程、倒入酒杯的老白干酒和众人举杯碰杯的场景。尾镜出现老白干酒及红色字幕："甲等金奖，大国品质"。

这则广告的开篇、中间和结束部分都在用不同的方式传达一个信息——"获得巴拿马万国博览会甲等金奖"，突出产品获得的荣誉，以期得到受众认同。

6. 时尚

时尚的东西总是新潮的，总是引领消费的。在市场中，消费者的购买潮流对于消费心理的冲击力很大。人们或多或少地表现出一种追求商品的趋时和新颖的需求。特别是在生活条件越来越好的今天，消费者在购买商品时十分看重商品的款式和社会流行样式，而对商品本身的实用价值和价格高低，并不过分花心思考虑。时尚，总会让人们欲罢不能，产生冲动性购买欲望。因此，在广告中，就要突出时尚这一主题（见案例 7-46）。

案例 7-46

案例 7-46 视频

**伊利金典有机纯牛奶广告**

白鹅在欢快地叫，沿着白鹅行进的方向，绿色的草地上、蓝天白云的背景下出现明星代言人李宇春和其他几个人，有的拿着筐，有的推着小车。镜头切换，路两旁是整齐的绿色田地，一行人行走在路上。镜头中出现绿叶映衬下的鲜红的西红柿特写，之后，切换为李宇春手拿西红柿的画面。随后，蓝天白云绿地的背景下，是大家采摘的各色有机蔬果。一盒金典有机纯牛奶穿过有机蔬果而来，大家在有机蔬果中开怀畅饮金典有机纯牛奶。最后画面出现广告口号："有机生活，由我定义。"

画外音："有机生活是跟着自然的节奏，活出我要的自在。金典15年坚持有机，成就3.8克乳蛋白。有机生活，由我定义。"

随着社会的发展，对于食品来说，追求绿色、健康、有机、天然成为人们的时尚选择。这则广告用天然无污染的环境、天然无污染的蔬果来表现产品"天然有机"的广告主题，以此契合受众的心理需求。

（二）影视广告主题的策划原则

影视广告主题的策划不是随意性的行为，它关系到整个广告的成功与否。因此，必须遵循一定的原则，以保证广告的效果。影视广告主题的策划原则主要有以下几个方面：

1. 鲜明性

鲜明性即影视广告脚本的主旨、中心思想或基本观念要清楚、明朗，一目了然。广告要说什么必须用简单的语言清楚地表达出来，既不能含糊，也不能啰唆，而且要符合消费者心理。如白加黑感冒药的广告"白天吃白片不瞌睡，晚上吃黑片睡得香"就是很好的案例。

2. 单一性

单一性即影视广告脚本的立意、主旨要简洁、集中、突出。中心思想只能有一个，不能面面俱到，无所不包，否则就会模糊受众的视线和观念，反而引起疑惑和拒绝。如一种以鸽子为主料的营养液，原定位主要功能是给产妇或术后病人补养专用的，市场效果很好。但后来为了扩大市场需求，把产品定位为男女老幼皆宜的营养品。这不仅没能让更多的消费者接受，反而让原来的消费者产生怀疑而放弃使用该产品。还有金利来服饰，本来的定位是"男人的世界"，后来又同时销售女性服饰，让一些消费者无法接受。故广告的立意简洁突出，主旨集中统一，才会有更强的说服力。

3. 正确性

正确性即广告主题要真实可信和积极健康。任何广告主题的策划都要有前期的市场调查做基础，不能凭空想象。要立足于实际，实事求是地传达重要的信息。同时，广告主题要积极向上，拒绝低俗、没落、消极的观念，要注重审美意识。

4. 独特性

独特性即广告主题的策划要强调独立创新，应该尽量避免雷同。现在国内广告普遍存在一种同质化现象。许多影视广告的创作者在创作过程中总是走不出他人创意的窠臼，独特而又能让人们耳目一新的广告作品确实少见。广告中到处充斥着"妈妈，我要喝""让几千万个妈妈放心""孩子有病了怎么办"等主题雷同的内容，只能让受众感到厌烦。因此，强调影视广告在主题策划上的独立创新是今后中国广告努力的主要目标。

5. 先行性

先行性即在影视广告脚本创作中，必须首先确定主题，然后再进行创作。

案例 7–47

**一种“不用开瓶器”的啤酒**

定位：不用开瓶器

主题：如何最有效、最形象地表现定位

同样的产品定位，但在不同的国家，有不同的主题方案：

一个是在日本，广告的主题是“毫不费力”，影视广告中表现一个姑娘用纤纤细指轻松开启啤酒瓶的动作。另一个则是在美国，广告的主题是“从今以后不必再用牙齿了”，影视广告中表现了一个50岁的男人手拿一瓶开启的啤酒，咧嘴一笑，嘴里少了两颗门牙。显然，产品定位一样时，也可以通过不同的主题来表现，而且效果都很显著。

（资料来源：李谋.CF大透视：影视广告创作指南［M］.北京：中国摄影出版社，2000：101.）

总之，只要做好前期的市场分析和研究，并认真把握好这些主题策划的原则，影视广告的主题策划就能更为有效。

## 第四节　影视广告创意的原则与方法

从产品定位到广告主题的策划都是广告创意的过程，下面就从影视广告创意的视角对一些问题进行阐述。

### 一、影视广告创意的原则

（一）原创性原则

原创性原则指广告的创意思路、诉求方式要独特新颖，有自身的特色，不能与其他广告创意雷同。

（二）关联性原则

关联性原则指广告创意要与商品定位、消费者、广告策略等紧密相关。

（三）销售力原则

销售力原则指广告创意中的利益承诺和促销方法要鲜明且有切实价值。

（四）适地性原则

适地性原则指广告创意要针对目标市场。

（五）适力性原则

适力性原则“看菜吃饭，量体裁衣”。影视广告本身也是商品，它的设计与制作也要考虑到广告预算和制作成本，以免犯秦池酒那种为了做黄金时段的广告而使自己财力不支，最终导致破产的错误。

（六）冲击力原则

冲击力原则指广告创意能在极短的时间内抓住受众的眼球和兴趣，并使其产生深刻记忆。

案例 7–48

案例 7–48 视频

**趣多多饼干广告**

趣多多饼干变成卡通人物在舞台中央边唱边舞，这时很多黑影逼近，纷纷伸手把巧克力豆从趣多多身上拿走。趣多多独白："哦，是喜欢我的巧克力豆。"接下来，画面上出现一块酥脆的饼干，屏幕上飞过来很多巧克力豆，粘在饼干上。饼干被一口口咬掉，酥脆的饼干渣飘在空中。最后一个镜头画面上出现趣多多的卡通形象和三种口味的趣多多包装，字幕及广告语："天生爱'逗'，趣多多！"

这则广告运用幽默的方式让趣多多饼干幻化成卡通形象，它自信地唱歌跳舞时，被大家拿掉了身上的巧克力豆。广告表达方式独特新颖，具有原创性。趣多多的主要消费者为年轻人，这种轻松幽默的方式契合其信息接受习惯，符合关联性原则。广告中，传达了两个主要信息，一是巧克力豆多，二是饼干酥脆，这两个点都能打动消费者促使他们产生购买行为，符合销售力原则。广告画面幽默独特，趣多多卡通形象的动作表情也有搞笑因素，能够给受众留下深刻印象，符合冲击力原则。

## 二、谨防影视广告创意的陷阱

影视广告创意是能充分体现广告人才智的工作，但有时广告人往往也会在创意中忘记了原则和目的，而陷入可怕的陷阱中。

（1）为追求原创性、独特性和冲击力，让受众有新奇感，不顾或忘记了创意的原则和目的进行天马行空、恣意纵横的创意构思，即把创意等同于"创异"，这就违背了广告创意的出发点和最终目的（见案例 7–49）。

案例 7–49

案例 7–49 视频

**毛铺酒广告**

伴随画外音，哪吒、悟空等神仙纷纷腾云而来，神仙们一起参加各种冰雪运动，赛后神仙们互相握手，看台上的神仙们纷纷鼓掌。比赛结束，神仙们把酒言欢，桌子上放着毛铺酒。接着画面出现广告语："冰雪闹天宫，以和会友。"

这则广告播出时恰逢冬奥会前后，广告以"冰雪闹天宫""神仙们参加冰雪运动"

为主题展开，并且提出“和”的理念，这个创意具有独特性。但是毛铺酒作为一个并不出名的品牌，产品的优势、特性、记忆点在广告中没有丝毫体现。因此，广告虽然有“创异”，但对品牌却没有太大的助益。

（2）片面追求创意与产品的相关性，把影视广告做成产品说明书（见案例 7-50）。

**案例 7-50**

案例 7-50 视频

### 百年益安宁丸广告

画面中心首先出现产品的形象，接着画面转换为大字“一种治疗冠心病的药物及其制备方法”。一只手从产品包装上“益安宁丸”几个字抚过，随后镜头中依次出现不同的人物，配合人物动作，字幕出现：“胸闷”“气短”“失眠”“乏力”“手麻”“脚凉”。镜头转换为老人们笑着拍自己的胸部，画外音：“百年益安宁丸，祝您心脏平安。”

这则广告中画面主体多为文字和产品形象展示，更像一个视觉化的产品功效说明书，没有充分利用视频广告的优势。

（3）多中心，以为功能点越多，越能令消费者信服，越能展现产品的优势，实则令广告主题模糊（见案例 7-51）。

**案例 7-51**

案例 7-51 视频

### 王老吉广告

在喧闹快乐的背景音中，一男一女出现在画面中，他们向老板打招呼说“新年好”，并且买了王老吉。镜头转换到家中，俩人开门举起刚买的王老吉。一家人围坐在一起吃团圆饭，共同举起王老吉，一派喜庆场面。随后画面风格转换，浅蓝色的画面背景上，金银花出现在屏幕上，画外音响起：“王老吉含金银花。”最后出现广告语：“健康过年，喝红罐王老吉。”

王老吉一向以清火、去火的产品形象出现，而在这则广告中，王老吉既想把自己塑造为一个节庆饮料，又想传达“喝王老吉健康”的信息，多信息点传达反而让广告主题模糊，犯了多中心的错误。

以上这些陷阱是广告人必须时刻牢记和努力克服的。

**➔启发与思考**

### 利用独特创意，助力中华文化传播

广告是重要的文化现象和文化传播的窗口，利用优秀创意思路，助力中华文化的传承和发展是每个广告人的社会责任和使命担当。

**➔示例：**

**中华文化，心手相传**

镜头组 1：工匠在木头上雕琢、刨平、开槽……

字幕：拓中华文明。

镜头组 2：艺人将红绣球、狮子头交到徒弟手中。

字幕：接精神命脉。

镜头组 3：年轻人倒功夫茶，老者教学生练字、盖章、拿筷子……小学生在读《三字经》……

字幕：握国粹瑰宝。

镜头组 4：年轻人挂灯笼、老师给学生上课、先生教小孩写毛笔字……

字幕：授文明礼仪。

……

这则广告用汉字中几个有提手旁的字：拓、接、握、授等作为创意点，以此突出心手相传的文化传播行为和价值，强调中华文化时代传承的方法，给人以启发。

## 三、影视广告创意的来源

从根本上说，影视广告的创意来源于现实，主要包括产品、市场、受众、媒体等，而不是凭空想象的。

### （一）对企业、产品、市场、消费者的了解

在创作广告之前要有一个细致的、真实的市场调研过程。在这个过程中，不仅要搜集大量的第一手材料，包括对企业、产品、市场、消费者的认识和了解，同时在调研过程中，还要找到一些创意的思路和感觉，抑或灵感。因此，市场调研是一个必不可少的过程。

### （二）对广告整体策划意图与精神的理解

广告是一个长期的战略性活动，每一个广告都要根据整个战略的要求和目的来构思。因此，每个广告的创意都不能单独考虑。在设计广告创意之前，必须对整个广告战略有所理解和把握。

### （三）对媒体语言的把握

影视广告播出的媒体是特色鲜明的媒体，视听综合是其最主要的特点。在创作影视广告前就要考虑媒体的特色，突出视听综合的价值和意义，同时区别于其他媒体，确保创意能将影视广告的重要意义体现出来。

### （四）创意源于生活

无论是什么样的广告，其创意都源于生活（见案例 7-52）。生活实践是创意的源泉、

基础。离开了生活，就会使创意成为空中楼阁，无法保证其效果。

案例 7–52

案例 7–52 视频

**东鹏特饮广告**

会议室里，一个男子打着哈欠。镜头变换，其他的女同事、男同事要么打着哈欠，要么昏昏欲睡，这让正在讲解 PPT 的领导很是无奈。这时，东鹏特饮出现在会议桌上，大家瞬间精神百倍。最后出现产品、字幕和画外音：“累了困了，喝东鹏特饮。”

这则广告来源于生活中经常出现的场景，繁重的工作让人感觉困倦疲乏，广告在形象展示出这一场景的同时，也将产品的诉求点清晰准确地传达了出来。

总之，广告的生命和灵魂在于它的创意。因此，只有在创意上下功夫，广告才会成功。

## 四、蒙太奇创意的要求

所谓蒙太奇创意，就是通过蒙太奇思维——视听形象思维，运用镜头画面进行创意，使灵感、意念、点子或构思，都化为视觉形象，这是影视广告创意的关键（见案例 7–53）。

案例 7–53

案例 7–53 视频

**京东到家广告**

办公室场景中，一位男士把整理好的资料递给同事，又把整理好的发票递给领导。忙完工作后，男子准备回家。只见坐在工位上的男子突然不见了，只剩下他的西装和衬衫。紧接着，西装和衬衫也不见了。场景转换到家门口，男子着装已经变成短袖和短裤，伴随画外音：“到家喽。”这时一位京东快递小哥迎面走来，将快递箱递给男子。场景转换到家里，男子将生日礼物递给孩子。一家三口其乐融融。

画外音：“准时到家这件事，京东和你一样说到做到。”

这则广告运用蒙太奇手法，将场景在办公场所和家之间转换，突出了京东到家“快”“准时”的广告主题。

其具体要求如下：

（1）目的性：蒙太奇创意必须符合影视广告的目的性。

（2）经济性：既经济又简单，冲击力强，它与简洁性密切相关。

（3）准确性：广告中传达的信息要保证无误，合乎逻辑，恰当可信。

（4）新颖独特性：立意新、语言新、视觉形象新。

（5）民族性：不同的民族要有不同的创意特色，以保证广告的效果，并避免引起歧义或不必要的麻烦。

影视广告要灵活运用蒙太奇理论和手法，服从市场需要和促销目的，以视觉化的优势为受众提供形象、生动、新颖的信息，从而保证对企业产品的促销效果。

## 五、影视广告创意的思考方法

影视广告创意的思路可以从一般的和具体的两个方面来思考。

### （一）一般的策略方法

人类思维方法归纳起来有以下几种，这些方法也是影视广告创意常用的方法。

（1）垂直思考法，即直接思考法、逻辑思考法，这是一种叠罗汉式的思维，属于传统思维方法，常用于理性思维，是一种基本的思维方法。

（2）水平思考法，即侧向思考法或横向思考法，拓展思维，具有创新性。

（3）逆向思维法，从相反的方向进行思考。如用找不到某某品牌车的抛锚车，或某某品牌车的维修人员都无所事事等情节，来表现汽车的质量好，无后顾之忧的特色优势。

（4）集思广益法，即集体思考法，头脑风暴法。

以上这些都是广告人和广告公司常用的方法。

### （二）具体的实用方法

#### 1. 调整关系法

创意就是要有不同于大众化、常规化、正常化的新主意。人们常说：“创意是旧元素的新组合”，而这种新组合就是调整旧元素之间的关系顺序，以达到全新的效果。比如，颠倒原有的元素结构关系，常常会让人觉得眼前一亮（见案例 7–54）。

案例 7–54

案例 7–54 视频

**肯德基广告**

在白雪红梅的背景中，身穿红衣的周冬雨拔剑相向。她一剑劈下，汉堡的肉蛋菜在空中飘起，看上去十分诱人。随后她手拿泡菜肥牛蛋帕尼尼，大口吃起来。

画外音：“这滋味太能打了。打动味蕾的韩式泡菜，遇上喷香肥牛。你有没有被我打动？一早就能打，肯德基泡菜肥牛蛋帕尼尼。”

这则广告的开篇是明星古装扮相及手拿长剑挥刀相向的镜头，之后，满屏都是被剑劈开的汉堡里的丰富的食材。广告把代言人和打斗对象的关系调整为和汉堡的关系，并用画外音的方式强调泡菜肥牛蛋帕尼尼味道非常“能打”。

#### 2. 任意想象法

想象往往是不受约束的，这样人们的想象力才会更丰富，创意才会更活跃和多样。

可以说，也许正是这种貌似随意的想象过程，才会产生不少美妙的广告（见案例 7-55）。

案例 7-55

案例 7-55 视频

### 金纺广告

代言人迪丽热巴走进一个美术馆，她和朋友在蒙娜丽莎画像前驻足观看。这时，画像中的蒙娜丽莎和身旁的朋友的头发突然奓起，朋友和蒙娜丽莎露出惊慌的表情。接下来，两人头发上的静电消失，变得柔顺。蒙娜丽莎还调皮地眨了一下眼。画面上出现金纺主要成分和柔顺衣物的过程。广告语：“多效护衣，悦享精致。”

画外音：“你怎么对待自己，世界就怎么对待你。想要静电不在，衣物柔顺，全新金纺多效护衣系统，蕴含蚕丝蛋白精华，并理顺纤维，柔软防静电，多效护衣，悦享精致。”

这则广告充分运用想象力，让画中的蒙娜丽莎因为静电头发都奓了起来，而金纺很好地解决了静电问题。

3. 广泛联系法

广泛联系法即创意者要打开自己的思路，不受约束地去展开联想，这样会使许多看似没什么关系或关系不大的事物或情节关联到一起。对于那些不太容易被直观、正面表达出来的内容来说，这是一种很好的处理手法（见案例 7-56）。

案例 7-56

案例 7-56 视频

### 阿尔卑斯糖广告

一张红色的圆桌上摆满了菜肴，摆出的形状仿佛阿尔卑斯糖上的花纹。明星代言人任贤齐端着一盘阿尔卑斯糖出现，把糖摆在了圆桌中央。伴随画外音：“菜齐了。”然后任贤齐说：“人齐了，年味齐了。”任贤齐拿起糖放进嘴里，露出满意的表情。这时画面切换为阿尔卑斯糖的红白相间的花纹在旋转，接着天空中出现阿尔卑斯糖花纹图样的烟花。一大家人围坐在一起，齐声说：“心愿也齐了。”

这则广告利用阿尔卑斯糖的花纹展开联想，将圆桌上摆成一圈的菜肴和花纹联系起来；将天上的烟花和糖的花纹联系起来。螺旋形花纹是阿尔卑斯糖的主要外形特征，广告通过这些联系，可以让消费者对产品产生更加深刻的记忆。

4. 指代比喻法

指代比喻法即把不太好说出来或不太好直接表现出来的一些内容，通过相似的内容进行借代。这样既能保证准确地传达出广告的主题思想，也能达到不让受众感到尴尬或感官不舒服的效果（见案例 7-57）。

案例 7–57

## 立邦厨卫阳台漆广告

案例 7–57 视频

绿色的背景中有一个身穿绿衣的女子，雪片落下，落在绿衣女子身上。接着一声雷响，大雨倾盆而下，浇到绿衣女子身上。大风刮来，吹过几张旧报纸，蒙在了女子脸上，女子把报纸拿开。这时天气晴好，女子面容洁净，衣服也依然洁净。屏幕上出现许多绿衣女子，画外音响起：“风吹日晒，照样美。持久高颜值，立邦厨卫阳台漆。”

这则广告将油漆拟人化为绿衣女子，用绿衣女子风吹日晒后照样美丽来说明产品的特性“不怕风吹日晒”“持久高颜值”。

当然，创意无定法。只有当广告人真正了解了产品定位，读懂了消费者心理，明白了市场状况，并能在此前提下运用丰富的想象力，才能创作出有新意和有效果的广告。

**思考题**

1. 定位的策略及方法有哪些？
2. 影视广告创意的心理理论有哪些？
3. 影视广告主题的策划方法有哪些？
4. 影视广告创意的原则和方法有哪些？

# 第八章　不同行业的影视广告创意与表现

**本章重点**

- 各类影视广告创意与表现的特色

影视广告的创意理论与实践之间有着很大的区别，对此，为了弥补在教学及实践环节上的欠缺，并使学生能更形象、具体地分析和解读各类影视广告的创意与表现策略，提高鉴赏作品的能力，积累今后实践的知识基础，本章将以不同类型的影视广告为例，进行更详尽的阐述和探究。

首先，对影视广告进行分类研究是有必要的。具体表现在：

（1）不同行业其自身特点存在差异。虽然创意有一些普适性的原则，但如果不进行行业区分，创意就会只停留在理论上和观念中，也会抹杀不同行业影视广告的许多特色和意义。

（2）行业的不同特色和属性直接影响广告创意的策略和表现方式。行业不同就会直接影响其广告策略和表现方式，如日用品与工业品广告就不能用同一种创意理念。在表现方式上，日用品广告更适合用生活片段式，而工业品广告则更应用理性或严肃的专家代言式。

（3）行业特色和属性与消费者直接相关。不同行业的产品所面对的消费者会有许多差异，如日常生活用品的目标受众是家庭主妇，而工业品的目标受众则是男士。广告中的诉求对象不同，诉求方式和内容自然要有所区分。

其次，分析的理念有：

（1）采用从具体个案到普遍规律，从个性到共性的分析思路。

（2）从创意到表现，结合品类分析、消费心理及产品定位等问题展开。

（3）在分析了大量案例的基础上，研究目前不同行业影视广告中存在的问题及原因。 最后达到的目的是：结合上述分析的结果，学会运用所学的知识对影视广告进行解读，结合消费者、市场、产品等因素，提高发现问题、总结规律的能力。

广告研究的分类方法如下图所示：

- 广告创意
  - 定位
  - 广告主题（策划）
- 广告表现
  - 构架形式
  - 表现技巧
    - 蒙太奇、长镜头、景别、拍摄及后期制作的技巧
    - 各个表现元素：声音、色彩、人物、构图等
- 广告效果
  - 市场中竞争对手的广告
  - 广告受众（消费者）心理分析

**图 8-1　广告研究的分类方法**

再次，在分析了大量案例的基础上，研究目前不同行业影视广告中存在的问题及原因；借助一些同类行业影视广告中的经典案例进行对比和探究，以期更全面、深刻地认识各行业影视广告的不足之处。

最后，结合上述分析的结果，对不同行业影视广告的改进和发展提出参考意见，以培养学生解决问题的能力，力求影视广告水平不断提升，并达到更好的效果。

## 第一节　家电产品类影视广告创意与表现

家电产品类影视广告有很多，这里以冰箱影视广告为例，选取五个不同品牌的冰箱影视广告作为案例材料进行分析和说明（见案例 8-1 至案例 8-5）。

案例 8-1

案例 8-1 视频

**海尔冰箱广告·全空间保鲜篇**

镜头 1：薛兆丰背对着镜头走向餐厅吧台。

解说：每一桌健康营养大餐，需要让每一种食材都保持新鲜。

镜头 2：薛兆丰打开冰箱，字幕展示冰箱每一层的主要功能。

解说：冰冻并不等于保鲜，为每一类食材定制适宜的储鲜小环境，才算是提供了一揽子的保鲜方案。

镜头 3：薛兆丰拿出装着肉类的冰箱盒子放在桌子上。

解说：肉类要锁住蛋白质。

镜头 4：薛兆丰切各种各样的蔬菜。

解说：水果蔬菜，要锁住水分。

镜头 5：干货的特写。

解说：干货，要既不返潮，又不风干。

镜头 6：薛兆丰切玉米、蔬菜，熬汤。

镜头 7：薛兆丰站在餐厅吧台。

解说：食材保鲜无短板，才能尽享原味好生活。

镜头 8：广告语出现——食材营养不流失，就选海尔全空间保鲜冰箱。

镜头 9：海尔 logo。

案例 8-2

案例 8-2 视频

### 松下电器冰箱广告

镜头 1：女主坐在客厅沙发上抚摸着花瓶。

解说：她是完美主义者。

镜头 2：女主抚摸茶几，打开冰箱。

解说：无尘，无霜。

镜头 3：女主打开冰箱，看到新鲜的蔬菜。

解说：时刻保持着新鲜感。

镜头 4：女主开心地喂爱人食物。

镜头 5：画面分屏，左屏展示自动制冰的效果，右屏展示制作冰沙的画面。

解说：永远有用不完的热情。

镜头 6：女主和爱人甜蜜互动。

解说：完美太太会生活。

镜头 7：松下电器冰箱外观展示。

解说：松下冰箱。

案例 8-3

案例 8-3 视频

### Leader 冰箱广告 · 洒脱篇

镜头 1：昏暗的房间内，一对情侣互相拥抱，做最后的告别。

镜头 2：女主收拾行李，将自己的东西扔进行李箱。

镜头 3：女主拿着行李箱，走到冰箱面前，搬走一半冰箱。

字幕：Leader iCase 智慧冰箱，自由拼合，分体合体都随你。

镜头 4：女主拿着行李箱和半个冰箱站在马路边。

镜头 5：男主突然推过来另一半冰箱，和女主的冰箱合在一起。

字幕：说合就合。

镜头 6：Leader 冰箱 logo。

案例 8–4

案例 8–4 视频

## 博世多门冰箱广告

镜头 1：画面中间放着一盆新鲜的草莓，慢慢腐烂，一只手将腐烂的草莓倒进垃圾桶。

解说：你也许看不到草莓背后凝聚的辛劳，却常看到营养和美味被浪费。

镜头 2：女主从客厅走来并打开冰箱，展示冰箱当中新鲜的蔬菜和水果。

解说：全新博世维他鲜动力多门冰箱。

镜头 3：冰箱中新鲜的草莓。

解说：专业零度维他保鲜 pro。

镜头 4：冰箱温度细节。

解说：精确控温控湿。

镜头 5：新鲜草莓。

解说：精心呵护每一颗草莓的新鲜。

镜头 6：女主开心地吃着新鲜草莓。

解说：给家人更健康的美味。

镜头 7：从新鲜的草莓转移到客厅的博世冰箱。

解说：博世维他鲜动力多门冰箱，“鲜”动上市。

镜头 8：博世冰箱及标识。

解说：博世，科技成就生活之美。

案例 8–5

案例 8–5 视频

## 海信变频冰箱广告

镜头 1：男主在客厅边往前走边和朋友互动玩闹。

镜头 2：男主打开冰箱，很多条鱼从冰箱里跳出来。

镜头 3：冰箱内的新鲜蔬菜水果。

解说：海信变频冰箱，为食物定制鲜活频率。

镜头 4：男主从地上捡起一条鱼，鱼一跃而起又跳到冰箱内。

解说：新鲜超乎想象。

镜头 5：海信冰箱产品及广告语——海信变频冰箱，智能更健康。

图 8–2　海信变频冰箱广告截图

## 一、家电产品类影视广告的特色

我们从上述的案例可以看出，以冰箱为代表的家电产品类影视广告在创意和表现上有以下几个特点：

1. 以高科技、新材料、新品质为主要诉求点

上述几个广告不管是怎样表达的，其诉求中心就是表现产品品质的特色，即高新技术和材料所造就的卓越品质。

2. 广告所设定的消费心理多是追求健康的生活

随着经济水平的提高，人们大多会追求高品质的生活，所以冰箱类的影视广告多是重点表达受众对食品保鲜的需要以及给家人最健康的美味的诉求。

当然，家电产品类影视广告还有一些其他的特色，但以上两点表现得更明显。

## 二、家电产品类影视广告的消费心理和产品定位

家电产品的消费有特定的家庭消费群体，此类消费者的特点主要有：

1. 家庭消费是核心理念

家电产品的消费往往不以某一个单一的个体成员为主，而是要注重家庭不同成员的消费需要和需求特点。

2. 家庭消费常以新鲜、健康、美观等为主要诉求点

家电产品是需要家庭不断地支出费用来维持其正常运转的，所以它的消费不是一次性的，这一点在消费过程中是最被看重的。同时，家庭消费者追求在电器的使用过程中更方便、易行，有问题能得到及时修理。最后，家电产品也是家庭装饰的一部分，它的美观和实用一样重要。

3. 家电产品的定位一般较多地集中在“保鲜、美观、实用、便利”等方面

根据这些消费特点，结合所选的五则影视广告案例分析如下：

表 8-1　冰箱类影视广告分析

| 产品 | 创意 | | 表现 | | 营销 |
|---|---|---|---|---|---|
| | 产品定位 | 广告主题 | 蒙太奇及构架 | 构成元素 | 消费心理 |
| 海尔 | 保鲜 | 食材营养不流失 | 表现式蒙太奇、解说式构架 | 画面呈现、解说词 | 冰冻并不等于保鲜，重点表达受众对食品保鲜的需要 |
| 松下 | 高品质 | 品质好，新鲜 | 借喻式蒙太奇 | 画面呈现、解说词 | 完美太太会生活；用完美太太比喻冰箱的各项优点 |
| Leader | 家电也潮流 | 自由拼合，分体合体都随你 | 借喻式蒙太奇 | 音乐、画面呈现 | 高科技的展现，可以自由分合的冰箱 |
| 博世 | 鲜动力多门冰箱 | 保鲜 | 解说式构架 | 画面呈现、解说词 | 满足受众对食物的新鲜需求，给家人最健康的美味 |
| 海信 | 变频冰箱 | 保鲜、健康 | 表现式蒙太奇 | 画面呈现、解说词 | 满足受众追求保鲜、健康的心理 |

从表 8-1 中可以看出，这五则影视广告从不同的创意和表现上代表了此行业的基本情况，反映出此类广告的特色。

## 三、家电产品类影视广告存在的问题

从目前家电产品类影视广告的情况来看，基于对消费者的认识，结合目前此类产品的影视广告特点，可以发现这类影视广告中存在着一些问题。

1. 影视广告整体感觉“虚空”

一个幻境般的场景、一群生活在仙境中的人、一连串的高科技专业名词、一台完美无比的电器……太多这样的背景和场面，让真实的受众体会不到真实，只能感到迷惑和不解。又有太多的同质产品在做这种“虚空”广告，根本无法让消费者比较和分辨出其产品和品牌特色到底是什么。因此，此类广告要注重真实可信，不要过于夸张和偏离生活。家电产品一般是经常使用的，要多用人们比较熟悉的场景，从而带给人们一定的熟悉度和积极刺激。

2. 人物的使用、语言的设计、产品的特色、消费心理与广告的创意缺乏一定的关联性

以人物为例，在这类广告中不乏明星的身影，但他们与产品、消费者及广告创意本身的关联性很弱，或干脆就没什么关系。我们甚至可以将这个广告中的明星换成任何一个明星，广告本身并没有什么不同，这就表明其中存在着问题。也许这个广告在明星身上投入了许多资金，但效果肯定不如想象的那样好。巩俐给美的空调做的广告就是再典型不过的案例，这则广告可能主要考虑了明星的知名度，但对产品的影响力、对消费者的感召力、对市场的推动力到底有多少，很值得商榷。

总之，在众多的家电产品类广告中，这些普遍存在的问题一定要引起广告人的注

意。不断克服缺点，勇于探索和创新，积极向优秀广告学习，影视广告才能有更好的发展前景。

## 第二节　家用轿车类影视广告创意与表现

近年来，随着我国经济水平和人民生活水平的不断提高，家用轿车的拥有量剧增，家用轿车的生产和消费成为汽车行业的重要内容，也成为人们消费的重头戏。因此，家用轿车类影视广告也与日俱增，创意丰富多彩，这里选取五种不同品牌的轿车影视广告进行创意说明（见案例 8-6 至案例 8-10）。

**案例 8-6**

案例 8-6 视频

### 欧拉汽车广告 · 张若昀篇

镜头 1：张若昀站在舞台上看剧本。

解说：人生，没有剧本。

镜头 2：张若昀开着欧拉汽车在街道上行驶。

解说：序幕拉开，各有精彩。

镜头 3：不同行业的人都在展示自己的自信光芒。

解说：每一面的你，都是最好的自己。

镜头 4：张若昀站在光影之下。

解说：每一种绽放，都有力量。

镜头 5：张若昀坐在主驾驶，手握方向盘。

解说：欧拉，致每一位绽放的她。

**案例 8-7**

案例 8-7 视频

### 一汽大众广告 · 李荣浩篇

镜头 1：大众探影车里同时坐着三个李荣浩在唱歌。

字幕：空间听我的；2651mm 长轴距大空间。

镜头 2：红色探影车在街道上行驶。

字幕：潮流听我的；多彩内外饰潮流设计。

镜头 3：车的细节。

字幕：风格听我的；质感内饰 beats 音响。

镜头 4：从天窗角度看，一人在开车，一人在副驾驶操作电脑。

字幕：空间听我的；大尺寸全景天窗。

镜头 5：红色大众探影在路上飞奔。

字幕：去哪儿听我的；280TSI 发动机 +7 速 DSG。

镜头 6：绿色和红色大众探影在路上行驶。

镜头 7：李荣浩站在舞台上唱歌，下面观众座无虚席。

镜头 8：红色大众探影在路上行驶。

镜头 9：李荣浩站在大众探影车旁。

字幕：年少有为；探影 TACQUA 全新上市。

案例 8-8

案例 8-8 视频

**荣威 i5 高能广告 · 爸爸篇**

镜头 1：一位年轻的男生倚靠在车前和女友打招呼，女友边打招呼边开心地向他跑来。

镜头 2：女生的爸爸开着荣威 i5 偷偷地在角落里看着他们。

镜头 3：男生开着车往前走，爸爸紧跟其后。

镜头 4：荣威 i5 仪表盘特写以及爸爸紧随男生后面。

字幕：ACC 自适应巡航，保持距离不掉队。

镜头 5：等红绿灯时，女生好像从倒车镜中发现了爸爸的车，但爸爸很快地躲在了一辆校车旁边，待男生的车启动之后，爸爸又重新跟在了他们后面。

镜头 6：男生的车开到加油站加油。

镜头 7：爸爸低头看荣威 i5 的油表盘，油表盘特写。

字幕：百公里油耗仅 5.5L，持久续航不下线。

镜头 8：爸爸一抬头看不到男生的车，这时女儿敲开爸爸的车窗，惊讶地说："爸？"

镜头 9：女生不开心地打开车门，坐在副驾驶，看向爸爸，两人突然相视一笑。

镜头 10：爸爸开着车在马路上行驶。

解说：2020 款荣威 i5，守护如影随形，承包所有安全感。

图 8-3　荣威 i5 高能广告 · 爸爸篇截图

案例 8-9

案例 8-9 视频

**吉利星越 L Hi · P 雷神汽车广告**

镜头 1：一位女士慢慢走向吉利星越 L Hi · P 雷神汽车。

镜头 2：吉利汽车尾灯、车标以及加油特写。

解说：星越 L Hi · P 雷神增程电动 SUV。

镜头 3：吉利汽车在路上行驶。

解说：标配"增程、纯电、电混"三大电动技术，还可实现快速充电。

镜头 4：仪表盘上显示开始充电特写以及露营的场景。

解说：露营放电。

镜头 5：吉利汽车在路上行驶。

解说：满足用户电动出行全部场景。

镜头 6：吉利汽车标识。

案例 8-10

案例 8-10 视频

**奥迪 A8L · 刘德华篇**

画面的主要内容是：一辆奥迪 A8L 行驶在蜿蜒的山区公路上，刘德华行走在山林、公路、海边等，奥迪 A8L 全貌以及特写镜头和刘德华行走的镜头穿插在一起。刘德华讲述坚持的力量，这也反映出了奥迪 A8L 的精神价值，呼应了其在美学、科技等多个层面的重塑。

解说：人生最难的坚持，是坚持重塑自己；我常说，困难并不只是困难，它也是人生路上的垫脚石，就看你敢不敢踩上去；可以输，不可以认输；自省，但不要自我怀疑；有坚守的底气，更有重塑的勇气；没有所谓高度，高度是留给昨天的；人生起起伏伏；坚持重塑自己，走下去就是阔野坦途。

## 一、家用轿车类影视广告的特色

上述案例基本上可以说能从不同方面展示家用轿车类影视广告目前的状况。

1. 广告中多用画面和镜头表现汽车外观、色彩、流线型、行驶时的力度和速度

广告中的镜头多是依靠摄影和电脑编辑手法制作出来的，因而画面呈现出唯美性。

2. 多种方式表现汽车的安全性能

由于许多汽车的性能或功效不能很直观地展示出来，广告中常会使用实验、故事、比喻等手法加以说明，这是比较行之有效的创意手法。

## 二、家用轿车类影视广告的消费心理和产品定位

如今，轿车正走进千家万户，走进普通百姓家。而人们对轿车的消费有着特定的心

理特色。

1. 以家庭为消费单位

如果说前几年家用轿车主要还是以男士为消费对象的话，近年来则有不少女士也成为消费者中的一员。“全家都满意”可能是目前家庭轿车消费的主要心理。

2. 价格是主要的决策因素，但外观和品质也是必要的考量因素

价格适当是影响消费者决策的必然因素。同时，作为一个家庭的消费产品，它往往与这个家庭的社会评价关系密切。因此，消费者在价格确定的情况下，主要考虑轿车会不会影响社会对自己家庭的评价。

3. 能耗是对消费者有重要意义的影响因素

开车就是在消耗能源，就是增加了一项日常消费开支。特别是目前油市不断变动的情况下，人们常说的“买得起车，开不起车”就反映了这个现象，所以对能耗的关注是一个影响决策的重要因素。

4. 家用轿车的产品定位

家用轿车的产品定位主要体现在节能（省油）、美观、10 万 ~15 万元的价位、安全、多功能等方面，这些都是消费者需要考虑的元素。

### 三、家用轿车类影视广告存在的问题

家用轿车类影视广告普遍存在的问题有以下几个方面：

1. 广告空洞、同质化特点明显

汽车虽然不是太高科技的产品，但一般人并不了解它的结构、原理、构造等情况，往往理念中的认识也是听来的、一知半解的、零散的和模糊的，因而，这类广告最好用具象的、比喻的方式来说明特点。目前广告中多是空洞的说教，想表现的产品优点很多，但又都只停留在表面上，造成了此类广告严重同质化，消费者心中无法进行产品区隔。

2. 广告中的名人元素对整个产品的广告意义不明显

汽车广告中名人元素的使用只是个符号，最多在名人效应上有一定的意义，但他们与产品定位、广告主题往往相去甚远。如在张若昀和欧拉汽车的广告中，如果广告中的两个重要元素不是张若昀或不是欧拉汽车，这个广告照样是个完整意义上的作品，这表明广告中的各种元素与主题创意、产品定位等关联度较低。

总之，家用轿车类影视广告中存在的问题还需要在今后的广告发展中去克服和回避，以求为这个产品的市场促销做出更多的贡献。

## 第三节　药品、保健品类影视广告创意与表现

近年来，随着经济发展，药品、保健品市场十分活跃，但这类产品的影视广告存

在的问题最容易引起人们的关注。下面仅以胃药广告为例进行说明（见案例 8-11 至案例 8-15）。

案例 8-11

案例 8-11 视频

### 新三九胃泰广告

镜头 1：一对年轻的夫妻进门给父母打招呼。

男士：我们回来了！

镜头 2：一家四口围在桌前举杯庆祝。

大家齐声：来来来，新年快乐！

镜头 3：男士突然感觉胃不舒服，用手去抚摸胃。

镜头 4：老母亲见状，询问儿子情况。

老母亲：你胃不舒服啊，我给你泡杯家里的三九胃泰。

镜头 5：儿子回应妈妈以及新三九胃泰的特写。

男士：没事，妈，我的胃不严重，我有新三九胃泰。

镜头 6：一家人其乐融融地坐在沙发上。

画外音：年轻人胃不舒服，冲杯新三九胃泰养一下。

案例 8-12

案例 8-12 视频

### 澳洲 NC 养胃粉广告

镜头 1：男生用筷子夹着一块很辣的肉片。

解说：辣！

镜头 2：男生拿着一块鸡腿。

解说：油！

镜头 3：男生拿着一杯冰啤酒。

解说：冰！

镜头 4：男生对着自己的手吹了一口气。

解说：口气。

镜头 5：男生打嗝。

解说：打嗝。

镜头 6：男生按摩自己的肚子。

解说：胃胀。

镜头 7：男生弯腰抚摸着肚子。

解说：胃痛。

镜头 8：男生坐在餐桌前。

男生：胃不好，想吃怎么办？

镜头9：一位身穿白色西装的女生走到餐桌前，拿出一瓶澳洲NC养胃粉。

女生：胃不好，三分治七分养！澳洲NC养胃粉。

镜头10：女生挖出一小勺养胃粉，倒入杯子中。

女生：饭后一小勺，轻松养好胃。

镜头11：动画模拟人物喝完澳洲NC养胃粉之后，养胃粉在胃里面发挥保护胃黏膜的作用。

解说：澳洲NC养胃粉，临床实证，有效舒缓胃不适，保护胃黏膜。

镜头12：几位年轻人围在餐桌前开心地吃火锅，镜头慢慢移向桌子上的养胃粉。

解说：饭后一小勺，轻松养好胃，让你想吃就吃。

案例8-13

案例8-13视频

## 金十字胃肠药广告·表情篇

镜头1：一位身穿衬衣的男生吃汉堡比萨突然胃痛，男生胃痛的表情变成漫画版。

解说：胃痛。

镜头2：一位女生胡吃海喝，突然胃胀气，女生胃胀气难受的样子变成了漫画版。

解说：胃胀气。

镜头3：一位身穿休闲装的男生吃零食烤串，突然胃不舒服，男生胃不舒服的样子变成了漫画版。

解说：胃酸过多，让你变脸了吗？

镜头4：一桶金十字胃肠药出现在画面中间，标注有金十字胃肠药所含中药成分。

解说：快用金十字胃肠药，含多种中药成分。

镜头5：三位演员分别吃金十字胃肠药，吃完之后分别都露出满意的微笑。

解说：有效缓解症状，有好胃，餐餐都美味，金十字胃肠药。

案例8-14

案例8-14视频

## 胃药摩罗丹广告

镜头1：两位中年男性分别在自己的岗位上加班工作。

解说：作息不规律。

镜头2：两位中年男性深夜在岗位上吃盒饭、馒头。

解说：饮食不节制。

镜头3：一群人聚在一起吃饭喝酒，一位中年男性突然胃不舒服。

解说：胃部胀满，嗳气，烧心，胃痛。

镜头4：摩罗丹的药盒出现在画面中间，其所含的十八种中药成分罗列在侧。

解说：摩罗丹，十八味中药，配伍严谨，药性温和，中药治胃病，胃药摩罗丹。

案例 8–15

### 斯达舒分散片广告

案例 8–15 视频

镜头 1：一位身穿西装的男性在火车站乘坐高铁。

解说：胃健康，争分夺秒，要快。

镜头 2：天空在打雷闪电，云彩变幻莫测，有将要下雨的感觉，高铁在轨道上飞奔而过。

解说：胃痛、胃酸、胃胀。

镜头 3：一只手将一盒斯达舒分散片放在桌子上，中年男性拿起水杯喝药。

解说：斯达舒牌维 U 颠茄铝分散片。

镜头 4：天空由阴放晴。

解说：三分钟就三分钟。

镜头 5：中年男性站在高铁前做了一个胜利的动作。

解说：快崩解，快起效，斯达舒牌分散片。

镜头 6：斯达舒分散片的药盒出现在画面左侧，右侧字幕：修正药业，修正良心药，打造放心管用的药。

## 一、药品、保健品类影视广告的特色

纵观目前众多的药品、保健品类影视广告，可以总结出它们的特点：

1. 名人代言类较多

名人代言的药品、保健品类影视广告很多，也一直受到社会各界的关注。一方面，它有利于迅速提高产品知名度；另一方面，太多的名人代言此类产品广告，会直接使其效应下降。

2. 情感诉求和理性诉求相结合的广告多一些

以专家形象来说服受众，通过讲解病理、分析药性和阐明价值来影响或改变消费者的态度。同时，为了增强广告本身的感染力和亲切感，往往在作品中设定情感背景或情节。

3. 问题解决型广告较多

问题解决型广告即药品模式化广告，这样的广告直白、针对性强，能很快突出自身的定位特色和实际价值。

其他同类广告的特色可能会有所不同，这里只是列举一些常见的、突出的特点。

## 二、消费需求特点和产品的定位

药品、保健品毕竟是入口治病的，与其他产品相比，消费者对此类商品的消费心理会有明显的不同。

1. 消费者更注重安全性、有效性

消费者更注重产品的实际效果，产品效果最好能立竿见影，这是治病过程中的常见心态。

2. 消费者注重商品的品牌知名度和可信度

关乎生命健康的商品肯定会引起消费者的高度重视，但通常情况是消费者往往不了解或不太了解病理、药理知识，所以要想保证商品疗效和质量，只能依靠品牌知名度来建立消费者对商品的信任度。

3. 产品定位一般比较注重起效快、无副作用、服用方便等方面

药品、保健品都强调产品起效快、无副作用和服用方便等优势，因此这类商品一般以此来定位。

当然，不同的产品也会有许多其他的消费心理和定位策略，这里只是列出主要的、常见的几个方面。

### 三、药品、保健品类影视广告存在的问题

随着经济发展，人们生活越来越富裕，更多的人开始注重身体健康和保健营养。因此，人们对药品、保健品更加关注，这类产品也成为影视广告中的主要内容。从目前的情况来看，这类影视广告中存在的问题集中在以下几个方面：

1. 名人代言受到社会关注，虚假代言事件屡屡发生

大量出现的名人代言药品广告，不仅使产品的区分度降低，而且会让人产生怀疑和反感。如周笔畅代言的血乐广告，很明显产品与代言人没有什么关系，这就增大了明星虚假代言的成分。近年来，不断出现虚假代言事件，已经引起社会的普遍关注。

2. 随意夸大产品效用，特别是保健品

药品、保健品的效果、作用不仅是消费者最关心的，也是生产者所关注的，更是广告中要着重突出的内容。然而，往往由于广告主太希望广告对消费者有感染力和震撼力，这导致广告中不乏夸大其词的虚假宣传，也令消费者对此类广告的可信度产生质疑。

3. 不能找到自身的定位特色，广告同质化问题严重

药品、保健品类的广告同质化问题相当严重，产品本身缺少特色，广告更是互相抄袭，无创意可言。这样的广告实际上对消费者区分产品、选择针对自己症状的产品带来很大的困难。

今后，随着国家对此类广告监管力度的加大，相信这类广告的发展会更加规范。

## 第四节　食品类影视广告创意与表现

食品类广告的范围很大，这里以薯片广告为例。为了更清晰地了解这类广告的情况

以及企业的广告战略，以下专门选择五个乐事薯片的广告进行比较分析（见案例 8-16 至案例 8-20）。

案例 8-16

案例 8-16 视频

### 乐事薯片广告 · 2023 新年贺岁篇

镜头 1：一名二十多岁的男生和爸妈围绕在炕上的桌子旁，桌子上放着乐事薯片。

爸爸：外面不容易，啥事有爸呢！

镜头 2：一对年轻小情侣和一只小狗坐在沙发上，小狗的头上戴着乐事薯片的袋子，男生抚摸着狗，对小狗说话。

男生：乐乐，咱们也是一家三口了。

镜头 3：一名小学生和爸妈站在桌子旁边，男孩喂爸妈吃薯片。

男孩：爸爸妈妈辛苦了，这是给你们留的乐事。

镜头 4：一大家子坐在沙发上吃乐事薯片。

镜头 5：不同包装颜色的乐事薯片。

解说：这个新年，有家就有乐事。

案例 8-17

案例 8-17 视频

### 乐事薯片工坊广告 · 李现篇

镜头 1：一盒玫瑰花瓣薯片出现在画面中间，镜头慢慢移到李现用手拿着这盒薯片。

解说：全新乐事薯片工坊系列。

镜头 2：一只手拿着一片薯片在画面中间，薯片特写。

解说：片片添加真材实料。

镜头 3：一朵玫瑰花突然绽放，玫瑰花的花瓣一点点地融入薯片中。

解说：粒粒食材，加入薯片中。

镜头 4：李现拿着一片薯片放入口中。

解说：看得到，吃得到，真材实料更美味。

镜头 5：李现拿着一整盒薯片。

解说：要来体验一下吗？

镜头 6：七种不同口味的薯片展示在画面右侧，左侧字幕：食材看得到，口口都有料。

解说：乐事薯片工坊，七款任你选。

案例 8-18

案例 8-18 视频

### 乐事薯片烧烤味系列广告 · 杨超越篇

镜头 1：杨超越和一群渔民在海边捕鱼，烤生蚝。

解说：海，是当地秉持千年的信仰；这里的鲜味，海风最懂。

镜头2：杨超越手拿一包薯片闻味道。

镜头3：黑色背景下，一片薯片展示在画面中间。

镜头4：杨超越坐在火车上吃薯片。

解说：乐事蒜蓉烤生蚝味薯片，让舌尖比脚尖先到。

镜头5：背景是海边，三包不同口味的薯片展示在画面中间。

解说：打开乐事，寻个地道味。

案例 8-19

案例 8-19 视频

### 乐事大波浪广告 · 王源篇

镜头1：在一个充满科技感的背景下，王源拿着一包乐事大波浪。

镜头2：一片大波浪薯片从包装袋中跳脱出来，一名身穿盔甲的男生用手碰撞薯片。

解说：喜欢乐事大波浪，是因为形态偏爱不平。

镜头3：王源追逐着一片薯片，这片薯片掉入牛肉面的碗中。

解说：口味偏爱浓郁。

镜头4：王源追逐着一片薯片，这片薯片被一个戴头盔的人用剑一分为二地劈开。

解说：口感偏爱劲脆。

镜头5：王源对着镜头吃薯片。

解说：乐事大波浪，不平更带劲。

案例 8-20

案例 8-20 视频

### 乐事新年装广告 · 张杰篇

画面的主要内容是：一包黄色包装的乐事薯片在画面中间，一头动画小牛跳到乐事薯片的包装上，张杰拿着新包装的乐事薯片在每个人的头上点一下，他们头上就会出现一个大大的“顺”字；动画小牛将屋内背景全部变成红色，张杰和家人坐在沙发上一起吃乐事薯片，最后六种不同口味的包装展示在画面中，张杰拿着一包薯片美味地吃起来。

解说：乐事新年装！

广告歌：给家人一包乐事，传递新年顺利，祝你顺利，新一年！祝你顺利，新一年！

解说：祝你年年有乐事。

图 8–4　乐事新年装广告 · 张杰篇截图

## 一、食品类影视广告的特色

食品不同于其他商品的最重要一点是它关乎消费者的生命安全，在描述了上述薯片广告案例后，不难看出此类影视广告的特点主要有以下几个方面：

1. 强调产品品质

这类广告主要是从原料成分、加工程序、营养价值等方面来强调产品的品质保证。

2. 注重体现产品的附加值

产品严重同质化同样是食品市场的特点，因此，广告企图从产品的附加价值上来强调和凸显自身的优势定位，主要表现在广告中强调消费此类产品就是高级的“身份”“地位”“品质”“档次”等象征，这一点也普遍为商家认可和大量运用。

上述几个广告特色在食品类影视广告中具有共性特征，也是常见的广告模式。

## 二、食品类产品的消费者心理和产品定位

从食品类的消费市场进行分析和研究，可以发现此类商品的消费者和产品定位有以下几个特点：

1. 消费者注重产品的安全性

消费者对产品的安全性的注重表现在对食品本身品质的关注上，如食品的原料、成分、生产基地、生产程序等环节。此外，消费者很注重食品生产中的绿色、环保、天然等理念。

2. 消费者对这类广告的感知性较突出

食品类广告更强调食品的色彩、美观、气味等感官刺激的内容，这是消费者能够在广告中获得食品安全、高质量、有保障等信息的重要依据。

3. 产品定位多是安全、品质和情感体验

针对消费者对食品类产品的心理需求，产品定位就必然是在这些方面下功夫。当然，具体到不同的食品，影视广告也会有不同的表现特点。

### 三、食品类影视广告存在的问题

食品类影视广告中存在的问题主要有以下几个方面：

1. 过度强调品牌附加值，虚夸性明显

消费时代，人们对食品的关注更多是个人的体验、感受，如口味、环境、服务等，广告一般会强调这方面的品质。也有些广告为了增强食品超出自身品质的价值、意义感，往往存在浮夸现象，甚至出现吃一个食品吃出个价值观来，有点过于夸张了。

2. 夸大产品品质，让消费者厌烦

产品的品质常会被从不同角度夸大，如原材料、工艺、包装等。类似的广告多了，不仅无法让消费者了解产品的个性特色，还可能使其产生厌烦心理，削弱广告的效果。

综上所述，食品类广告要明确自身的特征，要时刻以消费者心理和产品定位为创意前提，若一味肆意地夸大某一方面，最终只会使自己的产品失去市场。

## 第五节　公益类影视广告创意与表现

公益类影视广告是影视广告中重要的一部分。随着社会的不断发展，许多文明的、科学的生活理念需要通过广告传递给广大受众。因此，对这类影视广告也要有一定的认识和理解（见案例 8-21 至案例 8-25）。

案例 8-21

**公益广告·放下手机，别让爱总在等待篇**

案例 8-21 视频

镜头 1：一位男生拿着杯子闻咖啡的香味。

镜头 2：咖啡的制作过程。

镜头 3：男生将另一杯咖啡递给对面的人，并说道："你尝尝。"

镜头 4：镜头移到男生的对面，发现男生的对面竟然是一部手机在"咔咔"拍照。

镜头 5：男生无奈地叹了一口气，并倚靠在椅子上。

镜头 6：男生扭头看到旁边桌是一对情侣在互动，露出羡慕的表情。

镜头 7：男生想要和对面的人说话，却欲言又止。

字幕：这么近，那么远。

镜头 8：一部手机在发打卡咖啡厅的朋友圈。

镜头 9：男生用咖啡杯将手机推到一边。

男生：“我给你点个赞怎么样？”

镜头 10：女生露出尴尬又不失礼貌的微笑，并端起咖啡品尝起来。

镜头 11：女生和男生边喝咖啡边聊天。

字幕：放下手机，别让爱总在等待。

图 8-5　公益广告 · 放下手机，别让爱总在等待篇截图

案例 8-22

案例 8-22 视频

### 公益广告 · 你的安全有我在篇

镜头 1：妈妈从厨房端出一盘饺子，说：“开饭啦！”

镜头 2：儿子站起身要走。

妈妈：再吃点吧！

儿子：我还要值班，同事都等着我呢。

镜头 3：妻子抱着女儿给丈夫送行。

妻子：快过年了，注意安全。

镜头 4：很多人背着行李往下走，只有男主逆流而上。

镜头 5：一位短发女生也在人群中逆流而上。

旁白：春节将至，受一股强冷空气影响，我市东部海域将会有 7 到 8 级大风。

镜头 6：塔台工作人员接听电话。

解说：东一飞（东海第一救助飞行队）收到，有一名渔民落水遇险，请求救助。

镜头 7：飞行人员制订救助计划，快速换上服装，飞奔到飞机上。

镜头 8：飞行人员将飞机停在受困渔民上方，男主下飞机紧紧拉住被困人员的手，将其带上飞机。

男主：不要怕，我来救你！

镜头9：被困人员从救护车上下来，其妻子紧紧抱住他。

字幕：带你回家过年。

镜头10：一名飞行人员摘掉帽子，对着镜头微笑；其他飞行人员也面对镜头微笑。

字幕：你的安全有我在。致敬每一位平凡而伟大的救援人员。

案例 8–23

案例 8–23 视频

### 公益广告·80大哥搞定篇

镜头1：一个路口，很多人排队等着坐摩托车，一位穿白衣服的男性向摩托车司机询问。

白衣服男性：大哥，到巷口多少？

司机：80。

白衣服男性：60就行了，很近的一段路。

镜头2：穿绿衣服的男性拍拍白衣服的男性说："80。"白衣服的男性依然在和司机争辩，绿衣服的男性坚持说："80。"三个人又争执了一番，司机直接骑车带走绿衣服的男性，白衣服的男性仍然在后面追着司机说："大哥！60啊！大哥！"

镜头3：司机和绿衣服男性开心地骑车，摩托车仪表盘的指针指向80。

镜头4：在一个十字路口出现一辆轿车，摩托车司机紧急刹车，但并未达到效果，摩托车和轿车相撞，两人被摔了出去……

解说：80码的速度，如果突然一辆车冲出来，您只有38米的紧急制动距离，您可能觉得能刹住，但是问题是，它并不包括您的眼睛能看到的距离，大脑又将花两三秒来命令手捏住刹车，这样一来，就相当于有了15米的附加距离。您肯定不能紧急制动，80码等于死亡。降低速度，降低风险。

案例 8–24

案例 8–24 视频

### 公益广告·节约粮食篇

镜头1：葡萄生产基地拍摄。

镜头2：画面分屏展示，左侧展示葡萄丰收的样貌，字幕显示：葡萄从开花到成熟需要2~3个月。右侧展示一盘葡萄倒入垃圾桶，字幕显示：扔掉只需1秒。

镜头3：蔬菜大棚环境拍摄。

镜头4：画面分屏展示，左侧展示培育蔬菜的过程，字幕显示：蔬菜种植前的育苗需要1个月左右。右侧展示饭店将饭桌上剩余的蔬菜倒入垃圾桶，字幕显示：扔掉只需1秒。

镜头5：农民在玉米地剥玉米。

镜头6：一对情侣在餐厅用餐，女生拍饭桌上的玉米。

镜头7：画面分屏展示，左侧展示玉米丰收的样貌，字幕显示：玉米从播种到成熟需要2个月以上。右侧展示饭店将饭桌上剩余的玉米倒入垃圾桶，字幕显示：扔掉只需1秒。

镜头 8：渔民捕鱼的过程。

镜头 9：画面分屏展示，左侧展示渔民捕鱼的过程，字幕显示：出海捕鱼最久需达 6 个月。右侧展示饭店服务员将剩鱼倒入垃圾桶内，字幕显示：扔掉只需 1 秒。

镜头 10：玉米、水果、蔬菜等丰收的样貌。

镜头 11：画面分屏展示，左侧是装满食物的车，右侧开出来的是垃圾车。

字幕：辛勤劳作是用来浪费的吗？厉行节约，反对浪费。

**案例 8–25**

案例 8-25 视频

### 公益广告 · 公筷篇

镜头 1：一位女士正在餐桌前放置公筷。

字幕：好友相聚，添一筷，是热心。

镜头 2：家人过生日，老奶奶和孙女用公筷为彼此夹菜。

字幕：居家庆生，夹一筷，是爱心。

镜头 3：情侣之间吃饭，男生用公筷为女生夹菜。

字幕：情侣约会，递一筷，是倾心。

镜头 4：公司同事一起吃饭，同事用公筷为其他人夹自己做的菜。

字幕：公司用餐，匀一筷，是公心。

镜头 5：年轻夫妻喂小孩子饭菜。

字幕：回家吃饭，挑一筷，是细心。

镜头 6：饭桌上，两套餐具前分别放着一副公筷。

字幕：加一双公筷，多一份安心。

镜头 7："使用公筷，筷筷有爱" 的字幕出现。

图 8–6　公益广告 · 公筷篇截图

## 一、公益类影视广告的界定与特点

公益类影视广告是以公益事业为主题的影视广告。公益类影视广告的特点如下：

（1）公益类影视广告的主体不是某种商品或某项服务，而是一个事关社会、国家、人类等的观念，因此，其目的是非商业性的。

（2）公益类影视广告的受众面远远大于商业性影视广告。

（3）公益类影视广告是由政府部门、社会团体、企业等发起和赞助的，而不像商业广告是由企业法人组织进行的。

（4）公益类影视广告为免费播出，且受媒体、制作公司的支持而形成阶段性主题潮流。

## 二、公益类影视广告的主题来源

公益类影视广告的主题来源主要有以下几个方面：

（1）政府部门、社会团体倡导的内容。

（2）发生过或正在发生的重大社会事件。

（3）涉及公共秩序、社会道德、人类健康的永恒性主题。

（4）企业个性、企业理念、企业经营发展策略与社会环境相关联的话题。

## 三、公益类影视广告的特点

总的看来，公益类影视广告的特点还是比较明显的。

### 1. 单一性

单一性指在一则公益广告中一定是只集中说明一个主题的，所有的表现元素要为这个主题服务。虽然公益广告的受众非常广泛，但也和商业广告一样要有独特的、鲜明的、单一的主题，如果想说的太多，就会相互干扰而失去效果。

### 2. 方向性

方向性指公益主题的方向、导向要非常明确，目的是倡导文明、环保、爱国等，一定要让受众一看就明白。它不需要隐藏什么，也不要把有争议的问题，或目前还没有定论性说法的话题放在广告中，否则会让人们对广告产生怀疑。

### 3. 平易性

公益性话题关乎大众和社会的整体利益，它所面对的是全部社会成员。因此，公益性广告一定是以一种平易近人的态势来传递理念，并以循循善诱、娓娓道来的方式表现主题思想。那种强迫式的广告会给人以压力，容易导致逆反心理产生，反而达不到预期的效果。

### 4. 感动人

感动人是公益广告很重要的效果（见案例 8-26）。商业广告更多的可能是通过它的实用性来强化效果，但公益广告不需要人们去消费什么，而是培养人们积极的生活理念、文明的生活习惯、科学的生活方式，这意味着要让受众从心理上真正感受到所接受的广告主题具有的意义和价值，所以，这类广告要触动人的心灵，引发人们对生活的思考，从而影响其行为。

案例 8-26

案例 8-26 视频

**公益广告·这不叫变老，这是生病了篇**

画面的主要内容是：一对老夫妻早上刚起床，在吃早饭时，老奶奶问老爷爷明天早上几点出发，老爷爷说八点，等他们出了一趟门回来时，老奶奶又问明天几点出发，老爷爷说："跟你说了，八点。"吃晚饭时，老奶奶继续问明天几点出发，老爷爷有点不耐烦地说："我们八点走，简。"当晚上睡觉老夫妻躺在床上时，老奶奶继续问明天几点走，老爷爷心疼且惊讶地看着老奶奶，老爷爷拉起老奶奶的手说："八点，我觉得我们应该八点走，亲爱的。"最后出字幕："这不叫变老，而是生病了。记忆丧失可能是痴呆的症状，前往相关网站或打电话寻求帮助和支持。"

图 8-7　公益广告·这不叫变老，这是生病了篇截图

这则广告讲述了一位老奶奶患有阿尔茨海默病，她一次次地问老爷爷明天几点走，一开始老爷爷有点不耐烦，后来意识到老奶奶可能是生病了，老爷爷瞬间变得心疼且温柔。

综上所述，公益类影视广告从创意到表现都有自身的特色，我们只有充分地分析和认识其具体情况，才能保证影视广告的效果。同时，注重学习和剖析已有广告作品的创作手法、表现形式和广告策略，才能克服缺陷，推进广告业向前发展。

## 四、公益类影视广告创意与表现的原则

公益类影视广告因为其本质上区别于商业类影视广告，所以在创意和表现上有它独特的原则和方法。

1. 挖掘深度、抓住特色

公益类影视广告要打动受众，必须深化对主题的理解，挖掘主题的内涵和意义，抓住其特色，突出重点，直达受众内心并触动其情感，引发其反思（见案例 8-27）。

案例 8-27

案例 8-27 视频

**公益广告 · 美国红十字会篇**

该广告是一镜到底的公益广告，首先映入画面的是一只手在弹钢琴，画面慢慢显示一位中年女性在弹钢琴，景别继续放大，显示这位女性在一个破旧不堪的屋子里弹钢琴。镜头慢慢往后移，显示女性在屋里弹钢琴，一位男性在倒塌的屋外捡起一个玩具递给女儿。结尾出现字幕：“灾难唯一不能摧毁的就是希望。”

这则广告以一镜到底的形式展现了一个身处灾难的家庭，他们依然乐观坚强地面对生活的一切不如意。该广告通过展现了这种身处困境依然积极面对生活的勇气，传递了“灾难唯一不能摧毁的就是希望”的主题，从而强化人们积极乐观面对生活的意识。

2. 表现生活化，强化表现效力

感动必须真实和亲切，所以生活化的表现就是最好的表达方式（见案例 8-28），相反，过多地粉饰会影响广告感人的效果。

案例 8-28

案例 8-28 视频

**公益广告 · 快乐有爱篇**

镜头 1：一双婴儿的小脚踩在一双大脚上面在慢慢往前走路，妈妈在前方微笑地对孩子说：“宝宝，过来。”

镜头 2：小学生坐在教室里开心地大笑，老师递给学生一张“三好学生”的奖状。

镜头 3：画面中出现一张大学录取通知书，突然一名女生被撞倒在地，抬头看到男生后露出害羞的微笑。

镜头 4：女生穿着婚纱，男生给女生戴上戒指，女生说道：“我愿意。”

镜头 5：女生怀孕做产检，医生说：“宝宝很健康，放心。”

镜头 6：男生工作顺利，同事为他鼓掌庆祝。

镜头 7：男生拿车钥匙准备出门，年幼的女儿对他说：“爸爸，早点回来。”

以上画面都显示一个幸福指数，随着生活一点点变好，幸福指数一直呈上升趋势。

镜头 8：男生在开车的途中，有人发消息，男生边开车，边看手机，突然遭遇车祸……

镜头9：画面闪过之前的幸福美好回忆，幸福指数也呈直线下降，直到降为0。

镜头10：车辆翻车的画面。

字幕：错过一条短信，还是错过余生幸福，开车请勿看手机。

图 8-8　公益广告·快乐有爱篇截图

这则广告选取了生活化的情景，如妈妈在引导孩子第一次走路、小学生拿奖状、大学生收到录取通知书等，都是我们日常生活中经常发生的事情，每一件小事都关乎着我们的幸福，但如果我们开车看手机的话，这点点滴滴的幸福就有可能毁于一旦，所以这也是最真实的展现，更容易让受众接受广告的主题。

3. 从平凡中寻找话题和意义

从平凡而现实的生活中寻找话题，关注意义，探寻真谛，“平凡中见伟大”，这应该是公益影视广告不同于商业广告的最重要的地方，这也让其产生更广泛的社会意义和价值（见案例 8-29）。

案例 8-29

案例 8-29 视频

### 公益广告·请勿占用盲道篇

镜头1：一位盲人在盲道上慢慢行走，突然前面有自行车挡路。

镜头2：画面成为画中画，盲人走路的画面成为电脑上的画面，一位工作人员将自行车区域选中，然后按下删除键。

镜头3：盲人继续往前走，前方依然有一些杂物挡路，工作人员将杂物区域选中，删除。

镜头4：盲人继续往前走，前面路上出现了一个缺了一块地砖的小坑，盲人将要走过来的时候，画面中坑的上面出现一个防护盖板，盲人踩上，安全走过。

镜头 5：盲人继续往前走，前面有一排自行车，画面显示自行车区域被选中删除，接着出现字幕：请勿占用盲道。

“盲道”是我们日常生活中经常见到的东西，但我们很多人却经常忽略它，共享单车、摆摊等经常会占用盲道，以至于给盲人带来了极大的不便，这则广告就从平凡的角度出发，呼吁大家不要占用盲道，体现出了公益广告的社会意义和价值。

4. 运用多种创意与表现技巧，提高观赏性

灵活多样的表现手法，既可以提升作品本身的观赏性和趣味性，也是提高公益类影视广告关注率的重要手段（见案例 8-30）。

案例 8-30

案例 8-30 视频

**公益广告 · 保护知识产权就是保护创新篇**

镜头组 1：（动画）地球。天空中出现三朵云——专利权、商标权、著作权（字幕）。

解说：知识产权，是人类智力劳动成果的专有权利，也是社会财富的重要来源，需要全社会共同保护。

镜头组 2：一家人来到户外的草地上种下金黄色的种子。

解说：保护好知识产权，让劳动成果受到尊重，才可以孕育出创新的种子。

镜头组 3：（动画）种子在发芽，生长。

解说：它会萌生创新之芽，激发创造热情。

字幕：知识产权保护工作关系国家治理体系和治理能力现代化。

镜头组 4：孩子看着发芽后的植物不断生长。高铁在枝干上驰行。

字幕：知识产权保护工作关系高质量发展。

解说：它会伸展创新枝干，支撑高质量发展。

镜头组 5：长大的树枝上结出一个苹果，苹果从树上掉落下来，被一个小女孩捧在手里。

解说：它结成创新果实，回报辛苦的智力劳动。

字幕：知识产权保护工作关系人民生活幸福。

镜头组 6：各种包含智能化的工作——物流、销售、种植、仓储等。

镜头组 7：（动画）一只燕子衔着一根树枝放到巢中。巢中出现现代化建筑群。

解说：它筑起创新之巢，为新发展格局保驾护航。

字幕：知识产权保护工作关系国家对外开放大局。

……

这则广告，以动画为主要形式，兼有实景内容，生动再现了智力劳动的成果和知识产权保护的意义，形象地诠释了保护知识产权的价值，起到了普及式教育的效果。

**➔启发与思考**

**《时代楷模》系列公益广告创意的特色与审美价值**

《时代楷模》系列公益广告是在中宣部指导下制作和发布的，它最大的创意特色就是运用了叙事的模式，讲好榜样的故事，激励受众，培养正能量，如教育战线的陈立群、张桂梅、张玉滚；科研战线的南怀仁、徐立平、卢永根；扶贫战线的李保国、朱有勇、毛相林；环保战线的塞罕坝农场、治沙六老汉等。其审美价值以继承和发扬社会主义核心价值观为主，突出强调爱国强国、守正创新、责任担当、无私奉献等精神，这些都是青年人最需要具备的精神，是课程思政的重要内容。通过丰富多样的公益广告形式，时代楷模的形象清晰、真实，感人至深，成为最有意义的教学案例。

总之，公益类影视广告的创意和表现要始终坚守主题、遵循广告创作原则，注重以情动人，以求更有效果和更有意义。

**思考题**

1. 各类影视广告创意与表现的特色有哪些？

2. 选取一类影视广告案例进行分析，总结其创意与表现特色有哪些？

# 第九章　影视广告文案的写作

**本章重点**

- 影视广告语言创作的内容和原则
- 不同类型影视广告的文案写作
- 不同类型影视广告中广告语言的创作

文案是创意的书面表现方式，影视广告的文案亦是如此。同时，它也是影视广告创意与执行的中间环节，是影视广告拍摄的基础和前提。影视广告文案的写作要准确地体现创意的核心内容和表现元素。文案写作的成功是影视广告创意与表现能够最终完成的重要保证。

## 第一节　影视广告文案的概念、特点和内容

尽管广告的文案都是对广告创意与表现的表达，但由于媒体特点的不同，各种广告文案有着不同的特色。影视广告的文案不同于其他媒体文案，这既是源于影视媒体本身的特点，也是影视广告创意与表现的要求。

### 一、影视广告文案的概念

影视广告文案，即影视广告脚本，是影视广告创意的文字表达，是体现广告主题、塑造广告形象、传播信息内容的语言文字说明，是摄制影视广告的基础和蓝图。文字脚本与画纲是影视广告文案的重要组成部分。

### 二、影视广告文案的特点

根据影视媒体的特殊性，影视广告文案有以下几个特点：

（一）体现出视听综合媒体的特点

影视是视听综合媒体，它综合使用动态视觉符号（运动画面）、静态视觉符号（字幕）和多种听觉符号（人声、音乐、音响）。而视觉要素和声音要素相互完美结合是成就优秀影视广告的关键。影视广告的文案要包括这些内容的描述，即它要在创作时考虑到这一特点，要能用语言和文字的形式来体现出形象逼真、如闻其声、如见其形的媒体特色。因此，在进行影视广告文案的写作时，要有画面感，要充分考虑所写的内容是否可以通过影视媒体传达和表现出来，即要运用丰富的想象力来创作生动而形象的文案内容。

写作影视广告文案时要有动态描述的意识和感觉。这就不同于广播或印刷媒体的广告，要充分发挥想象力去写作。动态的内容在描述时要清楚、准确、逼真，因为它将是重要的拍摄依据。

（二）注重时间性

影视广告的时间非常有限，要想在几秒钟的时间内就把重要信息传递出来，特别是要在开始时把受众的注意力抓住，就需要在创意和表现中精心设计和规划，并通过文案表现出来。因此，在写文案时就要有这种时间观念，不能天马行空地随意写作。

（三）强调目的性

影视广告文案写作的目的是完成广告拍摄的任务，最终实现广告促销的目的。因此，在写作时，要时刻围绕这个目的进行。重要的信息和特色要能够体现出来。特别是需要受众记住的内容，一定要简洁、易懂、易记。同时，还要注重在文案中体现品牌意识，以便给受众留下印象。

（四）突出广告主题

广告主题是影视广告文案的中心思想和主线，贯穿整个文案内容，是所有的元素要为之服务的中心。如大宝洗面奶的广告突出大众化的定位，广告主题则要体现这一定位，表现产品为普通人每天都要使用的产品。因此，在影视广告的文案创作中，所选用的人物模特、所使用的语言、所设置的情节、所选择的背景等，全部都要体现这一主题。

（五）语言的概括性和简明性

由于影视广告的时间很短，主要通过画面来传达信息，所以文案要有高度的概括性和简明性，即以提示性、说明性的表达方式为主，文字内容不宜过多、过繁。不论是对画面的描述，还是对广告语、画外音、对白的说明，都要言简意赅、特色突出、画龙点睛。

（六）配合受众休息及娱乐需求，应对抵触心理

广告应创造轻松、愉悦的氛围，要避免给人过于严肃、沉重、不合时宜的感觉，从而保证受众能在开放的视听环境中接受广告信息。

总之，在进行影视广告文案创作时，要充分认识和理解它的特色，以求创作出更好的文案内容。

## 第二节　影视广告文字脚本

文字脚本是指表演戏剧、拍摄电影等所依据的底本，也可以说是故事的发展大纲，用以确定故事的发展方向，即确定故事到底发生在什么地点、什么时间，有哪些角色及角色的对白、动作、情绪的变化等，这些细化的工作都要在脚本上清楚地描述出来。

### 一、影视广告文字脚本的概说

影视广告文字脚本的内容，就是广告创作者（编剧）按照广告主的意图，传达的商品、服务或企业信息，以及创作者对这些信息的认识、评价或主观意念（观念、主张、希望等），它是主客观的统一，基本要素是素材（信息）和主题。它具体包括：静态画面的内容、动态的内容和听觉的内容，有的也有镜头运动方式、景别等内容。

### 二、影视广告文字脚本的类别

影视广告的文字脚本主要可分为以下五种：概念脚本、故事脚本、分镜头脚本、导演执行台本和相片脚本。其中需要重点掌握的是前三种，特别是故事脚本和分镜头脚本。它们既相互联系、相互配合，又是各自独立的。故事脚本是分镜头脚本的基础，分镜头脚本是对故事脚本的分切与再创作。前者是由文案撰写者（编剧）撰写，后者由导演来完成。

（一）影视广告概念脚本

影视广告概念脚本实际上是在进行影视广告创作之前，首先要写出来的一个重要的、概括性的、文字性的创作说明。

1. 影视广告概念脚本的含义

影视广告概念脚本即阐述创意说明、表达创意思路、描述创意表现的一种脚本形式，也就是以它来向导演、拍摄人员、后期制作等人员提供“为什么要这样说”的理论和依据，以期他们能在充分理解和明确创作意图的前提下，进行实际的制作工作，最终使所创作的影视广告能完美地表达创意的原旨。

2. 影视广告概念脚本的内容

影视广告概念脚本主要包括以下三方面内容：

（1）广告产品定位说明

广告产品定位说明即关于产品定位的简明介绍。

（2）广告创意说明

广告创意说明即将创意的思路、核心理念、广告主题思想等描述出来。

（3）广告表现说明

广告表现说明即将广告表现上的方法、特色、关键的环节等描述出来。

**➔示例**

### 概念脚本——世邦·水岸影视广告文案

世邦·水岸，作为珠海靠海岸线地段的高级楼盘，在创意中充分表现在世邦·水岸生活而产生的美好意境。运用舞蹈、绘画、音乐的元素以唯美的手法演绎出岸边生活的悠远境界，展示出一幅似真似幻的生活场景。在一幅幅唯美超绝的画面中，让消费者充分记忆楼盘形象，以最终推动楼盘的实际销售。

资料来源：何建平．广播影视广告［M］．湖南：中南大学出版社，2009：192.

（二）影视广告的故事脚本

影视广告的故事脚本，是导演进行再创作的基础和依据。它的写作过程是广告创意形成、完善、体现的过程。

1. 影视广告故事脚本的概念

故事脚本即故事画纲、故事板，是将广告文字脚本视觉化的产物，源于英文中的"story board"，它是影视广告文案中的重要内容，是区别于其他媒体文案的一个特色，也是指导拍摄和后期制作的重要依据。

2. 影视广告故事脚本的意义

影视广告故事脚本的意义主要有：

（1）故事脚本是与广告主沟通的桥梁，能帮助广告主理解创意，使其作出明确的判断和抉择，从而赢得广告主的认可。

（2）故事脚本是拍摄的直接依据，有助于拍摄与制作。

（3）故事脚本有助于检验广告创意的视觉化效果。

（4）故事脚本有助于检验影视广告的摄制效果和创作质量。

3. 影视广告故事脚本的内容

影视广告故事脚本的内容主要有：

（1）客户名称，产品名称。

（2）整个片子的长度，每个镜头的时间长度。

（3）镜头画面及画面内容的文字描述。

（4）与镜头画面相对应的声音的文字描述。

（5）每个镜头的拍摄方式，镜头与镜头的组接方式。

（6）特殊要求或其他应该注意的事项。

（7）最后附一个创意说明。

4. 影视广告故事脚本创作的原则

故事脚本的创作原则主要有以下几点：

（1）应该用导演、摄影的眼光来创作

故事脚本在实际的拍摄过程中，是为了帮助导演、摄影师制作广告片而绘制的，应以他们的标准来作为绘制标准。另外，脚本绘制时要对影视媒体的特点有充分的了解，以保证绘图确实有利于在影视媒体上传播。

（2）脚本的画面是对典型瞬间的显示

好的画纲脚本应准确地反映影视广告片的基本内容，具体地说就是每个画纲的内容都应该是它所对应画面中最核心、最需要突出的部分，也可以理解为每幅画面应该是对关键瞬间的记录，而不是随便什么内容都可以。

（3）要有镜头感、运动感、层次感，要细致、完整

绘制故事画纲不是一般的绘图过程，它需要创作者心中有目的、脑中有镜头、手中有重点。只有这样才能保证它确实起到为广告创意服务的作用。

（4）要牢牢抓住观众的注意力和兴趣

影视广告一定要强调在瞬间对受众心理的把控。因此，画纲也要注重突出这一特点。

5. 制作故事板的方法

制作故事板常用的方法主要有以下两种：

（1）手绘故事板

手绘故事板指通过素描手法制作的故事板画纲。

**表 9–1　鲁花花生油影视广告脚本（学生作品部分）**

| | |
|---|---|
| 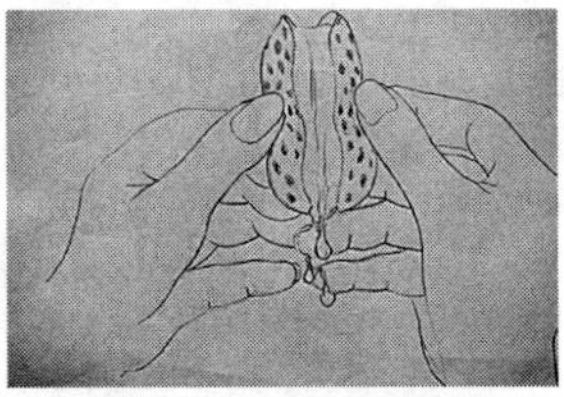 | 镜头 1：<br>一双手打开一个花生果，花生果中流出金黄色的油滴（背景淡蓝色）<br>2" |
|  | 镜头 2：<br>一盘排列整齐的红色大虾，上面有一层金色的油光<br>画外音：不冒烟。<br>3" |
|  | 镜头 3：<br>一个小女孩边吃边竖起大拇指说："好吃！"<br>2" |
|  | 镜头 4：<br>品牌标识：莱阳鲁花<br>画外音：鲁花压榨花生油<br>3" |

（2）照片型故事板

照片型故事板即用照片制作的故事板画纲。

**表 9–2　肯德基影视广告脚本**

| 镜号 | 画面内容 | 图　像 | 声　音 |
|---|---|---|---|
| 1 | 华灯满天的城市大街上，一位送肯德基的员工 |  | 画外音：1987 年我满怀期待来到中国<br>（背景音乐起） |
| 2 | 肯德基来华时的庆祝仪式上，舞狮子的热闹场面 |  | 音效：爆竹声 |
| 3 | 肯德基店中员工们正在用心制作产品 |  | 画外音：对我来说，不只是让你吃得安心 |
| 4 | 肯德基倡导的健身活动，篮球场上热闹的场面 |  | 画外音：更为健康生活，提倡天天运动<br>音效：打篮球的声音 |
| 5 | 新疆的一对夫妇开着摩托车买回来大桶的肯德基 |  | 画外音：24 年来，在 700 多个城市和乡镇…… |

当然，各种文案都各有优势和作用，要根据需求来制作，以满足不同的要求。

另有一种说法认为，故事脚本是指按照文字脚本的时间长度和节奏，把文字描述视觉化，它主要是向客户提案用的。有时是将主要的画面绘制出来，有时是用数字拍摄与电脑合成的形式。它比分镜头更清楚地将创意内容展现出来，方便客户的直观感受和准确理解。下面选取了一个影视广告的部分故事板画面以供参考。

**表 9–3　珠江啤酒影视广告脚本（部分）**

| 镜号 | 画面内容 | 图　像 | 声　音 |
|---|---|---|---|
| 1 | 镜头从珠江啤酒瓶身的标识拉开 | 珠江啤酒 | 激情澎湃的音乐贯穿始终 |

续表

| 镜号 | 画面内容 | 图　　像 | 声　　音 |
|---|---|---|---|
| 2 | 一个运动场杂货店的凉伞下坐着几个 BMX 青年 |  | （同上） |
| 3 | 一个青年将手里的珠江啤酒端到眼前，从瓶口角度望着不远处的 BMX 同伴，由于视觉错位，不远处的 BMX 青年好像在珠江啤酒的瓶口上做着高难度的平衡动作。<br>动感字幕：创新是挑战自我 |  | （同上） |
| 4 | 镜头从金牌珠江啤酒瓶身的标识拉开 | 珠江啤酒 PEARL RIVER | （同上） |

资料来源：www.chinaadren.com/html/file/2006-8-29/2006829152140.html.

## 第三节　影视广告文案写作的原则

影视广告文案，因其媒体特色不同而有自身的写作原则，归纳起来主要有以下几个方面。

### 一、突出视听综合的媒体特色

影视广告一定要突出视听综合的媒体特色，对于视、听感官要充分调动，所以在写文案时，也必须有这种体验和联想，最大限度地发挥这一特色，使文案不仅是写在纸上的内容，而且是有镜头感、画面感和听觉效果很好的文本材料，是拍摄的直接依据。

案例 9-1

案例 9-1 视频

## 长白雪广告

镜头组 1：长白山的秋色被第一场雪染白。雪花纷飞中，传来小鸟振翅飞落枝丫的声音和枝头挂雪被振落的声音。

解说（字幕）：2020 年 9 月 18 日，长白山下了第一场雪。此后的 9 个月，这里将被冰雪覆盖。

镜头组 2：从冬到春，在风吹雪的声音中，冰雪覆盖的长白山渐渐冰雪消融，枝发新芽，黄花绽开。

解说（字幕）：公元前 7 世纪，古希腊哲学家泰勒斯说，水是一切生命的起源。在长白山，雪，是所有生命的起源。

镜头组 3：春回长白山，积雪融化，流水潺潺。清澈的雪水渗入长白山的广袤土地，孕育和化生出长白山丰富多样的动植物。

解说（字幕）：厚达两米的积雪，会用几个月时间，融化成水。透过土壤，渗入玄武岩山体。再经历三十到六十年的融滤净化，变成泉水，滋养长白山 2806 种野生植物，1588 种野生动物。

镜头组 4：小花绽放，鸟啄树干，各种动物在积雪和流水间奔跑、飞翔、鸣叫。

解说（字幕）：水，在这里更新循环，生命在这里更迭繁衍。

镜头组 5：长白山的雪水氤氲和动植物的生命活动中，品牌瓶装产品长白雪天然雪山矿泉水的形象及广告语出现。

解说（字幕）：你喝到的水，是长白山松软雪花的味道。什么样的水源孕育什么样的生命，长白雪天然雪山矿泉水。

图 9-1 长白雪广告截图

这则广告文案充分表现出了视听综合的特点，将视觉信息和听觉信息运用镜头和蒙太奇的手法表现出来，形成了对受众感官上的冲击效果。

## 二、强调语言的 KISS 原则

大卫・奥格威曾说："广告是词语的生涯。"李奥・贝纳则认为："文字是这一行业的利器，文字在意念表达中注入热情和灵魂。"国际大师总结了一个文案写作的原则：KISS。KISS 是 Keep It Sweet and Simple 的缩写，即广告语言最好能够做到"甜美"和"简洁"（见案例 9-2）。在写作影视广告文案时，除了语言上要做到这一点外，在画面和镜头的内容表现上也一样要遵循这一原则，才会产生视觉冲击效果。

案例 9-2

案例 9-2 视频

### 中国民生银行广告

镜头组 1：纯净淡雅的画面背景中，彤彤和妈妈手牵手走向范阿姨的蔬菜货架。

解说：彤彤最爱的是妈妈做的一蔬一饭，范阿姨摆上货架的菜，总是新鲜欲滴。

字幕：每一天，张楠，职场妈妈；范阿姨，菜市场摊主。

镜头组 2：画面移动，咖啡台前，周嘉宁将精心制作的咖啡端给在桌前用电脑写作的晓梦。

解说：周嘉宁精心调制着每一杯咖啡，作家晓梦的文字里，浸染了咖啡香气。

字幕：周嘉宁，咖啡师；晓梦，网络作家。

镜头组 3：画面移动，时装店里，徐蕊帮李阿姨选搭服装。

解说：时装店老板徐蕊，还是那么有品位懂穿搭，优雅的李阿姨，在心里从未老去。

字幕：徐蕊，时装店主；李霞芳，时尚老太。

……

字幕：每一天，美一天。

解说：民生与你，各美其美，美美与共。

尾镜：中国民生银行标识及广告语："服务大众，情系民生。"

这则广告是中国民生银行为"三八"妇女节拍摄的一支展现女性群像之美的广告短片，由七组各行各业的女性的日常生活工作场景组接而成，展现女性平常的美，语言既温暖又简洁。

## 三、注意时间性

影视广告是以秒计时的，对时间的要求很严格。因此，在写文案时就需要注意这个问题，不能不考虑时间随意写，否则是对影视广告特色的否定。因此，在极短的时间内说明主题、讲清情节、表达情感，的确是个既要看创意功底又要看对影视广告理解程度的事情（见案例 9-3）。一般是以 30 秒为标准版本来设计文案的，所以写文案时每一个画面、镜头占多少时间应该心里有数。同时在文案中标出来，以备拍摄时参考和后期检视。

案例 9-3 视频

**案例 9-3**

### 恒顺醋业广告

镜头组 1：食客众多的川味店中，服务员用托盘端着酸辣粉向食桌走去，下一个镜头，给一碗酸辣粉调加瓶装恒顺醋，川味店王老板说："酸辣粉，恒顺醋，要得。"字幕：酸辣粉，川味店王老板。

镜头组 2：杭州酒楼后厨，大厨张毛头正在给西湖醋鱼调放恒顺醋配制的西湖醋鱼料汁，大厨说："西湖醋鱼就是一定要用恒顺醋，好得不得了。"字幕：西湖醋鱼，杭州酒楼大厨张毛头。

镜头组 3：上海周太太家，热气腾腾的大闸蟹刚刚揭出蒸笼，装盘上桌，一家人围坐餐桌用餐。周太太说："吃大闸蟹，用恒顺醋，侬好呀！"字幕：大闸蟹，上海浦东周太太。

镜头组 4：北京胡同四合院中的一家人，祖孙三代一起吃饺子，一只饺子蘸进醋碟，刘老爷子说："吃饺子，那还少得了恒顺醋，地道。"字幕：北方水饺，北京宣武区刘老爷子。

镜头组 5：恒顺醋的瓶装产品、品牌标识及广告语："恒顺醋业，美食中国。"

这则广告以四组各地饮食中典型的用醋饮食场景组接而成，以各地方言证言恒顺醋的好吃地道，充分利用 30 秒的有限时长呈现"恒顺醋业，美食中国"的广告主题。

## 四、追求目的性

影视广告的文案写作最终目的是宣传和促销产品，这一目的始终是写作文案的标准和约束。再好的文案，如果偏离或无法达到这样的目的，那就不是一个合格的文案。案例 9-4 就很好地体现了目的性。

案例 9-4 视频

**案例 9-4**

### 怡宝广告

镜头组 1：训练场上，获得奥运金牌的射击运动员杨倩、举重运动员吕小军、乒乓球运动员孙颖莎、陈梦、许昕在各自的训练场中挥洒汗水，专注地训练。

解说：一年又一年，训练，比赛，再训练。一年又一年，梦想也一步步实现。

镜头组 2：温馨家中，母女三人迎接奥运冠军吕小军回到家中，父亲宝贝地抱起两个女儿；杨倩回到家中，与开门迎接的母亲欣悦相拥；孙颖莎和陈梦与队友相聚。

解说：你我的怡宝，相伴你我不断向前。

镜头组 3：举重奥运冠军吕小军举起怡宝饮用纯净水，安装在家中的净水器上；杨倩从家中的饮水机中接取怡宝饮用纯净水；乒乓球运动员的火锅聚会正将怡宝饮用纯净水倒入锅中。

解说：怡宝为七十余支国家运动队提供安全纯净的饮用水服务，助力运动健儿决胜赛场，更陪伴生活每刻。

镜头组 4：三组奥运冠军证言。

解说：我们的选择，我们的选择，我们的选择。

镜头组 5：怡宝 logo 出现。字幕显示：中国国家队合作伙伴，国家运动员的选择。

解说：怡宝，国家队运动员的选择。

这则广告，选取刚刚在东京奥运会赛场取得奥运金牌的运动员的训练和生活场景，以传达陪伴的意义，包括妻子、孩子对丈夫、父亲的陪伴，父母对女儿的陪伴，队友的相互陪伴，怡宝对运动员的陪伴，并以三组奥运冠军的证言，突出对怡宝的“选择”，具有强烈的说服力。

## 五、巧妙运用蒙太奇等影视理论和技巧

影视广告最重要的表现内容就是影视语言，即镜头和蒙太奇的运用。正是通过这样的表现，传递了产品的信息、品牌的价值和刺激消费的理念，充分展示出影视媒体的优越性（见案例 9-5）。

案例 9-5

案例 9-5 视频

**公益广告·一声老师，一生老师**

镜头组 1：在学校的教学楼里，小男孩拉着一个大人的手说：“老师我要回家。”

镜头组 2：小学生在教室里尿了裤子、洒了饭等在叫老师。

镜头组 3：小学生在课堂上起立，一起向老师鞠躬说：“老师您好！”

镜头组 4：高年级的小学生拿着话筒上舞台前，对老师说：“老师，我肚子疼。”

……

这则广告通过几个典型事件或情节的镜头组接，展现了一个学生从小学到工作总是离不开老师指导帮助的过程，这样的蒙太奇表现方式，既节省时间，也具有引发受众联想的功效，让人印象深刻。

当然，原则只是一个规制和共性的约束，灵活运用的方法是创意最重要的理念。因此，在坚持原则的基础上，多样化的、有效的写作技巧才是写作广告文案最佳的思路。

## 第四节　影视广告语言的创作

创意和编写影视广告语言是影视广告创作中不可或缺的重要构成要素。影视广告语言包括广告口号（广告语）、人物对白、独白、歌词、画外音和字幕等形式与内容。当然，并不是所有的形式和内容在每个广告中都有所体现，它们的写作也各有特点和原则。

### 一、影视广告口号（广告语）的写作

影视广告口号即广告语，是广告文案写作中的重要内容之一。它是应用于一系列连续性的广告中的一个强有力的短句，目的是对企业或产品特点进一步提炼，使其高度浓缩、朗朗上口。它可以被使用在不同的媒体广告或系列广告的不同版本中，是一股强大的传播力量。

#### （一）影视广告口号的概念

影视广告口号是一种较长时期内反复使用的特定的商业用语，它的作用就是以最简短的文字把企业或商品的特性及优点表达出来，给人浓缩的广告信息。

#### （二）影视广告口号的作用

影视广告口号在整个广告中的作用是很突出的，概括地说，有以下几点：

1. 影视广告口号传达了产品品牌的特色

影视广告口号表述产品品牌的价值追求和品牌的内涵，好的口号能够提升品牌利益点（见案例 9-6）。如耐克最经典的一句“Just do it”，表达品牌的价值追求；海尔的口号“真诚到永远！”表达的是真诚与消费者沟通；中国移动的“动感地带‘我的地盘我做主’”，则强调产品可以使消费者有自由掌控、自由运用的空间等。这些都对品牌的内涵和价值追求进行了形象化的描述，赋予产品以独特意义，从而提升了品牌的品质。

案例 9-6

案例 9-6 视频

**中华健齿白牙膏广告**

镜头组 1：早晨，洗漱台前，镜中照出同宿舍的一个女孩正在用中华健齿白牙膏刷牙。另一个刚起床的女孩着急地跑过来，从镜子中观看自己的牙齿状态。

解说：啊，伤不起啊，又月光了，要面试，没钱洗牙。

镜头组 2：刷完牙的女孩向想美白牙齿的女孩推荐她的美白医生——中华健齿白牙膏。

刷牙女孩说：“想美白？试试我的口腔医生吧，用中华健齿白。”想美白牙齿的女孩说：“有口腔医生推荐的珍珠岩。”刷牙女孩说：“是啊，四周美白。中华健齿白。”

镜头组 3：品牌标识、广告语：“中华，我的微笑，闪亮未来。”

这则广告，通过“我的微笑，闪亮未来”的广告语，突出中华健齿白牙膏的美白功效：用中华健齿白牙膏，牙齿美白亮洁，自信微笑。

2. 影视广告口号展示企业的形象风格

企业的文化理念、价值观念和行为准则都可以通过广告口号来传播（见案例 9–7）。如飞利浦电子有一则广告口号表达企业能做好的姿态：“让我们做得更好！”以此作为企业沟通的态度、信念核心的支持点和产品价值的体现。又如农夫山泉的“我们只是大自然的搬运工！”表达了尊崇自然的信念。李宁服饰的“一切皆有可能”和阿迪达斯的“没有不可能”都体现出企业的自信，并彰显出世界体育运动者的奋斗精神。

案例 9–7

案例 9–7 视频

**纯甄广告・袁泉篇**

镜头组 1：在清朗的蓝天白云下，一袭白裙的袁泉在花海间奔跑。她赤脚踏浪，奔跑在海边。画外音：“纯真是什么？是久违的深呼吸，发现自然的味道真好，是追寻内心的热爱。”

镜头组 2：袁泉在花海间品饮纯甄，纯甄产品在花海的环绕中。画外音：“也拥抱自在的生活，把纯粹真实还给自己，去爱，去笑，去呼吸，去生活，和纯甄一起，回归纯与真。”

镜头组 3：京东和纯甄的标识及京东搜索的对话框。字幕：京东，纯甄，料实材真，才是纯甄。

这则广告通过蓝天白云下、在花海和海边的袁泉自在奔跑和品饮纯甄的行为表达，从影视广告口号中传递出纯甄品牌纯与真的价值观念和品牌形象。

3. 影视广告口号给消费者有力而充分的消费理由

影视广告口号会时刻提醒消费者喜欢这个品牌的理由，促进消费者消费（见案例 9–8）。如“DeBeers”：“A diamond is forever——钻石是永恒的”（在中国的经典口号：钻石恒久远，一颗永流传）。这个口号极富感染性，使一颗小钻石的价值得以升华到爱情永恒的高度。如今钻石珍贵无价，它深远的含义超越了它自身的价值。再如上海大众帕萨特的口号“成就明天”，让人联想到具有远大追求的成功人士权威而专业的特性。早年的威力洗衣机“献给母亲的爱！”，则将亲情赋予产品，让消费者在消费时更有爱的体验。

案例 9–8

案例 9–8 视频

**奥利奥春日系列广告**

镜头组 1：在桃瓣缤纷的粉色背景中，出现桃粉色奥利奥饼干夹着米酿夹心。

解说：奥利奥季节限定，桃花米酿味，清甜柔和，一口“桃”醉。

镜头组 2：淡紫色的背景中，黑色饼干中夹心出现，夹心是由蓝莓和树莓配料而成的。

解说：蓝莓树莓味，双重果味，酸甜不腻。

镜头组 3：粉蓝色的春日背景中，出现奥利奥两种新口味产品。

解说：春日美味，等你探索。

这则广告以产品呈现为主，向消费者介绍两种奥利奥春日新口味。画面干净，色彩柔和，广告语“春日美味，等你探索”意在召唤消费者尝新。

4. 突出广告的核心信息

广告口号本身就是广告中的核心信息，如企业精神、产品定位、消费意义等内容，因此在创作时，必须以这些内容为核心，如“不求天长地久，只愿一生拥有”“以产业报国，以振兴民族工业为己任”“以科技为本”等，广告要围绕这些核心信息进行创意和表现（见案例 9-9）。在影视广告的情节中，它有强化主题、画龙点睛的作用，是对整个广告的最终总结和提升，也有对受众的提醒作用。如诺基亚的“科技以人为本”、爱多 VCD 的“我们一直在努力”、乐百氏的“27 层净化”等。

案例 9-9

案例 9-9 视频

**中华牙膏广告 · 抗糖牙膏篇**

镜头组 1：过年氛围中，一家人围坐在餐桌旁，丰盛的美食端上餐桌。

解说：生活，在中华美食里，而糖分，在助长口腔细菌。

镜头组 2：红色背景下，全新中华抗糖牙膏闪亮出场，有效成分直击口腔问题，一家人放心聚餐开心过年。

解说：全新中华抗糖牙膏，含雪莲精华，去糖化物 99% 减菌，直击多种口腔问题。

镜头组 3：中华抗糖牙膏系列产品陈列。

解说：专为国人研制，中华抗糖牙膏新上市。

这则广告以“专为国人研制”呼应中华牙膏的品牌名称，传达出中华牙膏品牌的产品定位和价值追求。

5. 营造气氛，渲染情感

广告口号往往是整个影视广告中核心的内容，因此，它与画面、人物等元素配合，对整个广告中的气氛和情调都有积极影响（见案例 9-10）比如，康师傅冰红茶的“冰力无限”、美的的“爱她，就给她新鲜的”、南方黑芝麻糊的“一股浓香，一缕温暖”等。

案例 9-10

案例 9-10 视频

**脉动广告 · 2023 年学习篇**

镜头组 1：图书馆里，一个男生靠坐在椅子上仰头睡觉，脸上还盖着一本打开的书。

镜头组 2：他突然从座椅上惊跳起来，磕绊倒地，又碰翻了桌边的一摞书。

解说：学习效率翻车？这不是你的水平啊！

镜头组 3：一个女生举着一瓶脉动递给男生，男生畅饮着从地上起身。

解说：没状态，来一瓶！脉动，清爽补水，一口喝下多种维生素。

镜头组 4：脉动产品及广告语："找回状态，脉动回来。"

这则广告以饮用脉动前后乏累没状态的情绪与神清气爽的情绪的对比，感染观众情绪，号召行动。

广告语的作用很多，在广告文案创作中要认真考虑这些内容，以便使广告语更有意义。

## 二、影视广告口号的创作原则

影视广告口号的创作要遵循以下几条原则：

### （一）简短易记　口语风格

影视广告口号要精练、简明、易记、易传（见案例 9-11）。依据心理学的原理，设计广告语时一般字数在七个字左右为最好。

**案例 9-11**

案例 9-11 视频

**味全优酪乳广告**

镜头组：代言人陆毅对味全优酪乳简单配方的欣赏。

解说：简单，很简单，它什么都不用做，就能做到你心里。简单配方，味全优酪乳，回归真实，简单就好。

这则广告的文案在反复言说味全优酪乳的"简单配方"，结尾广告语凝练为口语化、简短易记的"简单就好"。

### （二）突出特点　富有个性

影视广告中的产品或企业要有最具特色的、最精华的表现词语吸引观众（见案例 9-12）。如 M&M's 巧克力的"只溶在口，不溶在手"，森马服饰的"穿什么，就是什么"等，都体现出产品的个性。

**案例 9-12**

案例 9-12 视频

**美团团购广告·2023 年篇**

镜头组 1：黄渤在两侧店铺林立的商业街上介绍："吃喝玩乐上美团团购，特别省。"

镜头组 2：黄渤分饰宝爸和宝宝两角，在饭店里，准备点单吃饭。宝爸说："咱团个美食。"宝宝说："省。"

镜头组 3：美发店里，黄渤分饰夫妻两角，准备团购美发。丈夫说：“团个美发。”妻子说：“也省。”

……

尾镜：美团团购标识、字幕及广告语：“美团团购，让你省个够。”

这则广告以代言人黄渤分饰多角的表达方式分场景集中传达主题，黄渤在不同场景下的台词，不仅符合产品特色，并且突出重点，富有个性。表现形式充满趣味，既突出美团团购“省”的特点，又符合消费群体的求廉心理。

（三）阐明利益　激发兴趣

“KISS”原则——Keep It Sweet and Simple，它从内容到形式上对优秀广告口号提供了创作标准，它要求广告口号甜美、简洁。甜美是指广告口号要让消费者感觉到一种纯净、永恒的美好意境，能够产生一种美好的联想。具体可见案例 9-13。

案例 9-13

案例 9-13 视频

**王老吉广告 · 刺柠吉篇**

镜头组 1：在洁净的水花之间，透显出刺柠吉罐装产品与黄色刺梨和柠檬。

解说：刺柠吉，精选贵州刺梨，搭配柠檬。

镜头组 2：朋友聚会、篮球场上、闺蜜聊天都有刺柠吉相伴。

解说：刺柠吉，超多维 C，超解腻；刺柠吉，超多维 C，超活力；刺柠吉，超多维 C，超美丽。

镜头组 3：刺柠吉罐装产品与主要配料成分刺梨和柠檬。

解说：要青春，喝刺柠吉。王老吉刺柠吉，维 C 大升级。

图 9-2　王老吉广告 · 刺柠吉篇截图

这则广告画面简洁，重点突出，广告口号简洁且有冲击力，凸显产品特点，最后重复品牌产品的利益诉求："王老吉刺柠吉，维C大升级"。

（四）情感亲和　感人肺腑

广告口号要贴近生活，以真情实感来打动人。广告口号最好用最好懂的语言、最容易理解的内容、最能打动人的词语来创作，它既是大众化的、生活化的语言，又要别具特色（见案例9-14）。如碧桂园的"给你一个五星级的家"，丰田汽车的"车到山前必有路，有路必有丰田车"，三星集团的"三星技术，为生命服务"等。

案例9-14

案例9-14视频

**美的广告·好久不见呀，春天篇**

镜头组1：嘟嘟在屋里画画，微风拂过，美的空调开启，轻柔的温暖荡漾在母女的欢笑中。

解说：（嘟嘟）好久不见呀，春天！（妈妈）嘟嘟。（嘟嘟）今年的你，好像有些不一样，风伯伯最近心情变好了，对我可温柔了。

镜头组2：嘟嘟打开冰箱，拿出果冻。

解说：（嘟嘟）冰箱的蔬菜不再堆得满满当当，我又可以存好多好多的果冻。

镜头组3：妈妈忙碌着用美的电压力锅做饭。

解说：（嘟嘟）以前妈妈做的饭吃起来好难……幸好她现在有了帮手，一做饭，家里就香喷喷的。

镜头组4：妈妈用美的洗衣机洗的衣服像新的一样。

解说：（嘟嘟）对了，我再也不用一直穿那件灰灰的衣裳啦，因为春天送了我好多鲜艳的新衣服。

……

这则广告将美的系列电器产品融入家居生活使用场景中，以好久不见的春日温柔色彩，渲染美的人感科技产品的美好体验：无论何时，在家中都能感受到春天般的美好。

（五）号召力强　促发行动

广告语要有提示购买、启发行动的意义，即能用刺激性的语气来鼓动受众产生购买欲望和行为，这也是广告的目的（见案例9-15）。如"送礼就送脑白金""只要可口可乐""登月之前，请来瑞士一游"等。

案例9-15

案例9-15视频

**闲鱼广告**

镜头组1：蓝色大海，白浪翻涌，游客在海上冲浪，在海中潜水。

解说：我们知道，垃圾、污水、石油……会对海洋造成污染。我们如此热爱大海，却忽视了一种隐藏的伤害……在潜水、游泳、冲浪之前，你会先卸妆吗？

镜头组 2：展示化妆品对海洋及海洋生物的污染和伤害。

解说：（人物语言）口红中的重金属，会影响海洋生物体内代谢过程，防晒霜中氧苯酮会导致珊瑚白化及组织坏死，粉底液中的聚乙烯会变成污染海水的“PM2.5”。

镜头组 3：三亚亚龙湾海边，闲鱼收集的卸妆水正在海边安置，供游客卸妆使用。

解说：这些没卸掉的化妆品，正在伤害着海洋。这一次，在世界地球日，闲鱼联合蓝丝带海洋保护协会，在闲鱼收集了用户发布的闲置卸妆水，将它们送到了三亚亚龙湾海边，供游客卸妆。同时呼吁，为海洋减负，卸妆去浪！期待大家加入我们，上闲鱼发布闲置卸妆水，一起送它们去海边，为游客卸妆，守护海洋健康。在闲鱼，不仅是闲置卸妆水，每一件闲置物品的流通，都能为地球节能减碳。上闲鱼，让闲置流通，让地球更美好。

镜头组 4：闲鱼联合蓝丝带海洋保护标识。

解说及字幕：海洋减负，卸妆去浪。

这是闲鱼联合蓝丝带海洋保护协会在第 54 个世界地球日之际发布的一则广告，倡导游客为“海洋减负，卸妆去浪”，品牌希望通过科普化妆品对海洋及海洋生物的危害，号召闲鱼用户发布相关闲置，一起让闲置物品流通起来，为海洋减负，为地球减碳。广告口号的祈使句表达，具有强烈号召行动的效果。

（六）适应媒体　长期使用

广告语的创作要有战略性的眼光，要使之后能形成一系列的广告创意思路和主题，即要有前瞻性、指导性的价值和意义（见案例 9-16）。如耐克的“Just do it”就有不同时代、不同国家、不同内容的各种影视广告，但都能体现这一主题。百事可乐的“渴望无限”也是如此，它在不同时期通过名人做一系列的广告来宣传这个主题思想。

案例 9-16

案例 9-16 视频

**奥利奥广告**

镜头中，五彩缤纷的奥利奥的游乐园里，尽情想象各种奥利奥的好玩吃法。

解说：看你怎样，扭它、舔它、泡它、咬它，和我一块，滚滚、叠叠、嘻嘻、哈哈，因为奥利奥的玩法总有很多招，只要你想就能天天玩转新花样，开开心心尽情去想象，好吃好玩奥利奥……

视觉传达总在变，奥利奥的经典吃法“扭一扭、舔一舔、泡一泡”和经典广告语“好吃好玩奥利奥”不变。这则广告表现了在五彩缤纷的奥利奥游乐园里，在“扭它、舔它、泡它”的基础上，尽情想象“滚滚、叠叠、嘻嘻、哈哈”的创意新玩法。

当然，这些创作原则都是需要在实践中灵活运用的，只有切合实际的创作才会产生最大效益。

## 三、人物对白、独白和旁白的广告

人物对白和独白都是人物语言的表现形式。人物对白和人物独白要以体现人物身份、性格以及与产品的关系为主要原则，这样才能使这些语言的运用顺畅、自然而又合情理，并能积极推动广告目标的实现。影视广告中的旁白可以提升叙事效果，增强观众的观看体验。

### （一）人物对白

人物对白是人物之间的语言沟通，它有心理表白、传达信息、推进情节等作用，是作品中人物语言的表现形式之一，影视广告中常有人物对白的情况在（见案例 9–17）。

**案例 9–17**

案例 9–17 视频

**安慕希蓝莓酸奶广告**

镜头组 1：居家庭院，兄弟二人用望远镜遥望远方的风景，讨论旅游的含义。

对白：（哥哥）旅游可真好玩，上次我和爸爸妈妈一起去旅游，还是我小时候呢。（弟弟）哥哥，让我也看一看。旅游就是出去玩的意思吗？（哥哥）是去很远很远的地方玩。（弟弟）大人也这么贪玩吗？（哥哥）久违的春天一起去“很远很远”的地方吧。

镜头组 2：品牌产品形象。

哥哥说：“安慕希 AMX 长白山蓝莓酸奶，来自远方的好味道。”

这则广告以兄弟对话的形式展开，在对去很远很远的地方旅游的向往中，连接来自远方好味道的安慕希 AMX 长白山蓝莓酸奶，纯真自然，真情流淌。

### （二）人物独白

人物独白指人的自思、自语等内心活动，通过人物内心表白来揭示人物隐秘的内心世界，能充分地展示人物的思想、性格，使读者更深刻地理解人物的思想感情和精神面貌。人物独白更强调人物的内心感受（见案例 9–18）。

**案例 9–18**

案例 9–18 视频

**伊利优酸乳广告**

镜头组 1：女孩在江边骑着自行车，畅想着春天最想做的事儿。

解说：（女孩）一到春天，就想吃点好吃的，就想一口气骑到江边，就想被风筝牵着跑，就想去数一数一朵花有几朵花瓣，就想在太阳下发呆。但是，最想的还是谈恋爱呀。

镜头组 2：女孩骑着自行车停驻江边的身影。

解说：（女孩）酸酸甜甜，才是春天。优酸乳，我的酸甜小时光。

这则广告以女孩独白的形式展开，在对春天想做的事的畅想中，说出最想做的事还是谈恋爱，酸酸甜甜的恋爱畅想，恰似伊利优酸乳带来的酸甜小时光。

（三）旁白

影视广告中的旁白多是代言人画内或画外的解说词。因此，要依据代言人的具体情况，以及广告中的角色、情节等来设计，并确保与广告及商品密切相关（见案例 9-19）。

案例 9–19

案例 9–19 视频

**金典 A2 有机鲜牛奶广告**

镜头组 1：白云蓝天的晴空下，高原有机草原牧场的模型上，男孩女孩把纯正基因奶牛的模型放上。

解说：纯净高原有机牧场，纯正 A2 型基因奶牛。

镜头组 2：牧场 + 奶牛就是金典有机 A2β- 酪蛋白鲜牛奶。

解说：高原有机遇上原生 A2β- 酪蛋白，就在金典有机 A2β- 酪蛋白鲜牛奶。一瓶鲜奶，双份呵护。

镜头组 3：金典鲜牛奶标识。

这则广告以旁白的形式阐明了金典有机 A2β- 酪蛋白鲜牛奶的特色，突出了双份呵护的优势，令人印象深刻。

## 四、画外解说的创作

广告中的画外解说不同于一般影视作品，它常常会起到画龙点睛的作用。有时一则广告中没有其他的语言，或者只有很短的一句画外解说，但全部广告就此一目了然。

（一）画外解说的概念

画外解说通俗点讲就是注解、旁注与补充，以便人们对事实能更详细、明确地理解。它原是话剧、电影以及电视节目中采用的一种技巧，解说人的声音总是在剧情展开之前就已经传出。画外解说有时往往是剧情发展的一种补充，从而使观众产生一种幻觉，似乎剧情只是解说人讲述的事情的扩展。

画外解说是指影片中声音的画外运用，它不是由画面中的人或物体直接发出的声音，而是来自画面外的声音。画外解说摆脱了声音依附于画面视像的从属地位，充分发挥声音的创造作用，打破镜头和画面景框的界限，把影视作品的表现力拓展到镜头和画面之外，不仅使观众能深入感受和理解画面形象的内在含义，而且能通过具体生动的声音，形象地获得间接的视觉效果，强化影片的视听结合功能。画外解说和画面内的声音及视像互相补充、互相衬托，可产生各种蒙太奇效果。

（二）画外解说创作的原则

画外解说的创作要从广告创意和表现的角度进行考量，要遵循一定的原则，以求达到广告的目的。

1. 要与画面相配合

画外解说要讲清画面的内容，帮助受众理解所传播的广告信息（见案例 9-20）。

案例 9-20

**天猫广告 · 妈妈超爱美篇**

案例 9-20 视频

镜头中，妈妈的生活由不同的品牌带来各式各样的美。

解说：她，超爱美的，她不仅超爱美，更美得超有态度。她说爱美是种心态，心有“乐事”就很美。是“内外”对身体自由的探索。是突破，突破保守派，成为“野兽派”。她追求的美不止一面，最近很爱“北面”。她追求的美是无论何时，都要找到自己的“New Balance”。是开启第二轮青春……她是妈妈，也是美人。她的爱美之心，一样很珍贵。这个母亲节，和天猫超级品牌一起，守护妈妈们的爱美之心，跟着妈妈一起变超美！

这则广告以“妈妈超爱美”为主题，解说词与画面相配合，展现妈妈使用天猫超级品牌的不同生活场景，解说与画面相得益彰。

2. 要突出核心的信息

画外解说要强调最重要的信息点，以引起受众的注意（见案例 9-21）。

案例 9-21

**怡宝纯净水广告 · 教练篇**

案例 9-21 视频

镜头组 1：绿茵场上，教练尽心指导球员。休息间歇，教练要拿起水杯喝水，水杯无水，一个球员忙跑过来递上一瓶怡宝纯净水。

解说：用心，感受最纯净的关怀。

字幕：心纯净，行至美。

镜头组 2：怡宝产品、标识及广告语。

这则广告中，只有一句解说词，“用心，感受最纯净的关怀”，却一语双关，既表达了品牌故事中教练与球员之间的“纯净”关怀，也突出了怡宝纯净水的品牌核心理念“心纯净，行至美”。

3. 要弥补画面的不足

画外解说是用听觉补充视觉不易表达的内容，揭示和深化影视广告的主题，进一步强化信息的内容（见案例 9-22）。

案例 9-22

案例 9-22 视频

### 快手广告 · 烟火里的工位篇

镜头组 1：高耸入云的写字楼中，一个个格子间的工位台前，书桌、电脑围起城市打拼者的晨昏日暮。

解说：你向往的工位是什么样的？这样的，这样的，或者是这样的。世界那么大，工位可以很不一样。

字幕：烟火里的工位。

镜头组 2：快手用户“独竹漂”非遗传承人杨柳脚踩长杆，手横青竹，在山水映衬的清江间舞蹈。

解说：杨柳用这根竹子，把工位藏进了风景，再用脚下的涟漪，荡漾出非遗传承的美。

镜头组 3：快手用户假发设计师“长沙假发哥”追逐风口，展示一个个假发的造型设计。

解说：哪里有风口，哪里就有假发哥的工位，追风不为别的，只为了这让大风吹不乱的头发，拯救人们的发型焦虑。

……

解说：每一个烟火里的工位，都有着不一样的美，每一个乐在其中的人，成就了这烟火里的人间百工。在这广阔天地之间，我们尽情追寻喜欢的一切，相信一定能找到属于自己方寸之间的热爱。

尾镜：“人间百工”定格镜头和快手标识。

在这则广告中，快手打造出“人间百工”IP，正值 2023 年“五一”劳动节时，以快手用户的一个个视频剪辑片段组合，呈现出快手的百工、百业特色。画外解说凝聚了镜头的意义，内容与解说词相互支撑，意蕴深远。

4. 要能从心理上感染、刺激消费者

画外解说要有语言冲击的效果，如可以通过语言来设置悬念、渲染气氛、刺激欲望等，从而实现从心理上感染、刺激消费者（见案例 9-23）。

案例 9-23

案例 9-23 视频

### 兰蔻广告 · 立夏篇

镜头组 1：阳光穿透翠绿，大地洒下暖阳，立夏节气，万物葱茏。

解说：你生活的地方，今天立夏了吗？立夏，一年中第七个节气，它的到来，意味着春季的结束和夏季的开始。而我国南北纬跨度 50 度，近 5500 公里的距离，让立夏这一天，在华夏大地上，有着迥然不同的演绎。

镜头组 2：华北平原的金色麦浪，江南茶山的绿意盎然，不同地区的立夏丰富多彩。人们冲浪、徒步，大汗淋漓的身体提前进入盛夏。

解说：这一天，华北平原的冬小麦渐渐成熟，随着微风摇曳着，形成一片片金黄色的麦浪。在江南，茶山上绿意盎然，茶农们正抓紧采摘最后一批春茶。若想在立夏这一天感受真正的夏季，还是要到北纬 24 度以南的岭南地区。来自海洋的季风，为这片土地带来丰沛的降水，你可以躲在山林中听上一整天的雨声，也可以做点更夏天的事，比如在中国最南端的海岸线冲浪，或是在西双版纳的热带雨林徒步探索，用一场大汗淋漓让身体提前进入盛夏。森林、大海、草原，在立夏这一天，跨越 5500 公里的维度，有着天南海北的精彩。

镜头组 3：兰蔻小黑瓶精华产品展示。

解说：肌肤也准备好迎接夏天了吗？兰蔻小黑瓶精华，层层深入，激活修护，7 天稳住脆弱，无惧春夏换季。

镜头组 4：兰蔻和中国国家地理标识。

这则广告由兰蔻和中国国家地理在立夏节气联合推出，诗意的解说与立夏时节的物候融为一体，具有感染人的激情力量。

5. 尽量采用口语化、大众化的语言

画外解说在设计上还要注意强调定位和强化主题，切忌出现声画重复的效果（见案例 9–24）。

案例 9–24

案例 9–24 视频

### 美团广告 · 住着玩篇

镜头组 1：在美团上订的酒店里住着玩山川湖海。

解说：这是住，这是玩，这是住着玩。订住着玩山川湖海的酒店就上美团，美团订酒店，住着玩个遍。

镜头组 2：在美团上订的酒店里住着玩星级体验。

解说：这是住，这是玩，这是住着玩。订住着玩星级体验的酒店就上美团，美团订酒店，住着玩个遍。

镜头组 3：在美团上订的酒店里住着玩音乐现场。

解说：这是住，这是玩，这是住着玩。订住着玩音乐现场的酒店套餐，就上美团，美团订酒店，住着玩个遍。

镜头组 4：在美团上订的酒店里住着玩电竞。

解说：这是住，这是玩，这是住着玩。订住着玩电竞的酒店就上美团，美团订酒店，住着玩个遍。

在这则广告中，美团以“住着玩”的品牌理念为核心创意，将“住”和“玩”结合起来，用画外解说突出美团酒店“住着玩”的品牌理念，突出美团酒店在酒店行业中的差异化优势。

综上所述，广告中的画外解说最能体现作品的主题思想，只要设计合理就一定会收到事半功倍的效果。

## 五、广告歌词的创作

广告歌词的创作是一件创意性很强的工作，它要以体现产品特色、唤起受众注意和增强记忆效果为主要目的。

### （一）广告歌词的特点

广告歌词不同于一般的歌词，因为它有特定的目的和要求，所以要具有自己的特色。

（1）广告歌词必须传达广告信息，并体现品牌的特性。

（2）广告歌词必须通俗易懂、简短易记，不要出现难懂、生僻的词语。

（3）广告歌词必须有感染力、诱惑力和冲击力。

（4）广告歌词必须凸显品牌的记忆效果。

在写作广告文案时，一定要考虑歌词的这些特点，以保证广告的效果。

### （二）广告歌词的功能

广告歌词在影视广告中通过与画面结合，能够达到不可低估的效果（见案例 9-25）。

（1）凸显品牌和产品个性。

（2）提高记忆效果。

（3）刺激消费欲望。

案例 9-25

案例 9-25 视频

**农夫山泉 · 兔年广告篇**

镜头组 1：兔爸爸在家看着全家一起拍的照片。

镜头组 2：白雪茫茫的山林中，一只小白兔戴着红围脖在风雪中跋涉，白天和黑夜，艰难前行。

歌词：回家路迢迢，让风留下记号。愿望还在星空里闪耀，梦想多重，肩膀比谁都能最明了，就让温暖把我紧紧拥抱。别再怕摔倒，怕路遥，有人知道，我会随你舞蹈，带给你依靠。

镜头组 3：小白兔来到家门口敲门，爸妈开门，一起拥抱，很幸福地聚餐。

歌词：任路再飘摇，再喧嚣，有家就好。让我带你找到家的味道。

……

这则广告以兔喻人，体现主题“回家过年的美好愿望”。歌曲曲调优美，甘甜，情意浓浓，歌词充满对家和亲情的渴望，让人回味难忘。

不难看出，广告歌词对整个广告的意义是很大的，有时它甚至可以是一条主线，连贯画面，表达主题，并会对受众记忆产生一定的效果，所以才会有一些经典的广告歌词广泛流传，让人难忘。

**➔启发与思考**

**利用优秀传统文化创新广告**

充分利用优秀传统文化，以受众喜闻乐见的审美方式来传播有意义的内容，是中国特色广告的创新所在。《公益广告·社会主义核心价值观猜谜语篇》（案例 9-26）可称为其中的典范之作。

**案例 9-26**

案例 9-26 视频

**公益广告·社会主义核心价值观猜谜语篇**

曲径虫鸣牡丹开（富强），岷山远游住人外（民主），一义贯成并日月（文明），百姓饭足言皆彩（和谐），眉下心头田出垄（自由），天上斗转且以待（平等），山聚眉峰思无邪（公正），大江东去润高台（法治），城西欲语淮阴侯（诚信），喜上羊羊取发钗（友善），独受易友玉关情（爱国），令公为尊畅饮怀（敬业）。

这则广告运用了传统的诗词和猜灯谜的形式，巧妙地将社会主义核心价值观的 24 个字设计其中，体现了汉语言文化的博大精深和情趣风格，让人印象深刻。

## 六、字幕的创作

字幕也是影视广告的构成因素之一，同样影响着广告效果。

### （一）字幕的概念

字幕是指在电影银幕或电视机屏幕下方出现的解说文字，以及影片的片名、演职员表、唱词、对白、说明词、人物介绍、地名和年代等。在影视广告文案的创作中，除了歌词及语言字幕外，还有一些表现品牌、产品个性、广告语等内容的字幕，这是字幕创作的主要内容。

### （二）字幕的作用

一般情况下，影视节目会将节目的语音内容以字幕方式显示，可以帮助听力较弱的观众理解节目内容。另外，字幕也用在外语节目中，让不理解该外语的观众，既能听见原作的声音，同时也能理解所说的内容。在影视广告中，字幕还有更重要的功能，如表现品牌名称和产品特性，帮助受众理解和记忆重要的广告信息。概括地说，字幕具有强化创意主题、强调商品品牌和参与画面构图的重要功能。

从字幕对画面造型的意义上说，首先，字幕作为语言的视觉版本，将语言原封不动地呈现在电视屏幕上，方便观众认知和理解。对于歌词来说，字幕的配合尤为重要。这是因为在广告歌中，语言的发音超越了人们日常对话的维度，容易夹杂在乐器声音中被忽视或误解。其次，字幕可以参与画面构图，使画面完美、和谐、顺畅。同时，中国的书法艺术充分体现了象形文字在构图上的表现力。在影视广告中，不仅可以改变文字的字体字号，还可以选择多种字幕进入和退出画面的方式，这些都是视觉设计上的重要环节。

（三）字幕创作时应注意的事项

（1）文字不宜多，字体不宜小。

（2）字体易认。

（3）色彩要区别于背景色。

（4）字幕出现要巧妙。

（5）构图要灵活。

（6）用光线进行辅助造型。

（7）字幕停留时间适当。

在进行影视广告的字幕创作时，只要遵循一定的原则，并始终以广告目标为准绳，就能创作出符合创意要求的字幕（见案例 9-27）。

**案例 9-27**

案例 9-27 视频

**公益广告·清明节的一封信篇**

镜头组 1：一群小学生在教室上语文课。

镜头组 2：一个身穿白上衣、系红领巾的小学生正在执笔思考。

画外音及字幕：清明节，老师让我给他写一封信，可我不知道说些什么。

镜头组 3：一面五星红旗在空中飘扬，随后出现许多英雄雕像。

画外音及字幕：我不知道他的样子，也不知道把信寄往哪里。好像很多地方都能见到他。

镜头组 4：小学生在参观纪念馆、看丰碑墙、烈士陵园。

画外音及字幕：有的人留下了名字，有的人只能放在心底。妈妈告诉我，他有个不变的名字——共产党员。

……

尾镜：蓝天下，人民英雄纪念碑前一群和平鸽飞翔。

字幕：英雄不寂寞，初心留人间。

这则广告中的字幕主要是人物的画外音，都是小字体，起到强化和辅助理解的作用。最后的广告语则采用大字体，表达了作品的主题思想，令人印象深刻。

## 第五节　影视广告文案内容写作的方法

影视广告文案写作要通过大量的练习才能掌握，当然它也是有一定的规律和方法可循的，下面提供几种方法：

### 一、巧用汉语的语音、语法

汉语中的谐音、排比、对仗、顺口溜等，都可用于广告文案的写作中（见案例9-28）。

案例 9-28

案例 9-28 视频

**伊利广告·“现”身说脂篇**

镜头组 1：伊利牛奶代言人李现在生活场景中将日常言语中与“脂”谐音的词语一一列举。他说：“脂，脱脂，不速‘脂’客，拒‘脂’门外，盒‘脂’，乐不可‘脂’，别问，一问三不‘脂’……营养高配，伊利脱脂纯牛奶，0 脂肪，好营养，不负春光。”

镜头组 2：拍摄场景，演员李现结束拍摄，向导演再要一盒脱脂纯牛奶来喝。字幕显示，不“脂”……还有……李现说：“导演，再来一盒。”字幕显示：终“脂”。

这则广告聚焦伊利脱脂纯牛奶的“脱脂”特点，将日常言语中与“脂”谐音的词语一一列举来强调这一特点。

### 二、针对心理法

针对心理法是在深入认真分析了受众心理情况的基础上展开的，它要求在文案写作前要有准确的市场受众心理调查，以抓住最重要的心理因素去挖掘。找到核心问题和受众关心的焦点，从而有针对性地对受众展开心理冲击。

案例 9-29

案例 9-29 视频

**moodytiger 儿童运动紧身裤广告**

镜头组 1：夏天，小朋友们在海边、在溪边、在运动场等地方嬉戏运动。

解说：有一千零一个小朋友，就有一千零一种夏天。夏天应该是为小朋友量身定做。

镜头组 2：普通童装裤束缚了小朋友的自由运动。

解说：但，裤子不全是。热汗、束缚、晒黑，普通童装裤，不懂小朋友的酷。只会跟风，追不上比风更快的小朋友。

镜头组 3：穿着 moodytiger 小轻风儿童运动紧身裤的小朋友脚踏滑板，自由运动。

解说：于是，我们重新定义风。

镜头组 4：具象表达 moodytiger 小轻风儿童运动紧身裤的制作工艺。

解说：moodytiger 小轻风创新问世，持续五年迭代，突破舒适体感。

镜头组 5：镜头由近到远，小朋友们滑着滑板，过一种很新的夏天，乘风自在奔跑。

解说：大千世界任意探索，感受风的轻与凉，运动更轻松，就穿小轻风，moodytiger 儿童运动紧身裤定义者。

这则广告基于敏锐洞察，直击消费者的关注点：儿童在夏日玩耍中如何既安全又舒适。品牌表达出的“热汗、束缚、晒黑”等影响小朋友运动和舒适体验的各种痛点，完成与消费者的沟通。

### 三、突出表现法

突出表现法，即突出某一方面的特点来吸引人注意，如声音、画面、人物等，极力突出它，使其变为最大的看点，以此为中心去展开文案的内容（见案例 9-30）。

**案例 9-30**

案例 9-30 视频

#### ubras 小粉标广告

镜头组 1：粉白色的背景下，乳腺癌的统计数据浮现出来。

字幕：2020 年，乳腺癌已成为中国女性发病率最高的癌症，虽然 I 期乳腺癌治愈率高达 90%，但大部分患者在发现时已经是中晚期，错过了最佳治疗时间，及早预防、及早发现、及早治疗，是提高乳腺癌生存率的最好办法。

镜头组 2：ubras 的小粉标及使用方法，以及对小粉标普遍使用的意义展望。

解说：2023 年 5 月 9 日，ubras 七岁生日这天，我们做了件小事，就是在 ubras 内衣上，加了一个全新的衣标，它叫“小粉标”，它是为了提醒你乳腺自检才加上去的。当你收到新内衣准备试穿前，你正好脱下衣服，面对镜子，正好，手边有专业详尽的步骤，正好，就可以顺手把乳腺自检做了。在未来，如果每件新内衣上都挂着一个小粉标，那每个试穿内衣的时刻，都将成为一个提醒你乳腺自检的时刻，哪怕这只帮助到了一个女性，那小粉标的存在，也就有了意义。

字幕：好好爱你的身体，身体会更爱你。

镜头组 3：一系列 ubras 产品包装盒。

字幕：2023 年 5 月，从 ubras 线下门店开始，小粉标将陆续加入线上线下文胸类产品，2021 年 5 月 ubras care 成立，专注服务乳腺术后用户，目前该系列产品已入驻 ubras 品牌官方店铺。

镜头组 4：品牌标识及字幕：ubras，让身体先自由。

这则广告聚焦 ubras 小粉标的设计和使用，提醒女性用户及时自检和发现乳腺癌隐患，表达对女性身体的关爱，也呼应品牌广告语：让身体先自由。

## 四、找到一个核心词

在撰写广告文案时可以考虑找到一个核心词，这个核心词可以或是时尚的，或是悬念的，能够一下子吸引受众注意力，而且可以借此挖掘出与品牌、受众、产品及企业、市场等相关的词语（见案例 9-31）。

案例 9-31

案例 9-31 视频

**闲鱼广告 · 缘主题篇**

镜头组 1：一帧帧闲鱼宝贝画面划过。

解说：在闲鱼上，蹲到宝贝的故事，每天都在发生。

镜头组 2:（左右逢缘）在闲鱼上左耳机遇上右耳机的故事。

解说：为 Left 在线蹲到 Right，也顺便遇到自己的 Mr. Right。缘来，真能蹲到。物归缘主蹲闲鱼。

镜头组 3:（机缘巧合）在闲鱼上蹲到与自己年纪一样大的相机的故事。

解说：低价蹲到的 CCD 相机，居然和我一样的生产日期。缘来，真能蹲到。物归缘主蹲闲鱼。

……

尾镜：一个又一个在闲鱼上蹲到宝贝的故事。

解说：愿每件“有缘之物”都能“物归缘主”。上闲鱼蹲宝贝，愚人节，不开玩笑。缘来，真能蹲到。物归缘主蹲闲鱼。

这则广告以“缘”为核心词，讲述了一个又一个在闲鱼上有缘遇见，蹲到宝贝的故事，既聚焦于“闲鱼”社区的交往特点，又以“缘”的谐音突出这种特点。

## 五、借用改编法

广告大师们曾多次提出，熟悉的内容更容易让受众接受，这是一个经验性的结论。所以，在写作广告文案时，可以考虑借用诗歌、场景、故事，等等，以此来吸引受众的注意力（见案例 9-32）。

案例 9-32

案例 9-32 视频

**饿了么 · 百味青团篇**

镜头组 1：宋代酒楼伙计与饿了么外卖小哥打通时空，来回穿越。

解说:（宋代伙计）此为何物？（饿了么外卖小哥）电动车。（宋代伙计）我为何识得此物？（饿了么外卖小哥）当然记得，高先生。（宋代伙计）高衙内。（宋代掌柜的）速速送到高衙内府上，清明节忙完，我们也去踏个青。（饿了么外卖小哥）现在点青团的人还挺多嘛。（过路人）阿蓝，你穿越了。（饿了么外卖小哥）掌柜的。（过路人）那都是宋朝时候的事了，绿灯了绿灯了，溜了溜了。

镜头组 2：饿了么外卖小哥又穿越到青团王国，看到了一场传统馅料青团与时尚馅料青团之间的争斗。

解说：（饿了么外卖小哥）又穿了。（戴王冠的青团）你们是要造反吗？自高祖斩青艾以来，豆沙馅即是王道，尔等不思精忠报团，仰馅自重，什么摩卡咖啡青团，波波龙井青团，连小龙虾青团都敢来参一脚，就凭你们，简直滑天下之大稽。（饿了么外卖小哥）你直接说可笑不就得了。（戴墨镜的青团）哈哈哈哈哈，都已经2023年了，还提一千年前的事，你礼貌吗？宋朝，who care，who care，who care。（饿了么外卖小哥）我们宋朝怎么了？

……

镜头组 N：面点大师朱厘米正在做青团。解说："其实做人和做青团是一样的，有趣的灵魂是百搭的，人是如此，馅如是。"朱老师一手拿着一个青团，一边说："等一下，上饿了么，百味青团，放心点。"

……

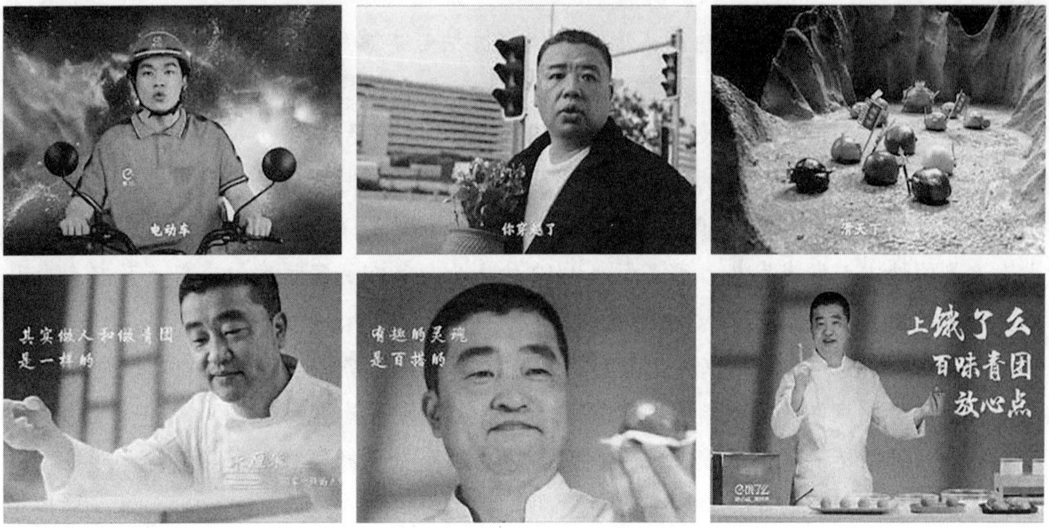


**图 9–3　饿了么 · 百味青团篇截图**

这则广告以穿越为故事框架，讲述了一场青团王国的争斗，随着情节的展开，处处可以看到改编和模仿《三体》《瞬息全宇宙》等影视剧影像或台词的片段，提升了观众的兴趣，精准传达了"百味青团，放心点"的主题。

综上所述，影视广告的文案写作始终要服务于广告主题和目的，灵活运用各种手法，以求达到预期效果。

## 六、影视广告文案写作技巧

影视广告文案的写作技巧很多，但在此只介绍几个，仅供参考。

（一）双关语式

双关语式指在一定的语言环境中，利用词的多义和同音的条件，有意使语句具有双重意义，即言在此而意在彼的修辞方式。双关可使语言表达得含蓄、幽默，而且能加深语意，给人以深刻印象。影视广告经常会以双关语的形式吸引受众注意力和增强记忆效果（见案例 9-33）。

**案例 9-33**

案例 9-33 视频

**美的广告·母亲节篇**

镜头组 1：红外相机的拍摄视角下，穿梭在厨房间忙碌的妈妈有着比全家人更高的“热度”。

解说：母亲节到了，我们想蹭蹭妈妈的热度，换一个视角，让更多人感同身受妈妈的热度。

镜头组 2：从高楼林立的每一家窗口看进去，都有在厨房中热火朝天忙碌的妈妈的身影。

解说：瞧瞧，哪有不怕热的人啊，她没有办法赶走热气，只能手麻脚利赶赶时间，时不时也赶赶你。说来奇怪，最先闻到饭香的她，怎么总是最后动筷子，她尝到的第一口味道，是不是汗水的咸？她很爱在厨房花时间，同一屋檐下，一道门，隔出十度温差。都说有妈妈的家是温暖的，是因为她真的会发光发热吧。从三餐到四季，从白天到黑夜，即使她还没有习惯，即使她早已习惯，她都会毫无保留地，在每个人眼前，也在没人看见的地方，发光发热。很多妈妈 1/12 的人生，是在厨房里度过，但，又有多少人真关心，她们到底热不热？

镜头组 3：美的“厨清凉”厨房空调带来更舒适的厨房环境，妈妈在有烟火无酷热的厨房里从容地烹饪，红外相机的镜头下，一家人不再有温差。

解说：母亲节到了，我们想降降妈妈的热度，换一个舒适的厨房环境，让更多妈妈感受到，同一屋檐下的爱，其实并无温差。

镜头组 4：产品及广告语：“美的‘厨清凉’厨房空间。厨清凉，暖心房。”

这则广告，以“热度”一语双关，一意表达母亲节到了，美的“厨清凉”空调蹭蹭母亲节的节日热度；一意表达母亲在厨房劳作大汗淋漓的“热度”，美的“厨清凉”空调为母亲降降热度，用思巧妙，情感赤诚，洞察深挚，容易引发受众的共鸣和共情。

（二）悬念式

悬念，即读者、观众、听众对文艺作品中人物命运的遭遇、未知的情节的发展变化所持的一种急切期待的心情。“悬念”是小说、戏曲、影视等作品常用的一种表现技法，是吸引受众兴趣的重要艺术手段。广告通过悬念式的标题，能吸引受众的注意力（见案例 9-34）。这一点促使我们在写文案时尽量用有悬念的广告标题。

案例 9-34

案例 9-34 视频

**美团广告·奇怪的人类增加了篇**

镜头组 1：日常生活中各种人的奇怪行为。

解说：每多一只宠物，世界上就会多一个奇怪的人类。

镜头组 2：上美团外卖解决奇怪症状。

解说：如果你突然出现以上奇怪症状，千万别慌张，快快快上美团外卖，你想得到的，想不到的，能帮上忙的各种宠物用品，最快 30 分钟就能送到。

镜头组 3：美团外卖标识。

解说：美团外卖，给新手铲屎官快一点的宠爱，用奇奇怪怪，守护主子们的可可爱爱。

这则广告以设置悬念的方式，先铺垫日常生活中男男女女的各种奇怪行为，再揭示这些奇怪行为存在的原因是养宠人士的养宠生活日常，再提出解决办法：美团外卖，为养宠人士提供多元需求，直击痛点。

（三）疑问式

运用疑问式技巧创作广告，是利用人类对问题天然的好奇心和探索欲，通过提问引发用户思考，从而吸引注意力、激发兴趣并推动行动（见案例 9-35）。

案例 9-35

案例 9-35 视频

**林氏家居广告**

镜头组 1：暗夜的房屋空间里，一张床点亮了整个房间。

解说：我们为什么需要家具？

镜头组 2：房间里的家具凝聚起家的温馨和美好。

解说：在一个四四方方的空间里，一张床就位，睡到自然醒的美好就开始了；一张沙发，是开门后第一时间扑上去的舒服；一套餐桌，让我们知道，一起吃饭的味道，外面买不到。

镜头组 3：对家具的选择就是对美好生活的选择。

解说：我们选择什么样的家具，就选择了什么样的美好。自动感应的灯，见过你努力的样子；有弧度的桌角，让孩子可以尽情嬉闹；你看，衣柜永远不够装，就像衣服永远缺一件；每个重要的日子，酒柜都记得清清楚楚。买一把舒服的椅子，从白天偷一点时间给自己。

镜头组 4：家具映射着我们生活的样子。

解说：看你的家具，就知道你是什么样子，家就像我们的第二张肖像。有人回到家就开始“服软”，有人把家过成“不像样”的地方，有人在家存放所有的心安理得。一个空间如果没有家具，就是钢筋水泥，有了家具，生活的所有美好都在这里上演。买回去的是家具，住下来的才是生活。把家过成你想要的样子。

镜头组 5：林氏家居 ×618 美好生活季。

这则广告以疑问开篇，引导用户思考“我们为什么需要家具”，对这个疑问的回答传达着林氏家居对家具和生活的诠释与追求。

### （四）祈使句式

运用祈使句式技巧创作广告，是通过直接、简洁且具有号召力的语言，引导消费者采取行动。祈使句本身带有命令、请求或建议的语气，能迅速抓住用户的注意力并激发其响应（见案例 9–36）。

案例 9–36

案例 9–36 视频

**天猫新春开门红广告**

镜头组 1：早晨，打工人被一连串闹钟叫醒，睡眼惺忪地来到办公室。午间休息，打工人戴个眼罩，惬意地躺着。

解说：这个工，开新点。睁不开眼，先蒸开眼。上天猫，美妆护肤新秘诀，祝你万事开好头。

镜头组 2：戴眼镜的办公室猫咪坐在电脑前，对面前的工作毫无头绪。猫咪有了人的陪伴，开心起来。

解说：无从开始，先开心。上天猫，萌主新宠爱，祝你万事开好头。

镜头组 3：车辆拥堵的城市道路上，一位男士骑上自行车顺畅通行。

解说：路上开堵，先开练。上天猫，新年运动新装备，祝你万事开好头。

镜头组 4：一位女士面对毫无头绪的工作，先用头部按摩器按摩头顶。

解说：无法开动，先开脑洞。上天猫，数码新潮电，祝你万事开好头。

镜头组 5：打工人假期结束，不想说话。

解说：懒得开口，先开胃口。上天猫，美食新滋味，祝你万事开好头。

镜头组 6：快速连续的组接镜头，表达着“开”的动作，开闪、开拍、开挂、开黑、开花、开箱……

解说：开闪、开拍、开挂、开黑、开花、开箱，天猫新春开门红，祝你万事开好头。想开了吗？上天猫，先开一个红包。

这是2024年年初天猫新春开门红促销广告，从打工人的视角切入，表现新年假期结束进入开工模式，打工人却不在状态。天猫新春开门红广告，围绕具有祈使语气的“开”字展开行动，又归聚到另一个具有祈使语气的“上”字，提出广告核心诉求“上天猫”。“天猫新春开门红，祝你万事开好头”，广告口号的祈使句表达，具有强烈的号召力。

（五）承诺式

运用承诺式技巧创作广告，是通过明确、具体且可信的承诺，直接向消费者传递产品或服务的核心价值，从而建立信任、激发兴趣并推动购买决策（见案例9-37）。

案例 9-37

**宜家广告·始终如一篇**

案例 9-37 视频

镜头组1：1998年，男孩和女孩来到宜家，在宜家买了一支一元冰淇淋，高高兴兴地你一口我一口地吃着。

镜头组2：2023年，长大了的男孩和女孩分别和自己的朋友在宜家买了一支一元冰淇淋，快乐地吃着。

字幕：很多事会变，冰淇淋始终如一；很多事会变，宜家始终如一。宜家始终如一。

镜头组3：字幕——宜家中国25周年，给生活更多值得，不止25年。

这则广告以男孩女孩的成长为线索，讲述他们在宜家买一元冰淇淋的故事，以25年的成长变化，对照宜家“始终如一，物超所值”的承诺。

（六）排比式

排比式即用多个相同或相似的形式来传达信息。在运用排比式时，一方面可以形成一种语言上的积累效果，另一方面，也可以形成镜头或情节上的积累效果，以突出一个主题（见案例9-38）。

案例 9-38

**ubras广告·让身体先自由篇**

案例 9-38 视频

镜头组1：奔涌的海浪礁岸。

字幕：2018（年），ubras推出了第一件“无尺码”内衣。今天，无尺码已成为绝大部分内衣品牌的标配；2019（年），ubras推出了第一件“软支撑”内衣，现在各大品牌推出了各式各样的软支撑；2020（年），ubras推出了第一件“肌底衣”，现在上百个内衣品牌的货架上，都陈列了肌底衣。

解说：ubras成立至今，一直在创新，也一直被模仿，但，这是件好事。

镜头组2：不同场景中，女性身着ubras内衣从容地生活、行走、运动。

解说：因为，只要多一件不勒人的“无尺码”，就会少一个老去洗手间解开背扣的她；多一件稳稳承托的“软支撑”，就会少一个习惯于捂住胸口小步碎跑的她……

镜头组 3：没有内衣的束缚，女性自在专注地沉浸于热爱的各个场景。

解说：想象一下，在中国，多卖出一件让她觉得更舒适、更轻盈、更舒展的能让自己集中精力专心做好一件事情的贴身衣物，就会少一个知道自己不舒服，但不知道哪里不舒服的她。不管这件“无尺码”“软支撑”“肌底衣”是不是 ubras 的，虽然多少还是有点生气，但是我想，如果一个商业产品的创新和普及，对于女性的日常生活，对她们的成长和发展的影响比我们想象中更重要的话，我们就专心做好一件事吧，一件力所能及的事。让身体先自由。

……

这则广告，运用排比句式记录 ubras 内衣“让身体先自由”的一项项领先技术创造，传达了“只为让女性身体先自由，不被内衣束缚，专注她们的生活、成长和发展”的广告主题。文案中运用排比句，既展现出 ubras 内衣的产品创新，又表达出对女性身体的细微关切，说服力强。

**思考题**

选取一个影视广告，编写不同形式的文案脚本。

# 第十章　影视广告的制作流程、拍摄准备及后期编辑

**本章重点**

- 影视广告制作流程的内容和原则
- 影视广告拍摄准备的内容
- 影视广告中演员的选择
- 影视广告画面语法的内容和技巧

相对于其他媒体广告的创作，影视广告的创作是一个比较复杂的过程。这个过程有一定的工作程序，即影视广告的创作是一个按照一定流程逐步完成的过程。

## 第一节　影视广告的制作流程

影视广告的创意和制作都比其他广告要复杂得多，是一个有很多工序的过程。目前国内外都有一些较为固定的制作流程。

### 一、美国李奥贝纳公司的影视广告制作流程

第一步：创意概念构思

第二步：广告公司内部对创意概念进行讨论

第三步：向广告主提案

第四步：挑选制作公司

第五步：制作估价

第六步：评估制作公司的议价案

第七步：拍摄前的准备

第八步：开拍日

第九步：检视毛片

第十步：剪辑

第十一步：粗剪、音影同步配合、音效混合

第十二步：加视觉效果

这个流程中略去了创意前期的产品分析和市场研究的环节，更多是从广告公司与广告主沟通的过程着眼的。

## 二、国内的影视广告制作流程

第一步：分析产品

第二步：研究市场，确定目标

第三步：广告策略

第四步：广告创意（提交文案、创意说明和画纲）

第五步：提案（讲解广告策略、广告创意及广告表现）

第六步：拍摄准备（演员、服装、道具、棚景、外景、广告音乐、歌曲等）

第七步：拍摄过程（摄像、摄影）

第八步：后期制作（冲印、转磁、合成、录音、剪接、编辑、看样、修改等）

这个流程细致地分解了影视广告的全过程，有利于初学者的理解和学习。

## 三、影视广告创意制作流程的原则

无论是国内还是国外的影视广告创意制作流程，都要在开始前从整体上考虑以下几个原则：

### （一）把握动态演示、着重情感诉求

要注重利用影视媒体的优势，特别是以动态画面来吸引受众的注意。同时，着重考虑对情感诉求的利用，通过刺激视听感受来促进受众接受产品信息。

### （二）要适时对准目标

无论是创意还是表现，都要以分析市场和目标消费者为前提。如果偏离了目标受众，再好的创意和表现也无法达到广告的最终目的。

### （三）信息要简明单一

影视广告虽然可以让创意有更广阔的空间和想象力，但是影视广告的时间是极有限的。要在不到 30 秒的时间内准确传递商业信息，更广泛地影响目标受众，就必须把最重要的信息传递出来。信息要简明扼要，其重点要单一，突出特色。

### （四）发挥影视广告在整个广告活动中的龙头作用

随着市场的不断发展和成熟，企业单一的广告策略是不可取的，整合营销正日益成

为企业的促销方案。影视广告在整个广告策略中一定要处于龙头地位。今天，在新媒体、融媒体时代，影视广告的综合实力依然使其处于优势地位。这一方面是因为它自身的感染力和影响力强；另一方面是因为广告策略本身是一个系统，在这个系统中，影视广告以其自身的优势居于龙头地位。一个产品广告播出后，销售现场、路牌、车体、墙体以及网络等媒体都可以直接截取影视广告中的精彩画面或重要的镜头再度传播。这样既可以及时提醒消费者影视广告中的信息，增强消费者对广告和产品的熟悉感，也能节省制作其他媒体广告的费用。

（五）注意广告投放的频次和效果

影视广告要产生效果，不仅与广告本身的创意和表现有关系，而且与它投放的频次有必然的联系，其中包括影视广告投放的时间、频率、位置等。因此，在影视广告的投放前期，要研究市场特点、竞争者广告的投放情况、消费者的收视特色等。只有对这些情况都有一定的把握，才能更好地实现广告效果。

（六）重制作、巧播放

影视广告的制作是一个复杂的过程，对其中的每个环节都要认真研究和把握。制作是一个方面，播放是另一个方面。播放的时间和空间不合适，一样达不到效果。

总之，要学习影视广告的创意和制作，就必须先从整体上认识影视广告的特色、分类和流程，不能忽视任何一个方面，以保证达成最佳的广告效果。

## 第二节　影视广告的拍摄准备

影视广告的拍摄是一个细致而庞大的工程。为了确保广告拍摄任务的完成，前期的准备工作是非常重要的。

### 一、组建拍摄团队

影视广告的拍摄离不开一个技能全面、配合默契的制作班子。这通常包括以下人员：

（一）制片总监

制片总监也称制片人、制片主任等，是整个拍摄团队的管理核心。他的工作贯穿整个拍摄任务的始末。其职责主要包括：协助导演制订摄制计划，决定拍摄时间、场地，选择、决定演员，编制经费预算和为演职人员付酬等重要事务。

（二）导演

导演是整个拍摄工作的灵魂，主管整个拍摄工作，也是拍摄质量的主要责任承担者。导演的工作决定着整个拍摄的成败，他是整个拍摄团队的业务权威和直接领导者。其职责主要包括：依据影视广告文字脚本，写出分镜头脚本；在此基础上，按照构思进行再创作，使广告脚本得以形象化体现；向全体摄制组成员阐述创意以及如何使创意屏幕化的构想和意图；选择、决定拍摄场地；挑选、决定演员；启发、指导演员表演；指挥、调度所有创制人员按自己的构想和意图，从不同的角度体现创意，为整个影视广告片的摄制质量和传播效果负全面责任。

（三）摄影师

广告影片的全部拍摄工作是由摄影师来承担的，其工作质量的高低将直接影响广告的画面效果。因此，摄影师在整个拍摄团队中占有非常重要的地位，可以说他是拍摄团队中仅次于导演的第二号业务权威和指挥者。当他与导演的意见达成共识后，摄制组所有成员都须听他的指挥。影视广告拍出后的视觉效果、构图质量、创意体现等，关键取决于摄影师的技术和创造性。因此，摄影师必须通晓影视语言，掌握蒙太奇思维规律和思维方法，了解各种镜头的含义与功能，并掌握各种拍摄技巧和特技摄影；熟悉所有摄影摄像设备、灯光照明设备、技巧以及摄影速度与灯光配合规律等。

（四）灯光师

灯光师也叫照明师、“鱼叉人”[即gaffer，这是因为灯光师搬移灯光设备时，不是去攀登梯子，而是直接用一根长杆或者鱼叉（gaff）来勾动和调整，因此又称“鱼叉人”]。灯光师也是摄制组的重要成员，他负责拍摄现场的所有灯光设施。只有他的配合，摄影师在拍摄过程中才能得心应手。灯光也是影视艺术特有的语言要素，其本身不仅可以使影像十分清晰，而且可以表达一定的含义。同时，灯光照明又是一种技巧，对影视广告拍摄的视觉效果有着重大的影响。

（五）美工师

美工师的职责是按照脚本的描述和导演的要求，绘制各种场景所需的布景、幕布、美术图案、符号及其他平面挂图等。

（六）化妆师和发型师

化妆师和发型师主要负责演员的美容、美发任务。其职责是：依据脚本的要求，将演员的容貌特征改变成与整个广告片的时间、地域、民族、身份、年龄等相符的内容。特别是在拍摄化妆品的广告时，对于演员的化妆就有特殊的要求，这时，化妆师的工作就尤为重要。

（七）服装师

顾名思义，服装师主要负责拍摄时的服装问题。具体说就是按照剧本或导演的要求，为广告中不同的人物提供符合身份、年龄、职业等特点的服装，以实现拍摄的艺术氛围和逼真效果。尤其是广告中有历史人物时，服装师就要特别注意服装上的特色表现。

（八）道具师

道具是影视广告中重要的视觉构成元素，是环境造型及人物造型的重要组成部分，是场景设计的重要造型元素，道具的质量和特点会对整个广告片有所影响。在广告拍摄团队中，道具师是按照导演或摄影师的要求，寻找、制作和搬运拍摄广告所需各种道具的工作人员。

## 二、拍摄前的会议——PPM 会议

一个影视广告创意要能够得以最好表现就必须在拍摄前进行充分的准备。PPM 会议是影视广告拍摄前的重要筹备工作之一，它的顺利召开对整个广告片的成功有积极的意义。

### （一）PPM 会议的含义

PPM 会议（Pre-Production Meeting），即制作前会议，是拍摄制作前沟通创意和制作流程细节的准备会议。通常由广告代理公司主持召集，在影视广告拍摄前与制作公司及导演和主要的创作人员对广告片拍摄计划及拍摄方案等细节进行沟通和确认。

PPM 会议最主要的目的是在拍摄之前，对所有的细节进行探讨、协商，确认广告片最终成片要达到的效果。这是影视广告拍摄之前重要的沟通准备会议。在这个会议上涉及的所有问题都会影响最终的影视广告效果能否精确、精彩。

### （二）PPM 会议的内容

PPM 会议不仅要确认一则广告片拍摄制作的所有构想、设计、预算、时间计划等，还要商议广告片能否紧扣创意核心诉求，并在导演的工作台本（分镜头）中清晰、流畅、简练地表达出来。此外，还要讨论影视广告风格样式的设计是否符合产品的市场定位和个性定位等问题。

概括地说，PPM 会议主要包括：

（1）影视广告创意意图的说明和创意脚本讲解。

（2）逐格讨论分镜头拍摄脚本，明确各成员的职责和任务。

（3）确定各场景和镜头的拍摄时间表。

（4）明确拍摄进度表。

### （三）PPM 会议的参与成员及安排

参与 PPM 会议的成员主要有：广告公司的客户代表、创意人员代表，如客户部 AE、创意总监、艺术指导、文案人员等；企业代表，如企业的营销部门或广告部门的人员；广告制片公司，如制片人、导演、摄影师、灯光师、道具师等。

PPM 会议时间通常安排在正式拍摄之前，召开的次数往往不止一次。召开的地点最好安排在制片公司、广告公司和客户都方便到达的地方。

## 三、影视广告中演员的选择

演员的选择主要是由导演、制片人决定的，具体方式是由导演确定一个表演方式或故事情节，参选的演员们按照要求依次进行表演，导演决定入选人员。

### （一）影视广告中人物运用的重要性

影视广告中人物的运用是很重要的（见案例 10-1）。

案例 10-1

案例 10-1 视频

**央视读书公益广告·李娜篇**

画面中首先出现一片竹林围绕的、幽静的读书室，阳光洒下来，出现字幕“读书”及李娜挑选着书籍的情景。画外音：“书给我最大的感受，像是一个真诚又有远见的朋友。”画面转换为黑白，展示李娜曾经的赛场经历。接着画面转为彩色，展现李娜退役后教孩子打网球的画面，画外音：“不管是在赛场上，还是陪伴孩子，只要你用心聆听，它一定会帮助你。”同时，李娜在用耳机聆听。光影变化，传来流水的声音，李娜在读书室读书，度过悠闲的时光。画外音：“离开球场，生活是一个更大的赛场。阅读，让我找到前行的方向，给予我坚持的力量。”同时，展示了李娜过去参赛获奖的场景和当下读书的场景。她袒露心声道：“给自己一个平静愉悦的角落，我是李娜，打开一本书，遇见更好的自己。”画面随着一本书的翻动出现字幕：“打开一本书，遇见更好的自己。”

这则广告所选用的人物是著名网球运动员李娜。她作为一个成就斐然的网球运动员，是成功者的代言人。当她从球场退役后，在书海中寻找能够充沛自己的养料。广告通过李娜的经历和她自身积极向上的精神，与读书密切关联，从而建构了书籍与成功者必然的联系，表达广告主题：“打开一本书，遇见更好的自己”。

影视广告中人物运用的重要性具体表现在以下几个方面：

1. 突出产品特性

影视广告的最终目的是促销商品。因此，人物形象的运用要为这一目的服务。在广告片中，人物形象直接影响视觉效果，要充分运用这一特点来表现产品的特性，从而达到促销的目的。

2. 提高受众的注意力

影视广告中的人物是吸引受众关注的重要元素，特别是名人、明星的出现，会对其“粉丝”直接产生影响。此外，人物是影视广告片中的重要表现元素，他（她）可能通过各种表演来吸引受众的眼球。同时，他（她）的身份、个性、年龄等还可以形象地与产品联系在一起，体现产品的特色，赋予产品生命，使其“活”起来，从而给受众以深刻印象。

3. 激发受众的消费欲望

受众的消费欲望是其购买商品的重要心理前提。在影视广告中借助人物的表演，真实再现产品的消费情境，制造身临其境的效果，直接影响受众的心理感受，促使其形成消费欲望，这是人物在影视广告中运用的重要意义。

4. 强化情感迁移

广告中使用的人物往往是有一定影响力的名人或明星，这些人不仅会使产品有“生命”，而且还能通过他们本身的感染力和吸引力影响他们的“粉丝”来效仿，这就是“晕轮效应”。当人们把对名人的情感转移到他们所宣传或代言的产品上时，就发生了情感迁移。这种情感往往还能因为人们对名人的情感而得以延续，从而对品牌形成一定的忠诚度和好感度。

5. 传播文化精神

现代化的市场竞争更多地体现在产品附加值的竞争上，其中的主要组成部分就是产品的精神价值和文化意义。这种意义是要通过人物的表现来赋予产品的。因此，影视广告中的人物也承担着传播文化精神的重大责任。

（二）演员的类型

在影视广告中，演员主要有三大类：

1. 背景性形象，也可称为边缘性形象

这类广告中演员不占主导地位，只是作为陪衬角色（见案例 10-2）。

案例 10-2

案例 10-2 视频

**君乐宝广告**

轻松欢快的音乐背景下，一台显微镜出现在画面中，顺着显微镜看到细胞影像。画外音：“科学营养是什么？是从一株草开始，到 50 万亩草场土壤的持续监测。”伴随着画外音对草和土壤的介绍，画面出现草、土壤、牧场奶牛，实验研究人员使用科学器材检测产品品质。画外音：“是从奶牛胚胎研究，到严苛的斑马鱼质检。”随后，鲜奶顺流而下倒入水杯，画面出现大自然万物的生长。画外音：“是对鲜活营养的不断追求，是用科学解锁大自然的鲜活力量。”画面呈现喝着牛奶并充满活力的孩童，最后出现品牌标识及广告语：“君乐宝，科学营养，鲜活力量。”

在这则广告中，身穿工作服的科研人员只在两个镜头中出现过，而且时间很短。这个人物的作用是说明奶制品原料有着科学的把关和优良的品质，所以是背景性人物。

2. 主体性形象，也可称为中心性形象

这类广告中的演员是整个作品中的主角，处于中心的地位（见案例 10-3）。

案例 10-3

案例 10-3 视频

**贵州安酒广告·姜文篇**

广告开始，姜文走进电影胶片室。画外音：“总有人会问，真的够好吗？这好东西到底好在哪儿呢？关键是用心。”姜文在胶片剪辑室，用传统的技法，用心地剪辑影片。画外音：“您用了多少心都刻在上头。”他快速浏览胶片上的每一帧画面，由此在底片上整合出了贵州安酒酿制的画面。紧接着出现贵州安酒的酒瓶瓶身。画外音：“也有人为了那 10% 的更好，而不惜花上 100% 的心思。”姜文在细心剪辑。画外音：“就像这贵州安酒，贵州老名酒，老酱酒。”画面出现贵州安酒酒瓶包装。画外音：“只要您抿上一口，准能品出来它到底花了多少功夫。”姜文在品酒。画外音：“用心是根本，根本是讲究。”产品、字幕及广告语：“贵州安酒，这酒讲究。”

这则广告以姜文对电影制作的用心和讲究为背景故事，人物在其中为主体性形象，广告的主题及产品的定位在故事中得以表现和诠释，给人留下深刻印象。

3. 示范性形象，也可称为演示性形象

这类广告中的演员以示范使用产品为主要任务，是消费者代表或产品代言的身份（见案例 10-4）。

**案例 10-4**

案例 10-4 视频

**新汰渍洗衣液广告**

小孩子穿着洁白的衬衫，在玩耍中把衣服弄脏。此时，孩子的妈妈拿出了新汰渍洗衣液。使用洗衣液清洗后，小孩子的白衣服焕然一新。见到如此明显的去污效果，孩子和妈妈面露惊讶的表情。画外音：“衣服上有污渍，还可能有看不见的细菌和螨虫。新汰渍全效 360 度升级洗衣液，深层去除看得见和看不见的污渍。超去渍，超除菌，超除螨。新汰渍，超强洁净，超越所见。”

这则广告中的母亲就是示范性的人物，她的主要任务就是通过用洗衣液清洗沾满污渍的衣服来表现新汰渍产品除污、除螨的特性，以此来传达广告的信息。

（三）影视广告中选择演员的基本要求

影视广告不同于一般的影视作品，演员最主要的任务是宣传产品信息，体现广告创意（见案例 10-5）。因此，对影视广告中的人物有一些特定的要求。

1. 演员形象必须与产品形象相吻合，特征鲜明，容易识别

演员需要由广告主仔细挑选，以充分体现企业、产品的个性。最好是这个演员对此类产品有独特的代表性，是其唯一的代言人。

2. 演员形象必须与消费者相似，真实而亲切

演员与消费者在年龄、性别、地域、心理等方面需要具备一定的接近性，演员的个性特征应能够同商品的个性特征融合，同时他们应是目标消费者的代表人物，能让消费者十分熟悉，并有亲近感。

3. 演员形象必须迎合受众心理

影视广告中的人物形象要能引起受众的心理兴趣和符合受众的喜好。

4. 演员形象必须符合地域特点或民族特征

如果影视广告的产品具备一定的地域特点或民族特征，那么它所选用的演员也要突出这一特点。

案例 10-5

案例 10-5 视频

**足力健老人鞋广告**

明星代言人张凯丽穿着朴素，说道："老年人穿鞋挤脚、磨脚、走路脚疼。"然后出现足力健老人鞋的镜头和解说："赶紧换上足力健老人鞋，专为老年人脚型设计。鞋底加宽，鞋腰加高，魔术搭扣，穿上不挤脚。"画面出现 3D 模型动画呈现老人鞋的独特性能。随后画面搭配解说介绍老人鞋的优势……最后，张凯丽说道："专业老人鞋，认准足力健。"

这则广告中，张凯丽是在 20 世纪 90 年代出演《渴望》而出名的，正是当下中老年人的偶像，同时，她的年龄也符合中老年人的特征。足力健老人鞋是一个面向老年受众群体开发的产品。该品牌选择张凯丽作为代言人，充分考虑到商品的特点。因此，从演员形象上看，她既与产品形象符合，又迎合了商品所面对的消费群体的消费心理。

（四）影视广告中演员形象选择的误区

在影视广告的演员选择上，往往会进入下列误区中：

1. 演员形象背离产品形象

人物形象虽然鲜明，特色也突出，但就是与产品无关，常会让消费者感到莫名其妙，这往往是影视广告中常犯的忌讳。如名人为低档产品或大众消费品代言广告，很难让人不产生怀疑。

2. 演员形象淹没产品本身

人物形象太过鲜明和靓丽常常会遮掩了产品的信息，导致受众对人物的心理感受远远超过对广告的认知，这也是影视广告创作中常常出现的问题。

3. 演员形象缺少文化底蕴

在一些以深厚的文化作为创作前提的广告中，就不能随意选择名人。对那些只是在演艺界出名，但并没有什么文化背景，也不能代表广告中所传递的文化思想的名人，就不能轻易选用，否则会影响广告自身的文化色彩。

总之，影视广告中演员的选择是一件重要的事情，这不仅关系到整个广告的最终效果，甚至关系到企业的命运。因此，谨慎把握，用心选择，才能保证达到事半功倍的效果。

## 第三节　影视广告的后期制作

通过拍摄得到前期的镜头材料后，创作者就要以此为素材、以广告创意和广告目的为宗旨、以广告主题为线索开始影视广告的后期制作。

## 一、后期制作中的基本句型

后期制作的一个重要内容就是把拍摄的镜头资料按照创意的要求进行编辑，通常编辑镜头的方式有三种。而一则影视广告中会运用多种镜头编辑方式（见案例 10-6）。

（一）前进式

用几个镜头表现同一对象时，如果从全景开始，经过中景、近景到特写，视点从远到近，逐步前进，即前进式。它是上升的情绪发展曲线。

（二）后退式

用几个镜头表现同一对象时，如果从特写开始，经过近景、中景到全景、远景，即后退式，它是下降的情绪发展曲线。

（三）复合式

在实际的影视作品中，镜头的进退常常不是单一进行的，即进退相间、交替出现的情况更多一些，这就是复合式，又叫环形式。它是情绪变化不定的曲线，或是如抛物线般的曲线。

案例 10-6

案例 10-6 视频

**宜家广告**

镜头 1:（全景）一个女人和一个小男孩走在宜家卖场中。

镜头 2:（近景）小男孩看向了画面左侧。

镜头 3:（中景）小男孩说:“我喜欢这个。”并朝着一个商品走了过去。

镜头 4:（中景）小男孩站在了一件家具面前，并说道:“我喜欢这个材质。”

镜头 5:（近景）小男孩回头看向女人问道:“你呢？”

镜头 6:（近景）女人回答:“我也喜欢。”

镜头 7:（中景）小男孩叉着腰站在摆满家具的墙面前。

镜头 8:（近景）小男孩一边看一边思考着什么。

镜头 9:（中景）女人和小男孩走着。

镜头 10:（近景）小男孩弯腰拉开了一个抽屉并问道:“这个很实用吧？”

镜头 11:（近景）女人微笑着点了点头。

镜头 12:（中景）小男孩拿着尺子量着柜子的长度。

镜头 13:（中景）售货员问道:“请问你叫什么名字？”

镜头 14:（近景）小男孩看着售货员回答:“朱尔古提耶。”并问售货员:“你叫什么名字？”妈妈看着他，露出了笑容，售货员说:“我叫玛莉……怎么了吗？”小男孩回答:“这名字真美。”售货员笑了笑说:“谢谢。”

镜头 15:（远景）小男孩推着装满东西的购物车和女人走过。

镜头 16:（中景）两个人走着，女人微笑着低头看了看小男孩。

镜头17:（中景）小男孩拦下了女人打算结账的动作，说道："妈，我来就好。"

镜头18:（近景）女人微笑回答："好吧。"

镜头19:（近景）小男孩把箱子搬上后备厢。

镜头20:（全景）小男孩关上后备厢。

镜头21:（近景）小男孩费劲地爬上驾驶座，女人笑着看着他，小男孩问道："怎么了？"

镜头22:（近景）画面一转，小男孩其实已经成年，他系上安全带说："妈，我只是要搬到附近而已。"妈妈笑着回答："我知道。"

字幕：要是有些东西能永远不变该有多好，宜家家居的价格一整年都不变。

这则广告中各种镜头的编辑方式很灵活，有前进式、后退式和复合式，完整地叙述了故事，给人以顺畅的视觉感，同时又很巧妙地表现了品牌的商品与卖点。

当然，在影视广告剪接时，要依据为广告创意服务的原则灵活把握。

## 二、影视广告画面剪接方式

在剪接影视广告的画面时，常常借鉴影视作品的手法，主要有以下几种方式：

### （一）积累效应与剪接

当画面在屏幕上显现时，画面内容便引起受众的注意，影响着受众的情绪。影响的程度随着画面内容逐步被受众理解而逐步上升。当画面的内容被完全理解时，受众的情绪便会逐渐下降，这就是内容调子曲线。

如果在内容调子曲线上升到最高峰的时候剪接镜头，转换到下一个镜头时，不仅可以避免受众对画面失去兴趣，而且使下一个镜头的内容调子不再从零开始，而是紧承上一内容调子的高峰点上升，这种现象叫作情绪积累。这样一次次的情绪积累，可以使受众情绪高潮迭起。

这种通过剪接把几个镜头的内容调子累加起来的效果叫剪接调子。反映剪接调子的曲线，被称为剪接调子曲线。

积累效应剪接的适当利用，使影视广告创作者能够创造出理想的剪接调子（见案例10-7）。

案例 10-7

案例 10-7 视频

**保健品 Dr. Giorgini 广告**

一位男士面前是湖边架起的篝火，背后是茂密的丛林。这时，丛林中传来野兽怒吼声，鸟群也被惊跑。突然从丛林中冲出一个奔跑的女人，大喊着："跑啊！"男士一边说："等等！"一边起身追向前。两个人在丛林中穿梭，男士问道："那是什么？"女人回答："别管啦！跑！"在奔跑中男士独自在丛林中停下，四下张望情况。身后不远处又传来野兽的嘶吼，他又开始向前奔跑，直到在湖边发现一辆废弃的房车，他匆忙躲了进去。野兽却好像踩到了车顶，房车开始剧烈摇晃……画面一转，一个躺在沙发上的男人摘下了VR眼镜，男士劫后余生般地长出一口气。字幕："总有办法让你激动起来，但放松的办法永远没变。"旁边的女士递给男士产品，男士接过来并喝了一口……

这则广告通过讲述一个故事，使人们的情绪不断紧张，积累剪接效应明显。但就在情绪到了最关键时刻，故事出现转机，顺利推出产品。

（二）叙述剪接点

用来叙述一个事实的发展情节的画面，叫作叙述画面。把若干叙述性镜头按事物发展的逻辑顺序排列，达到把事物表现清楚的目的，叫作叙述性剪接。叙述画面的内容调子向上升的过程，就是受众领会画面内容的过程。如果内容调子曲线开始下降，即受众已经领会了画面内容，镜头就要及时转换。在剪接影视广告画面时，要考虑到目标受众的文化水平以及对商品信息的感知时间。

（三）情绪剪接点

除叙述性功能外，影视镜头还有描述性功能，用它来描绘某种情绪、氛围或形象（见案例10-8）。描述性镜头或表现情绪静止的主体（如商品），或表现情绪变化的主体（如人）。对于情绪静止的主体，一般仿照叙述性镜头处理剪接点，但对于欣赏性镜头就需要持续更长时间。

对于情绪变化的主体，其剪接点由以下两个因素决定：

1. 主体情绪发展所经历的时间长短

受众要有一定的时间来感受和体验镜头中的情绪。

2. 内容的安排和节奏的需要

有时为了渲染气氛而安排一组与情节无关的画面甚至是慢镜头，或者为了体现一种诗意的风格而减少镜头的数量，但相对增加镜头的长度，此时的剪接点自然不同于叙述性镜头。

案例 10-8

案例 10-8 视频

**科罗娜啤酒广告**

镜头组 1：沙滩上，一只手举着科罗娜啤酒，背景是大海。

镜头组 2：一只手将一瓣青柠放在啤酒瓶口，青柠落入啤酒中，一个年轻人跳进水中。

画外音：当一瓣青柠，放入科罗娜。

镜头组 3：年轻人浮出海面，海风吹动岸边的旗帜与年轻女子的头发。

画外音：这一刻，久违的海风，忽然吹起。

镜头组 4：年轻男子在海上冲浪，一对年轻人站在海边。

画外音：清爽的海浪，正在赶来。

镜头组 5：一个年轻人拿起一瓶冰镇的啤酒，大家在海边聚会畅饮。

画外音：想念许久的夏天，此刻，已经抵达。

产品、字幕及广告语：一瓣青柠，心在夏天。

这则广告将不同的叙事镜头连接在一起表现产品。每个镜头都表现性质一样的内容，它们之间是并列关系，是在连续镜头中激发和强化受众对产品的美好情绪。

## 三、画面语言的节奏

不同景别、不同长度镜头的巧妙组合，能形成一定的节奏感。而不同的节奏感能对观众的心情产生不同的影响。因此，每一部影视广告作品中都应有独特的内在节奏和外在节奏（见案例 10-9）。

### （一）内在节奏

除了情调和表演的力量外，每一个镜头都有一种内在的运动，即内在节奏。内在节奏更多和叙述的内容相关联，通过摄像机的运动，把对话的内容等因素具体表现出来。

### （二）外在节奏

外在节奏主要指视听形式本身形成的节奏，比如短镜头组接、快节奏的音乐等。一般来说，内在节奏会决定外在节奏，有时为了更好地表现情节和渲染气氛，激烈的情节也会用慢镜头来表现，如武打剧中的打斗情景会以一些慢镜头展现。

**案例 10-9**

案例 10-9 视频

**iPhone SE 3 广告**

广告开始是一个拥堵的街景，一辆公交车堵在马路上。镜头切中景，公交车上的一位女士准备掏出手机打发时间。她拿起手机，戴上眼镜，伴随着越野车发动机的轰鸣声，展示手机各硬件像越野车一样反应迅速灵敏，让她可以借助手机在网络上快速冲浪。突然快速切换的镜头和疾驰的越野车声音戛然而止，画面上是一个小男孩坐在公交车上静静盯着她看。随后又一位老者准备入座旁边而打断了她在手机中的沉浸状态。之后她再次拿起手机，伴随着越野车发动机的轰鸣，快速穿梭在手机的世界中。最后，镜头转变为公交车外面的街道全景，这辆公交车仍然堵在原地不动。

这则广告将画面语言的节奏运用得较为明显。通过摄影机的运用和蒙太奇剪辑叙述此时此刻公交车及车上乘客的处境和情绪的内部节奏，与借助短镜头组接、快节奏音乐展示手机各硬件的优越性的外部节奏相交替，在对比中表现手机性能的强悍，阐明商品的特性和卖点。

## 四、画面的连续构成

把表现同一对象的两个以上的画面按时间先后顺序纵向排列叫作连续构成。

### （一）连续构成的基本定式

#### 1. 在动作运动过程中切换

画面中主体的动作，由于惯性，在运动过程中能有效地消除从一个画面突然转换到另一个画面的跳动感，而且引人注目，因此动作能把上下两个镜头有机地连接在一起，使受众不易察觉镜头的转换，或不会觉得镜头转换得突然。

在动作运动过程中选择的切换点，被称为动作切换点。用来转换镜头的动作，幅度越大，动感越明显越好。最佳的动作转换点是在主体的动作转换时。

切换时需要注意技术性的问题：一是当主体由静到动时，剪接点应选在动起来的一瞬间，如第一个镜头表现一辆停着的轿车（全景）；第二个镜头表现这辆车向远方开去（远景）。第一镜头应该在轿车开动后剪接，第二镜头则应该从轿车开动后开始。二是当主体由动到静时，剪接点应选在静止之前，而不应选在静止之后。例如，第一镜头表现一辆迎面而来的汽车（全景），第二镜头表现汽车停在眼前（近景）。第一镜头应在汽车运动中间段，第二镜头应该保留车停下来之前的一段运动镜头。

#### 2. 出画与入画

表现主体从甲处到乙处时，为了省略从甲处到乙处的过程，往往采用走出画面与走进画面的方法。在入画时，方向要一致，即遵守轴线规律。

在剪接走出画面的镜头时，不要让主体完全超出画面，而是应该让主体保留一部分在画面内；在剪接走进画面的镜头时，也不要从全空的镜头开始，而应从主体已进入画面一点点的地方开始，这种连接被称为交错连接法，能保证流畅的效果。

#### 3. 从空镜头开始

在影视作品中，一般多以空镜头开始，交代作品的背景和环境。影视广告，由于时间的限制及产品性质多是家用产品，开始时多是直接表现产品的空镜头。在故事型的广告中也有类似于影视作品从空镜头开始的。

### （二）连续构成的模式

#### 1. 从局部开始

在连续构成的句子中，第一个镜头不是用中全景，而是用特写，并用后退叙述式句子来表现，从局部开始。

#### 2. 结束于局部

结束于局部即用前进式句子把连续的最后一个镜头处理为特写。用局部镜头结束有利于跟下面的镜头相连接，因为表现局部的镜头不包含环境，在它之后接上任何环境的镜头都不会使受众感到突然。

在影视广告作品中，由于特写镜头对表现产品有重要意义，因此常常会用到这些方式。

案例 10-10

案例 10-10 视频

### 小鹏汽车广告

镜头组 1：一个小男孩放学回家，一个男人准备下班回家。（全景）男人从左侧走入画面，同时展现了车子的正侧方。

镜头组 2：（特写）展示车子的前车灯与弹出式车门把手。

镜头组 3：（近景、特写）男人启动车辆。

镜头组 4：（近景）男人在开车。同时穿插着小男孩玩玩具车的画面。

镜头组 5：（远景、全景）车辆在道路上行驶。

镜头组 6：（全景）正面展现车辆向前行驶。

镜头组 7：（近景）男人将车辆开到院子中。

镜头组 8（特写、中景）男人操控车辆自动退回车库。男孩也操控他的玩具车退回车库。

这则广告中的画面构成基本上运用了以上几种方式，车辆行进的远景与全景相接，给人以汽车顺畅前进的感觉。最后剪接一个停车的中景，使整个过程比较全面。广告保持了整个作品的完整性，也突出了产品的形象，强化了受众的视觉效果。

（三）连续构成的规则

要把连续构成的画面连接得合理顺畅，就必须遵守以下两条规则：

第一，景别必须有明显的发展。

第二，不能全景接全景，中景接中景，避免画面产生跳动感。

不过，有些影视广告作品，由于自身的特点限制，有时也会违背这些构成原则。

## 五、画面的对列构成

影视画面中的各种形象，不仅是不断发展的，也是不断更换的。在更换的过程中，由于形象间相互的呼应、对比、譬喻、暗示，能创造性地揭示出形象间的有机联系，这种现象就是对列关系。

（一）对列构成的概念

我们把表现不同对象的画面横向连接叫对列构成。对列构成的形式是指动与静画面的多样式相接方式，形式不同，所形成的节奏、传达的气氛和情绪是不一样的。

*1. 动接动*

动接动有两种情况：一是两个在视觉上都有明显动态的画面连接。它是不同主体画面的连接，运用上下画面的逻辑关联因素进行过渡，采用“切”的技法，节奏明快、流畅。如奔跑的人与奔驰的汽车相接，这种“主观角度”的联想，是借助于观众的联想。

二是运用动作剪接点使两个画面相接，这是同一主体的两个画面的动态相接。如一个人“进门”“关门”“坐下”之类的几个动态镜头连接就属此类。这一技法运用的关键是要找准动作速度快、幅度大的那些转折点，以明显的变化引起注意，从而达到最佳的衔接效果。

2. 静接静

静接静是在视觉上没有明显动感的画面相接的形式。它们相接不强调运动的连贯，即采用“切”的技法实现彼此的联结。这种联结借助事物内部的对比、隐喻、抒情、心理诸因素作为连贯条件，其组接效果是节奏流畅而情调含蓄。

3. 静接动

静接动是动作不明显的画面与动作十分明显的画面相接。这种衔接能推动情节加速发展，压缩屏幕时间，视觉效果简明利落。如田径比赛画面的组接，前一画面是等候发令枪响的运动员，后一画面则是枪响后奔跑的运动员。

4. 动接静

动接静是在动感明显的画面后接静感明显的画面，通常会造成明显的停顿效果。这一技法要慎用，因为两画面不易寻找到应有的逻辑关系，以致隔断了动作、情节上的连贯。

不同于一般的影视作品，为了在有限的时间内，突出表现产品及广告主题，在有些影视广告中，这四种形式都会用到。

案例 10-11

案例 10-11 视频

**怡宝矿泉水广告**

广告开始是女排运动员朱婷跃起、乒乓球运动员许昕接球与短跑运动员苏炳添奔跑的慢动作，这些画面均为固定镜头。紧接着画面转为许昕快速击球、苏炳添全力奔跑与朱婷迅速传球的画面，其均为运动镜头。女排队员跃起在空中击掌，此时画外音为：“怡宝，中国国家队合作伙伴。”同时画面转为运动员们拿起怡宝矿泉水的固定镜头。然后是三位代言人拿着怡宝矿泉水分别面对镜头说道：“我们的选择。”最后画面为三位代言人的近景，此时画外音为：“国家运动员的选择。你我的怡宝。”

这则广告灵活地运用了动静画面的结合，顺畅地展现了运动员们利落的动作，同时也突出了产品的形象，完成了广告的目的。

（二）对列构成的方法

对列构成的方法主要有以下几种：

1. 偷换连接法

偷换连接法即把前一组镜头的最后一个动作或形象，偷换成下一组镜头的第一个动作或形象，这样使过渡显得自然，且有令人惊喜的效果。

2. 因果连接法

因果连接法即前一个镜头与后一个镜头之间有因果关系（见案例 10-12）。

案例 10-12

案例 10-12 视频

**Mountain Dew 碳酸饮料广告**

一片荒漠中，一群人发现一辆列车上有一节车厢装了很多饮料。其中有人说道："快看啊，车上那么多 MTN Dew 饮料啊。"他们骑着车子冲进了满载饮料的车厢开始畅饮。其中一人向车厢外看了一眼说道："嗨，伙计们，我们可能得喝快点了。"这时车厢外涌来了许多人，他们都在向列车靠拢想要进来。产品、字幕及广告语："DO THE DEW（做好饮料）。"

这则广告运用了因果连接法——年轻男人催促同伴快点喝，原因是有更多的人向车厢涌来了。这些方法的运用使广告情节起伏，给人以悬念、惊奇的心理感受，而且符合现实逻辑，画面与情节更流畅，可视性强。

3. 声音连接法

声音连接法即两个画面是靠声音来连接的。

（三）对列构成的类型

1. 镜头之间的对列

把两个镜头对列起来会产生有意义的效果，如特写的蚊香与熟睡的孩子两个画面对列，让受众感受到蚊香的作用。

2. 句子间的对列

句子间的对列即两个句子（也可能是多个画面）之间构成的穿插对列关系。如在电影《赤壁》中，往往是一个事件发生后，用两个句子来表现刘备与孙权双方的反应情况。

3. 段落之间的对列

由于时限性的制约，段落之间的对列在影视广告中很少见到。

4. 镜头内部的对列

镜头内部的对列即在镜头中展示两种内容的组合关系。如洗衣粉广告中常会把一块有"污渍"的布放在两个不同的盆中搓洗，最后展现效果：用了广告产品的布洗得干净如新，而另一块布则洗不干净。这就是通过镜头的对列来强调产品的效果（见案例 10-13）。

案例 10-13

案例 10-13 视频

**新海飞丝洗发水广告**

画面出现品牌标识及明星代言人刘德华，旁边是人群快速地掠过，他说："世界越来越急，变化越来越多。我还是喜欢沉下心，回到根本，抓住关键。”随着他转身，镜头切换后画面中呈现出产品。他说：“就像新海飞丝，守护头皮健康。”随后画面变化为动画的产品效果展示，字幕：“长效控油去屑。”接着，画面为刘德华一边用手梳过头发，一边说：“头皮有问题，就找海飞丝。”

这则广告通过产品、代言人及使用后效果的镜头连接，对列构成了完整的信息内容，突出了产品的优势和代言人的魅力，给人印象深刻。

5. 声画对列

声画对列即声音与画面的对列关系，这部分内容在声音部分已经阐述得比较全面了，在此不再赘述。

## 六、影视广告剪辑原则

影视广告剪辑必须符合影视广告的特点，强调其有效性和目的性。影视广告一般要在开始的3~5秒钟内吸引观众的注意力，才有可能达到广告的目标。影视广告对人的心理影响过程是：

引起注意→引起兴趣→创造欲望→保持记忆→诱导行动。

根据影视广告创意规定的节奏、气氛、情绪来编织影视广告的韵律，使活动的图像更活跃，充分挖掘画面的表现力。

（1）画面变化不宜过快。否则，易使观众眼花缭乱，尤其是表现广告商品的特写镜头，一定要稳并留有一定的认知时间，要让观众看得准、认得清、记得住。

（2）镜头出入点一定要选准，画面衔接流畅。人物的动作不能“跳”，不要使人有生硬、别扭之感。

（3）使用特技手法表现广告商品信息要贴切。切忌不管什么商品，从头到尾都用特技，翻来覆去耍花样，易使观众产生逆反心理，不利于广告的信息传播。

## 七、镜头的衔接转换技巧

镜头的衔接转换是一种光学技巧，这种技巧包括渐隐、渐显、化、切换、叠印、分割画面等内容。

### （一）渐隐

渐隐即淡出、渐暗，是指画面由明亮清晰而渐渐隐去、变暗、消失。它的作用相当于舞台上的落幕，表示某一情节告一段落，与下一个画面存在着时间的间隔。渐隐技巧往往可以形成忧郁深沉的格调、引人深思的余韵，以及离情别绪的感触等。影视广告中采用渐隐技巧，可以表现对旧产品或信息的告别等。

### （二）渐显

与渐隐相反，渐显即淡入、渐明，是指画面由空白处或黑暗中逐渐浮现出来直到非常清晰。其作用相当于舞台上的幕启，表现另一段情节的开端，已经与前一段情节有一段时间的间隔。渐显与渐隐的技巧结合运用，可使叙事层次清晰、段落分明。在影视广告中，可以用渐隐和渐显来表现消费者使用某种产品前后的变化，以突出产品的优点和给消费者带来的利益等。

（三）化

化即化出化入，或溶变，是指前一个画面渐渐暗淡隐去（化去）的同时，后一个画面已开始渐渐清晰地显现（化入）出来，两个画面有一段短暂的重叠隐现。其作用在于表现时间和空间的自然过渡，意味着两个事物有着内在的密切联系。在情节性广告中，化的技巧很有用武之地。

（四）切换

切换即切，是指不采用任何光学技巧，将一个画面简单地切入另一个画面，或由一个镜头直接转换成另一个镜头。切换过程中没有任何时间的间隔，是最快的画面转换，其作用在于把要表现的事物迅速直接地展示出来。切换多用于同时性的表演、同时发生的事件、加速表演的过程、创造紧张的节奏。影视广告中常用此法。它不仅可以加快表演进程、有效地传达商品信息，而且可以创造现代化的节奏、烘托时代气氛。

（五）叠印

叠印即叠加，是影视制作中一种特有的形式和技巧，它指两个或两个以上不同时空中的不同景物或人物的画面重叠在一起，印在一条胶片上，两个重叠画面的内容之间具有内在的有机联系，这种技巧被称为“叠印”。其作用在于同时从不同角度来观察描绘同一事物或表现同一人物或事物在不同的时间跨度、背景下的变化，或表现人物的回忆、梦幻等意识活动。在影视广告中采用叠印方法，也可以将人的意识活动镜头化，增强广告的形象性和观赏性。有些广告也常用叠印方法，将歌曲字幕或广告口号等与流动（或定格）的画面加以合成，以强化观众的记忆。

（六）分割画面

分割画面指在屏幕上同时出现两幅或多幅同一影像，或同时出现两幅或多幅不同影像的画面，构成多屏，以实现某种特殊效果，如并列、对比、类比，或介绍空间中不同人物的活动等。影视广告中有些企业的系列产品，可以通过分割画面的办法同时展示在屏幕上，也可以展示产品使用前后的变化。

案例 10–14

案例 10–14 视频

**茅台葡萄酒庄园广告**

镜头 1：一幅油画摆在草坪上。

镜头 2：（化）一瓶葡萄酒摆在高脚杯之间。

镜头 3：（化）一个男人端着一杯红葡萄酒。

画外音：生而不凡。

镜头 4:（叠）葡萄酒流动。

画外音：天赐甄选。

镜头 5:（切）一滴酒滴落，激起一圈涟漪。

镜头 6:（化）茅台葡萄酒庄园系列的全景。

画外音：茅台葡萄酒庄园系列。

这则广告在镜头画面连接时用了很多手法，其镜头连接方式非常契合葡萄酒这一产品本身的特点与定位，不仅令广告富有美感，也使产品给人留下深刻印象。

以上这些方法常常综合运用，并在实践中不断创新，出发点就是为广告创意服务。

综上所述，影视广告的后期制作是作品能否成功的一个关键。只要多学习相关的影视理论，结合案例分析，并多参加创作实践活动，就能得到提高。

**思考题**

1. 影视广告的制作流程是怎样的?
2. 影视广告的拍摄准备工作有哪些内容?
3. 影视广告的画面语法内容有哪些?
4. 结合影视广告实例分析解读作品的画面语法内容。

# 参考文献

## 一、图书


1. 蔡贻象 . 影视文化美研究［M］. 北京：中国广播电视出版社，2004.

2. 陈培爱 . 中外广告史［M］. 北京：中国物价出版社，1997.

3. 初广志 . 广告文案写作［M］. 北京：高等教育出版社，2005.

4. 丁俊杰 . 现代广告通论：对广告运作原理的重新审视［M］. 北京：中国物价出版社，1997.

5. 樊志育 . 广播影视广告［M］. 北京：中国友谊出版社，1995.

6. 冯江平 . 广告心理学［M］. 上海：华东师范大学出版社，2007.

7. 高志宏，徐智明 . 广告文案写作：成功广告文案的诞生［M］. 北京：中国物价出版社，1997.

8. 顾伟列 . 中国文化通史［M］. 上海：华东师范大学出版社，2005.

9. 桂青山 . 影视学科资料汇评：影视基础理论编［M］. 北京：北京师范大学出版集团，2011.

10. 郭庆光 . 传播学教程［M］. 北京：中国人民大学出版社，1999.

11. 何建平 . 广播影视广告［M］. 长沙：中南大学出版社，2009.

12. 何平，孙莎岚 . 中国艺术简史［M］. 成都：四川出版集团，四川文艺出版社，2009.

13. 和群波 . 影视广告制作教程［M］. 北京：中国传媒大学出版社，2006.

14. 胡菡菡 . 广播影视广告［M］. 南京：南京大学出版社，2007.

15. 冀志枫 . 蒙太奇技巧浅探［M］. 北京：中国电视出版社，1982.

16. 李谋 .CF 大透视：影视广告创作指南［M］. 北京：中国摄影出版社，2000.

17. 李运林，徐福荫 . 电视教材编导与制作（第二版）［M］. 北京：高等教育出版社，2004.

18. 李中华 . 中国文化概论［M］. 北京：中国文化书院，1987.

19. 李宗诚 . 广告文化学［M］. 郑州：郑州大学出版社，2008.

20. 林少雄，吴小丽 . 影视理论文献［M］. 上海：上海大学出版社，2005.

21. 凌继尧 . 美学十五讲［M］. 北京：北京大学出版社，2004.

22. 路盛章 . 影视广告创作［M］. 北京：中国广播电视出版社，2000.

23. 马梅 . 广播影视广告概论［M］. 合肥：合肥工业大学出版社，2009.
24. 马谋超 . 广告与消费心理学［M］. 北京：人民教育出版社，2000.
25. 马中红 . 广告文案创意新论［M］. 上海：上海三联出版社，2006.
26. 聂鑫 . 影视广告学［M］. 北京：文化艺术出版社，1999.
27. 聂艳梅，林永强 . 影视广告创意：打造更具实效的影视广告［M］. 北京：中国市场出版社，2009.
28. 彭吉象 . 影视美学［M］. 北京：北京大学出版社，2002.
29. 彭吉象 . 中国艺术学［M］. 北京：高等教育出版社，1997.
30. 祁聿民，苏扬，李青 . 广告美学：原理与案例［M］. 北京：中国人民大学出版社，2003.
31. 全国广告专业技术人员职业水平考试参考教材编审委员会 . 广告文案（广告师）［M］. 北京：中国工商出版社，2011.
32. 全国广告专业技术人员职业水平考试参考教材编审委员会 . 广告专业综合能力与法律法规（助理广告师、广告师）［M］. 北京：中国工商出版社，2011.
33. 全国广告专业技术人员职业水平考试参考教材编审委员会 . 影视广告（广告师）［M］. 北京：中国工商出版社，2011.
34. 任远 . 电视编辑学［M］. 北京：北京师范大学出版社，2002.
35. 邵培仁，等 . 媒介生态学：媒体作为绿色生态的研究［M］. 北京：中国传媒大学出版社，2008.
36. 王宏建 . 艺术概论［M］. 北京：文化艺术出版社，2010.
37. 王健 . 广告创意教程［M］. 北京：北京大学出版社，2004.
38. 颜伯勤 . 成功广告 80 例［M］. 北京：中国友谊出版社，1995.
39. 姚力 . 广播影视广告学［M］. 长春：吉林大学出版社，2000.
40. 姚力 . 广播影视广告原理［M］. 北京：高等教育出版社，2009.
41. 张法 . 中国艺术：历程与精神［M］. 北京：中国人民大学出版社，2003.
42. 张凤铸 . 影视基础理论和技巧［M］. 武汉：湖北教育出版社，1986.
43. 张印平 . 影视广告创作基础［M］. 广州：暨南大学出版社，2005.
44. 张印平，马持节 . 影视广告创意与制作［M］. 广州：暨南大学出版社，2009.
45. 支庭荣 . 大众传播生态学［M］. 杭州：浙江大学出版社，2003.
46. 钟以谦 . 媒体与广告［M］. 北京：中国人民大学出版社，2001.
47. 朱羽君，王纪言，钟大年 . 中国应用电视学［M］. 北京：北京师范大学出版社，1993.
48. 朱月昌 . 广播影视广告学［M］. 厦门：厦门大学出版社，2000.
49. 最新广告策划创意与经营运作实用手册编委会 . 最新广告策划创意与经营运作实用手册［M］. 西宁：青海人民出版社，2004.
50. 波德里亚 . 消费社会［M］. 刘成富，全志钢，译 . 南京：南京大学出版社，2006.
51. 拉斯克尔 . 拉斯克尔的广告历程 .［M］焦向军，等译 . 北京：新华出版社，1998.
52. 奥格威 . 一个广告人的自白［M］. 林白，译 . 北京：中国友谊出版公司，1991.
53. 怀特 . 如何制作有效的广告影片［M］. 邱顺应，译 . 北京：企业管理出版社，2001.

54. 李尔斯 . 丰裕的寓言：美国广告文化史［M］. 任海龙，译 . 上海：上海人民出版社，2005.
55. 霍普金斯 . 我的广告生涯和科学的广告［M］. 邱凯生，译 . 北京：新华出版社，1998.
56. 里斯，特劳特 . 定位［M］. 王恩冕，于少蔚，译 . 北京：中国财政经济出版社，2002.
57. 路易斯 . 蔚蓝轨迹［M］. 刘家驯，译 . 海口：海南出版社，1996.
58. 麦奎尔 . 麦奎尔大众传播理论［M］. 崔保国，李琨，译 . 北京：清华大学出版社，2006.

## 二、影视资料来源

1. 爱奇艺 .［EB/OL］.http://www.iqiyi.com/.
2. 百度网 .［EB/OL］.http://www.baidu.com/.
3.CCTV 国际影视广告大赛组委会 .CCTV AD 盛典：国际影视广告大赛［CD］. 北京：中国中央电视台广告经济信息中心广告部出品，2003.
4. 国际广告杂志社 . 莫比广告获奖作品集［CD］. 北京：国际广告杂志社，2008.
5. 龙吟榜杂志社 . 龙吟榜［CD］. 北京：中国轻工业出版社，2001.
6. 腾讯网 .［EB/OL］.http://www.qq.com/.
7. 优酷网 .［EB/OL］.http://www.youku.com/.
8. bilibili 平台［EB/OL］.htts://www.bilibili.com.

# 后 记

我国自1979年恢复广告以来，影视广告发展迅猛，40多年的时间里，已从简单叫卖变得缤彩纷呈。近年来，新媒体突飞猛进，但广告的传播方式仍以视频形式的影视广告为主。影视广告依旧是市场中的重要角色。正是基于这种最纯朴的专业情感，我梳理了这些年“影视广告”教学的经验，博采多家之长，并结合广告发展实践，在注重理论与实践相结合、创新与发展相统一的基础上，完成了本教材的撰写。

由于条件的欠缺，教材和视频资料都很有限，“影视广告”这门课程开始时只能借鉴相关的教学资料，视频则更多来自一些光盘内容。教学内容也受到限制，侧重于讲解影视广告创意方面。随着条件的不断改善，课程的内容和定位更加明确，注重从学生本身的学业基础、专业特色、知识构架等多角度去考量，这一课程在不断建设中得以完善。2010年度该课程获得校级精品课建设资助项目，2015年又获得校级重点教材建设专业项目支持，2023年再次获得学校精品教材建设项目资助，这为课程及教材的建设和发展提供了有力的保障。

“影视广告”作为一门实践性很强的专业必修课，更强调与现实业界的发展相接轨。为此，我在授课时就注重业界发展的动态，强化学生的实践能力培养，更多地让学生参与到教学过程中来。在本教材编写时，更突出了实践性和发展性，强化了案例教学的特点，将最经典、最新颖和最有代表性的案例引入教材，并对其进行了深入的分析和解读，以帮助学生从分析作品入手学习创作影视广告的方法。

同时，为了方便师生使用这本教材，在本书中有包含经典广告案例的二维码，供参考之用。

此外，还要特别感谢中国传媒大学出版社张静、李婷老师，她们对本书的出版给予了细致的指导和审校。正是在大家的热情关注和支持下，才有了自己的成果。

当然，由于本人才疏学浅，书中难免存在不完善之处，敬请专家、学者及广告界专业的同行给予批评指正。

孙会

2023 年 7 月 12 日

**图书在版编目(CIP)数据**

影视广告教程 / 孙会编著. -- 3版. -- 北京 : 中国传媒大学出版社, 2025. 6.

ISBN 978-7-5657-3844-9

Ⅰ. F713.851

中国国家版本馆CIP数据核字第2025SY3342号

**影视广告教程（第三版）**

**YINGSHI GUANGGAO JIAOCHENG(DI-SAN BAN)**

---

**编　　著** 孙　会
**责任编辑** 张　静
**特约编辑** 李　婷
**责任印制** 秦　英
**封面制作** 宇宙尺度

---

**出版发行** 中国传媒大学出版社
**社　　址** 北京市朝阳区定福庄东街 1 号　　**邮　　编** 100024
**电　　话** 86-10-65450528　65450532　　**传　　真** 65779405
**网　　址** http://cucp.cuc.edu.cn
**经　　销** 全国新华书店

---

**印　　刷** 唐山玺诚印务有限公司
**开　　本** 787mm × 1092mm　1/16
**印　　张** 19.5
**字　　数** 427 千字
**版　　次** 2025 年 6 月第 3 版
**印　　次** 2025 年 6 月第 1 次印刷

---

**书　　号** ISBN 978-7-5657-3844-9　　**定　　价** 68.00 元

---

**本社法律顾问：北京嘉润律师事务所　郭建平**